VERBORGENES PARIS

Thomas Jonglez

FOTOS
Stéphanie Rivoal

JONGLEZ VERLAG
Reiseführer

Thomas Jonglez verbrachte seine Kindheit und Jugend in Paris. Im Alter von 22 Jahren brach er auf, um die Welt zu erkunden. Fast das ganze Jahr 1992 verbrachte er als Backpacker in Südamerika. Anschließend kaufte er sich ein One-Way-Ticket nach Beijing und beschloss, den Weg zurück nach Paris über Land anzutreten – der Beginn einer siebenmonatigen Reise.

Nach seiner Rückkehr streifte er auf der Suche nach Material für seinen ersten Reiseführer, der 1996 veröffentlicht wurde, unermüdlich durch die Straßen von Paris.

Nach einigen Jahren in der Stahlindustrie gründete er 2003 seinen eigenen Verlag. Die erste Auflage von *Verborgenes Paris* erschien im Jahr 2007. Seitdem ist Thomas weiter regelmäßig in seiner Stadt unterwegs, die ihn, der sie so gut zu kennen glaubte, mit immer neuen geheimen Orten zu überraschen vermag.

Die Arbeit an dem Reiseführer *Verborgenes Paris* hat uns große Freude bereitet. Wir hoffen, dass wir Ihnen damit ungewöhnliche, verborgene oder eher unbekannte Winkel der Stadt näherbringen können. Manche Einträge sind mit historischen Anmerkungen oder Anekdoten versehen, die dabei helfen, die Stadt in ihrer Vielschichtigkeit zu verstehen.
Verborgenes Paris lenkt die Aufmerksamkeit der Reisenden auf die vielen kleinen Details, an denen wir Tag für Tag achtlos vorbeigehen. Wir laden Sie ein, sich mit offenen Augen durch die urbane Landschaft zu bewegen und dieser Stadt, wenn Sie hier leben, mit ebensoviel Neugier und Interesse zu begegnen, wie Sie das auf Reisen in fremden Städten tun ...

Über Anmerkungen zu diesem Reiseführer und seinem Inhalt sowie Informationen zu Orten, die darin nicht aufgeführt sind, freuen wir uns sehr. Wir bemühen uns, diese in künftigen Auflagen zu integrieren.

Kontaktieren Sie uns:
E-Mail: info@jonglezverlag.com
Jonglez Verlag
Paul-Lincke-Ufer 39
10999 Berlin

CLICHY
PORTE DE ST-OUEN
PORTE DE CLICHY
BESSIÈRE
BOULEVARD
NEUILLY-SUR-SEINE
LEVALLOIS-PERRET
PORTE D'ASNIÈRES
BERTHIER
17e
AV. DE SAINT-OUEN
BOULEVARD
PORTE DE CHAMPERRET
BINEAU
Cimetière de Montmartre
PEREIRE
AVENUE CHARLES DE GAULLE
BOULEVARD
WAGRAM
Place de Clichy
AV. DES TERNES
AVENUE DE
BD DE COURCELLES
Parc Monceau
BOULEVARD
PORTE MAILLOT
GARE ST-LAZARE
Opéra Garnier
Arc de Triomphe
BOULEVARD
HAUSSMANN
PORTE DAUPHINE
AVENUE FOCH
Place Charles-de-Gaulle
AVENUE DES CHAMPS ÉLYSÉES
8e
AV. FRANKLIN ROOSEVELT
Palais de l'Elysée
MALESHERBES
La Madeleine
BD DES CAPUCINS
Place de la Madeleine
RUE ROYALE
Place Vendôme
BOIS DE BOULOGNE
BD LANNES
AV. KLÉBER
AV. GEORGE V
Grand Palais
Petit Palais
Place de la Concorde
Jardin des Tuileries
AV. HENRI MARTIN
Place du Trocadéro
Musée du Quai Branly
QUAI D'ORSAY
Assemblée Nationale
PORTE DE LA MUETTE
Palais de Chaillot
AV. RAPP
Esplanade des Invalides
BD SAINT GERMAIN
Musée d'Orsay
SUCHET
Musée du Vin
Tour Eiffel
St-Louis-des Invalides
AVENUE MOZART
La Seine
Champ de Mars
7e
BOULEVARD
16e
BD DE GRENELLE
Ecole Militaire
AV. DE BRETEUIL
BD RASPAIL
RENNES
PORTE D'AUTEUIL
AVENUE DE VERSAILLES
AVENUE ÉMILE ZOLA
BD GARIBALDI
15e
RUE DE
RUE DE LA CONVENTION
VAUGIRARD
Parc des Princes
Parc André Citroën
LECOURBE
GARE MONTPARNASSE
PORTE DE ST-CLOUD
Cimetière du Montparnasse
Place Denfert-Rochereau
RUE DE VOUILLÉ
Palais des Sports
14e
ISSY-LES-MOULINEAUX
BOULEVARD LEFEBVRE
RUE D'ALÉSIA
PORTE DE VERSAILLES
BOULEVARD BRUNE
Les Puces de Vanves
PORTE DE VANVES
VANVES
PORTE DE CHÂTILLON
MONTROUGE
PORTE D'ORLÉANS
CLAMART
0 1 km
Reproduction interdite
Jean-Baptiste Nény
Mars 2007

PARIS
ST-DENIS
Vers le Stade de France
PORTE DE CLIGNANCOURT
PORTE DE LA CHAPELLE
PORTE DE LA VILLETTE
BOULEVARD NEY
BD MAC DONALD
BD ORNANO
RUE DE LA CHAPELLE
BD BARBÈS
AVENUE DE FLANDRE
Canal de l'Ourcq
Zénith
PANTIN
Cité des Sciences et de L'Industrie
PORTE DE PANTIN
Bassin de la Villette
AVENUE JEAN JAURÈS
19e
BD. DE LA CHAPELLE
BOULD
GARE DU NORD
RUE LA FAYETTE
BD DE MAGENTA
RUE DU FG. POISSONNIÈRE
Canal St-Martin
BD DE LA VILLETTE
Parc des Buttes Chaumont
PORTE DES LILAS
BD SERURIER
GARE DE L'EST
10e
RUE DE BELLEVILLE
AVENUE GAMBETTA
BOULEVARD MORTIER
Place de la République
2e
Forum des Halles
AVENUE DE LA RÉPUBLIQUE
AV. PARMENTIER
BD DE
PORTE DE BAGNOLET
3e
BOULEVARD DE SÉBASTOPOL
Cimetière du Père Lachaise
Centre Georges Pompidou
Musée Picasso
BD DES FILLES DU CALVAIRE
BOULEVARD
11e
RUE DE RIVOLI
Île de la Cité
Hôtel-de-Ville
Place des Vosges
AV. PHILIPPE AUGUSTE
BOULEVARD DAVOUT
Notre-Dame
4e
Place de la Bastille
VOLTAIRE
20e
Île St Louis
QUAI HENRI IV
BD HENRI IV
Opéra Bastille
ST-GERMAIN
Musée de Cluny
Port de l'Arsenal
RUE DE LYON
Place de la Nation
Institut du Monde Arabe
La Seine
DIDEROT
COURS DE VINCENNES
Panthéon
BOULEVARD
AVENUE
PORTE DE VINCENNES
Jardin des Plantes
GARE DE LYON
12e
5e
Musée d'Histoire Naturelle
BD DE L'HÔPITAL
DAUMESNIL
RD. DE PICPUS
GARE D'AUSTERLITZ
PORT ROYAL
BD ST MARCEL
Palais Omnisports de Paris-Bercy
AV. DAUMESNIL
BOULEVARD SOULT
ARAGO
AV. DES GOBELINS
BD VINCENT AURIOL
PORTE DORÉE
Place d'Italie
Bibliothèque Nationale de France
Vers Parc Floral
BD AUGUSTE BLANQUI
BOIS DE VINCENNES
13e
VINCENNES
RUE DE TOLBIAC
AVENUE D'ITALIE
MASSENA
PORTE DE BERCY
BOULEVARD
IVRY-SUR-SEINE
CHARENTON
PORTE D'ITALIE
LE KREMLIN-BICÊTRE
GENTILLY

INHALT

1. Arrondissement

2. Arrondissement

3. Arrondissement

4. Arrondissement

5. Arrondissement

INHALT

6. Arrondissement

7. Arrondissement

8. Arrondissement

9. Arrondissement

INHALT

14. Arrondissement

15. Arrondissement

INHALT

19. Arrondissement

20. Arrondissement

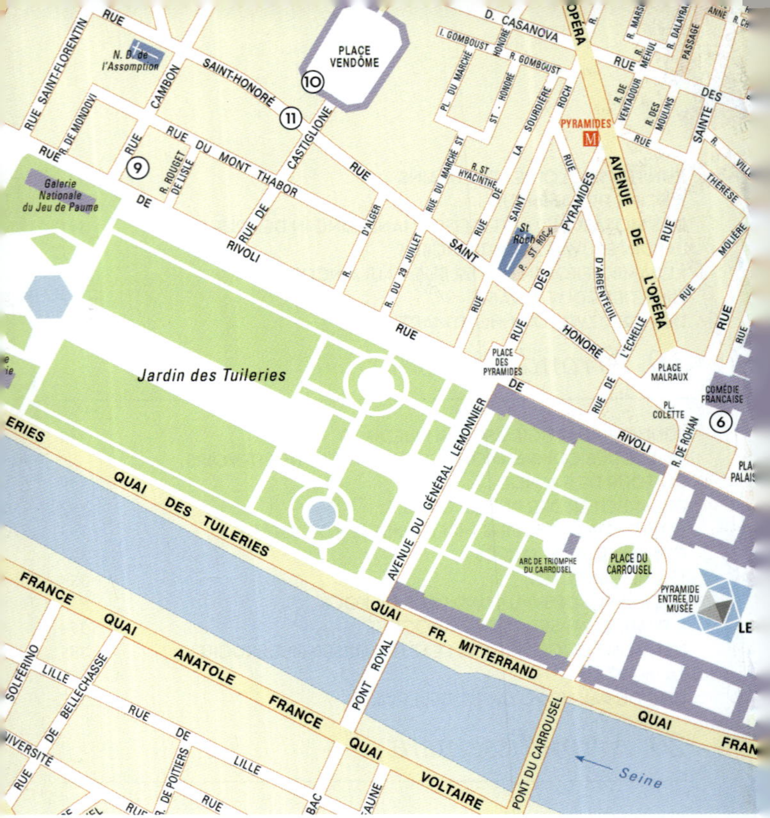

1. Arrondissement

Bibliothèque Nationale
ND des Victoires
PLACE DES VICTOIRES
RUE RÉAUMUR
RUE D'ABOUKIR
SENTIER
RUE DU MAIL
RUE LÉOPOLD BELLAN
RUE BACHAUMONT
RUE MANDAR
RUE MONTORGUEIL
RUE SAINT SAUVEUR
COUR GRENETA
RUE GRENETA
RUE ÉTIENNE MARCEL
Poste centrale
RUE TIQUETONNE
ETIENNE MARCEL
RUE DU LOUVRE
RUE MONTMARTRE
RUE J.J. ROUSSEAU
RUE COQUILLIÈRE
St Eustache
LES HALLES
PL. R. CASSIN
Bourse du Commerce
CHÂTELET LES HALLES
Forum des Halles
RUE RAMBUTEAU
RUE DU COLONEL DRIANT
RUE CROIX DES PETITS CHAMPS
PALAIS ROYAL MUSÉE DU LOUVRE
RUE SAINT HONORÉ
RUE BERGER
ALLÉE ST J. PERSE
PL. M. QUENTIN
R. DE LA COSSONNERIE
CHÂTELET
RUE DES INNOCENTS
RUE DE LA FERRONNERIE
RUE SAINT DENIS
BOULEVARD DE SÉBASTOPOL
RUE DE RIVOLI
LOUVRE RIVOLI
COUR CARRÉE
PL. DU LOUVRE
St Germain l'Auxerrois
RUE DE L'AMIRAL COLIGNY
RUE DU PONT NEUF
PONT NEUF
MITTERRAND
1
2
3
4
5
7
8
12
13
14
15

Echte Menschenherzen auf Gemälden des Louvre?

In einem 1950 in *Paris Presse* erschienenen Artikel erzählt Y. Ranc eine interessante Geschichte, die Anfang des 20. Jahrhunderts kursierte. Manche Künstler jener Zeit schrieben Menschenherzen eine besondere Eigenschaft gegenüber Tierherzen zu. Angeblich sonderten sie ein Sekret ab, das, mit Öl vermischt, eine einzigartige Lasur für Gemälde ergab ... Bis ins 18. Jahrhundert gestaltete sich die Beschaffung dieses ungewöhnlichen Rohstoffs als schwierig; die Leichen kamen aus dem Orient und der Preis für die sachgemäße Extraktion und Konservierung des Sekrets war exorbitant. In Frankreich war es seit Anna von Österreich ab dem 17. Jahrhundert üblich, die Herzen der Mitglieder der Königsfamilie in der Kapelle von Notre-Dame du Val-de-Grâce beizusetzen. Während der Revolution zerstreuten die Sansculotten die königlichen Güter in alle Winde – darunter ihre einbalsamierten Herzen. In der Kunstwelt fanden sich schon bald Kaufinteressenten, allen voran der Maler Michel-Martin Drolling, der die Herzen von Anna von Österreich, Maria Teresa und der Herzogin von Montpensier erworben haben soll. Dessen Gemälde *Innenraum einer Küche* (1815), das im Louvre zu sehen ist, soll so auf der Leinwand noch heute Spuren der königlichen Organe aufweisen.

Warum führt die Achse des Oratoriums des Louvre mitten durch die Cour Carrée?

Zu Beginn des 17. Jahrhunderts fällt Ludwig XIII. auf, dass für den im Bau befindlichen Palais du Louvre keine Kapelle vorgesehen ist. Allerdings es gibt eine Kirche. Jacques Lemercier hatte sie seinerzeit für den Orden des Oratoriums errichtet – warum also nicht diese als „Kapelle" für den Louvre nehmen? Letztlich wurden die Kirche und der Palast aber nie verbunden. Unter Napoleon wurde das Innere der Kirche für einen protestantischen Gottesdienst umgebaut. Der Name (Tempel des Oratoriums) und die Ausrichtung erinnern jedoch an die historische Verbindung zum Louvre.

Der Louvre: auf einer Linie mit den Champs-Élysées. Oder doch nicht?

Die berühmte Perspektive vom Louvre über die Champs-Élysées bis hin zur Grande Arche und nach Cergy-Pontoise verläuft in Wahrheit gar nicht gerade. Der parallel zur Seine gelegene Louvre liegt um einige Grad versetzt zur Achse der Champs-Élysées. Um den Blick tatsächlich in gerader Linie in die Ferne schweifen zu lassen, muss man sich einige Meter neben der Pyramide zur Statue Ludwigs XIV. stellen. Letztlich logisch, denn Initiator der Sichtachse war kein Geringerer als Ludwig XIV.

EIN UNGEWÖHNLICHES PORTRÄT DES GROSSEN NAPOLEON ①

Napoleon im Gewand des Sonnenkönigs

Musée du Louvre – Perrault-Kolonnade

Die Entstehung der Perrault-Kolonnade des Louvre geht auf die Zeit unter Ludwig XIV. zurück. Besucher können dort ein interessantes Detail entdecken. Napoleon ließ sich im Kaiserreich etwa in der Mitte der Kolonnade abbilden. Während der Restauration (1814/1815 bis 1830) herrschte aber ein anderer Zeitgeist – am besten sollte nichts mehr an dieses geschichtliche Erbe erinnern. Die Büste Napoleons wurde deshalb mit einer Perücke versehen und als Ludwig XIV. „verkleidet". Der Buchstabe L direkt darunter steht für Ludwig XVIII. (s. S.20) und ersetzte 1815 das N für Napoleon I. Unterhalb des Medaillons mit diesem Buchstaben sind jedoch Bienen zu sehen – eines der zentralen Symbole des Ersten Kaiserreichs. Hat der Bildhauer diese schlicht übersehen oder sind sie ein Zeichen seines subversiven Geistes?

Spuren von Napoleon in Paris

Obwohl Napoleon Bonaparte eine der zentralen Figuren der französischen und europäischen Geschichte ist, wird ihm in der Hauptstadt des Landes, das er tiefgreifend veränderte, nur wenig Ehre erwiesen. Die Rue Napoleon wurde 1814 in Rue de la Paix umbenannt, der Pont Napoleon wurde 1870 zum Pont National und die Avenue Napoleon 1873 zur Avenue de l'Opéra.

Doch es gibt sie, die Spuren Napoleons in Paris. Unser Spaziergang zeigt einige davon außerhalb der Rue **Bonaparte**. Der **Arc de Triomphe** (Architekt Chalgrin 1806, fertiggestellt 1836) an der Place de l'Étoile erinnert an den Sieg der Republik über das Deutsche Reich im Jahr 1918 und ist zugleich das wohl berühmteste napoleonische Monument der Hauptstadt. Die linke Ostfassade (aufseiten der Champs-Élysées) zeigt den „Triumph Napoleons nach dem Frieden von 1810". Der Kaiser ist als klassischer griechisch-römischer Held dargestellt (Cortot, 1836). Westlich des Bogens in Richtung Neuilly erinnert die Avenue de la **Grande-Armée** an die Truppen, die Napoleon in Boulogne für die geplante Invasion von England versammelt hatte und die letztlich in der siegreichen Schlacht bei **Austerlitz** (2. Dezember 1805) im Osten zum Einsatz kamen. Von der Place de l'Étoile gehen die Rue de **Presbourg** (1805 Frieden mit Österreich) und die Rue de **Tilsitt** (1807 Frieden mit Russland und Preußen) ab. Von der Étoile in Richtung Seine führt die Avenue d'**Iéna** (1805 Sieg über Preußen) hinunter zur gleichnamigen Brücke (1807). Imperiale Adler von Antoine-Louis Barye (19. Jh.) zieren die Brücke. Die Avenue de **Wagram** und die Avenue de **Friedland** feiern ebenfalls Siege Napoleons. In Richtung Place de la Concorde werden die Champs-Élysées zur **Voie Triomphale**, die zum **Hôtel des Invalides** auf der anderen Seite des Flusses führt.

Im Invalidendom von Jules Hardouin-Mansart – Teil des Refugiums und Krankenhauses, das Ludwig XIV. für seine Armeeveteranen einrichten ließ – liegt das Grab Napoleons.

Von der Place de la Concorde führen die Rue de **Rivoli** (1797 Sieg von Napoleon in Italien), die ab 1802 geplant und gebaut wurde, die Rue de **Castiglione** (Sieg von 1796, eröffnet 1802) und die Rue de **Mont-Thabor** (Sieg von 1796, eröffnet 1803) in Richtung Osten bis zur Rue und Place des **Pyramides** (1789 erster Sieg des Ägyptenfeldzugs). Die Rue de Castiglione trifft auf die Place Vendôme mit der **Colonne Vendôme**, dem vielleicht bekanntesten napoleonische Monument in Paris. Ursprünglich sollte oben auf der Siegessäule eine Statue Karls des Großen thronen, doch

Napoleon ließ sich überzeugen, sich selbst an der Spitze in einer Statue verewigen zu lassen. Die nach Vorbild der Trajanssäule in Rom an der Säule befestigten Bronzeplatten wurden aus russischen und österreichischen Kanonen gegossen.
Von der **Place des Pyramides** weiter nach Osten verläuft die Rue de Rivoli parallel zum **Nordflügel des Palais du Louvre**. Dieser wurde seit dem 17. Jahrhundert von den Hofbaumeistern geplant, jedoch erst von Percier und Fontaine nach Wünschen des Kaisers erbaut und teilweise erst nach Ende des Kaiserreichs fertiggestellt – so wie die Portale, durch die heute der motorisierte Verkehr durch den Louvre zur Seine gelangt. Im Hof des Palasts steht der **Arc de Triomphe du Carrousel**, der innerhalb eines Jahres (1806–07) von denselben Architekten zur Feier des Sieges von Austerlitz (1805) und des Friedens von Pressburg erbaut wurde. Die acht Statuen oben auf dem nach dem Vorbild des Septimius-Severus-Bogens in Rom erbauten Triumphbogen zeigen Soldaten in der Uniform der kaiserlichen Armee. Der **Palais du Louvre, dessen Westflügel unter Napoleon III. vollendet wurde**, ist übersät mit „N"-Monogrammen, die sowohl für diesen Monarchen als auch für seinen Onkel stehen, der für zwei Büsten Modell stand (s. unten). Etwas weiter östlich, im Zentrum der Place du Châtelet, feiert die **Fontaine du Palmier** (Palmenbrunnen) von 1808 die Siege des Kaisers und seinen unsterblichen Ruhm (Statue von Boizot). Ein Stück weiter, nahe der heutigen Ringautobahn, liegen die Boulevards **des Maréchaux**, eine Straße, die rund um Paris verläuft und ihren Namen zwischen 1860 und 1870 zu Ehren der Generäle Napoleons I. erhielt. Alle sind vertreten – bis auf Grouchy und Marmont, denen Napoleon Schwäche und Verrat nicht verzieh. Auch der Name Duroc fehlt. Er fiel zwar im Kampf, war jedoch „nur" kaiserlicher Palastmarschall. Mehr zu der herrschenden **„Ägyptomanie"** zu Zeiten des Konsulats und des Empires auf Seite 47.

DIE VERBORGENEN KÖNIGLICHEN MONOGRAMME IN DER COUR CARRÉE DES LOUVRE

②

Die Geheimnisse der Cour Carrée

Cour Carrée du Louvre

Der Louvre im Allgemeinen und die Cour Carrée im Besonderen strotzen nur so vor unzähligen aufregenden Details. Wer sie kennt, dem ist die Bewunderung seiner Begleitung sicher. Gehen Sie wie folgt vor: Warten Sie die Dämmerung ab, denn bald werden die fantastischen Lichtinstallationen den Hof zu einem der magischsten Orte der französischen Hauptstadt machen. Dann nehmen Sie ganz entspannt am Brunnen in der Cour Carrée Platz. An den einzelnen Flügeln des Hofes sind die Initialen der Herrscher zu sehen, die für ihren Bau verantwortlich zeichneten.
Aufseiten der Pyramide, links des Pavillon de l'Horloge: Heinrich II. (zwei mit einem doppelten C verschlungene Hs für die Königin Katharina von Medici, leicht zu verwechseln mit einem doppelten D wie Diane de Poitiers, Mätresse des Königs ...).
Seine-Seite, rechter Teil: K für Karl IX., H für Heinrich III., HDB (Henri de Bourbon) für Heinrich IV. sowie HG für Henri IV. und seine Mätresse Gabrielle d'Estrées.

Am Pavillon de l'Horloge sowie rechts davon: L und LA für Ludwig XIII. und seine Frau Anna von Österreich.
An den anderen von Ludwig XIV. erbauten Flügeln sind die Buchstaben LMT (Ludwig und Königin Maria Teresa) und LB (Louis de Bourbon) angebracht. Außerhalb der Cour Carrée befinden sich dieselben Monogramme ebenfalls an den Fassaden.

IN DER UMGEBUNG

Standort des alten Donjons von Karl V. ③

In der Cour Carrée befindet sich ein in den Boden eingelassenes Gitter, um das rundherum Pflastersteine gelegt wurden – diese markieren die Umrisse des früheren Wohnturms von Karl V. Im Rahmen einer Besichtigung des Sully-Flügels ist das Fundament dieses Turms zu sehen. Die nur am Wochenende geöffnete Salle des Maquettes bietet Einblick in die verschiedenen Bauphasen des Louvre.

DIE RATTENKUGEL VON SAINT-GERMAIN-L'AUXERROIS

4

Eine rätselhafte Kugel

2, place du Louvre
01 42 60 13 96
saintgermainauxerrois.fr
Wochentags von 8–19 Uhr, Sonntag von 9–20 Uhr

Direkt gegenüber dem Louvre befindet sich eine rätselhafte Rattenkugel. Und zwar unterhalb des mittleren Wasserspeiers an der Fassade der Pfarrkirche Saint-Germain-l'Auxerrois, die auf den Hof weist, der links von der Kirche liegt.

Im Gegensatz zu anderen Rattenkugeln in Frankreich (s. rechts) ist diese nicht von einem Kreuz gekrönt. Zudem scheinen die Ratten unter dem wachsamen Auge einer dämonenhaften Katze eher aus der Kugel heraus als in sie hinein zu kriechen.

Noch heute gehen die Meinungen auseinander ... Ist die Bedeutung vielleicht, dass die Kirche das einzige Mittel gegen das Leid der Welt ist, dargestellt durch die Ratten und die Kugel?

Die neun Rattenkugeln in Frankreich

In ganz Frankreich soll es neun Rattenkugeln geben: neben der von Paris eine in der Provence, eine in Le Mans, eine in Toulouse, eine in Ponts-de-Cé (Département Maine-et-Loire) und vier weitere in der Region Île-de-France.

Ein Aschekreuz für Künstler

Eine unauffällige Tafel rechts am sechsten Pfeiler in der Kirche trägt eine Inschrift. Sie lautet: „In diese Kirche, dem Willen von Willette folgend, der von Pierre Regnault ausgeführt wurde, kommen seit dem Aschermittwoch des Jahres 1926 die Künstler von Paris, in Solidarität mit ihren Kameraden auf der ganzen Welt, um das Aschekreuz zu empfangen und für jene unter ihnen zu beten, die in diesem Jahr sterben mussten." Es ist das Testament des Malers und Illustrators Adolphe Willette (1857–1929). Sein letzter Wille wird noch heute respektiert. Das Gebet spricht für gewöhnlich ein berühmter Künstler.

DAS RATHAUS DES 1. ARRONDISSEMENTS

⑤

Ein Rathaus im Stil einer Kirche

4, place du Louvre
01 44 50 75 01
Montag bis Freitag von 8:30–17 Uhr, Donnerstag bis 19:30 Uhr und Samstag von 9–12:30 Uhr

Nach Verlassen von Saint-Germain-l'Auxerrois stößt man praktisch direkt auf das Rathaus des 1. Arrondissements, das starke Symmetrien zu der Pfarrkirche aufweist. Um die Achse des Louvre nach Osten bis zum Hôtel de Ville fortzuführen, wurden zu Beginn des 19. Jahrhunderts einige umliegende alte Gebäude abgerissen. Baron Haussmann beauftragte Jacques Ignace Hittorff (1792–1867), Architekt der Gare du Nord, im Jahr 1858 mit dem Bau dieses prächtigen Rathauses im Stil der Neorenaissance.

Das blutbefleckte Glockenspiel von Saint-Germain-l'Auxerrois

Die Kirche Saint-Germain-l'Auxerrois steht in Verbindung mit einem dunklen Kapitel der französischen Geschichte. Die Glocke, ein Geschenk von Franz I. aus dem Jahr 1527, soll das Blutbad der Bartholomäusnacht eingeläutet haben, in der am 24. August 1572, dem Bartholomäustag, Tausende Protestanten ermordet wurden.

ZU BESUCH IN DER COMÉDIE-FRANÇAISE

⑥

Vorhang auf in der Comédie-Française: Delacroix, Renoir ...

1, place Colette
comedie-francaise.fr
Reservierung (Einzelbesuche oder Gruppen bis 30 Personen, kein Zutritt für Kinder unter 10 Jahren) einmal monatlich im Voraus per E-Mail oder Anrufbeantworter:
+33 1 44 58 13 16
bibliotheque-musee@comedie-francaise.org
Métro: Palais Royal-Musée du Louvre

Nur wenige Einheimische wissen, dass die Comédie-Française am Wochenende ihre Türen für Führungen öffnet, die einen Blick hinter die Kulissen des Schauspielhauses ermöglichen. Zu sehen sind die Bereiche, die den Zuschauern im Rahmen von Vorstellungen zugänglich sind (Lobby, Haupttreppe, Foyer, Galerien und Auditorium), aber auch die Künstlerbereiche wie die Salle du Comité, das Künstlerfoyer und das Foyer La Grange, das mehrere außergewöhnliche Kunstwerke zu bieten hat. Am Eingang begrüßt Talma*, verewigt von David d'Angers, die Besucher. Im Anschluss werden sie weiter hin zur Treppe zu den Verwaltungsbüros geführt, wo sie von Büsten von Molière, Corneille und Racine empfangen werden, die durch die Hände abergläubischer Künstler blank poliert wurden. Auf den verschiedenen Ebenen, die jeweils den Namen eines Künstlers tragen, säumen viele Kunstwerke den Rundgang: ein Porträt von Molière (Mignard), eines von Talma (Delacroix) und, in der Salle du Comité, ein Renoir. In einer Galerie stehen Büsten der großen Autoren des 18. Jahrhunderts, ein anderer Gang hängt voller Skizzen von Lucien Jonas. Die Decke des Pausenfoyers (während der Vorstellung sichtbar) zieren Gemälde von Guillaume Dubufe. Darüber thront eine Voltaire-Skulptur von Houdon. Hauptattraktion der Sammlung der Société des Comédiens Français (von der nur 20 Prozent gezeigt werden) ist jedoch der Lehnstuhl, den sich Molière von seinem kranken Onkel lieh. 1673 soll er als Argan in *Der eingebildete Kranke* in eben diesem Stuhl einen Schwächeanfall erlitten haben, an dem er später starb. Als Hommage an den „Schutzpatron der Schauspieler" wird die von Victor Luis von 1786–1790 erbaute Salle Richelieu allgemein als „Maison de Molière" bezeichnet.

** Schillernde Persönlichkeit des französischen Theaters, der Schauspieler, die früher meist in ihrer Straßenkleidung spielten, das Tragen von Kostümen zu verdanken haben. Er war Napoleons beliebtester Schauspieler.*

BESICHTIGUNG DER GALERIE DORÉE DES HÔTEL DE TOULOUSE

⑦

Ein seltenes Zeugnis des Régencestils

Banque de France
2, rue Radziwill
Métro Bourse
Besichtigung nur samstags um 10:30 Uhr
Einzelbesucher: Führungen durch das Centre des monuments nationaux (6 x jährlich) Termine unter www.banque-france.fr – Anmeldung einen Monat vor dem gewünschten Datum über das Centre des monuments nationaux: 01 44 54 19 30
Gruppen: Anfragen schriftlich an: PHAR 19-1069 Banque de France 75049 Paris cedex 01 – Die Bearbeitung von Anfragen für Besichtigungen im folgenden Jahr (1. Januar bis 31. Dezember) werden im Mai bearbeitet

Die prachtvolle Galerie dorée des Hôtel de Toulouse, Sitz der Banque de France, kann, anders als man vielleicht vermuten würde, nach vorheriger Anmeldung besichtigt werden. Das Gebäude in seiner heutigen Form ist das Ergebnis zahlreicher Umbauten und Erweiterungen, bei denen angrenzende Bauten mit einbezogen wurden. 1635 erwarb Louis Phélypeaux, Seigneur de La Vrillière, ein von Richelieu nach dem Bau des Palais Cardinal frei gelassenes Grundstück. Er beschloss, dort unter Leitung von François Mansart ein Hôtel Particulier errichten zu lassen. In einem der Räume dieses Stadtpalais, der mit weißem Stuck ausgestalteten

und mit 40 m Länge und 6,5 m Breite sehr imposanten Großen Galerie, sollte seine außergewöhnliche italienische Gemäldesammlung ausgestellt werden. Im Jahr 1713 kaufte der Comte de Toulouse das Gebäude, das daraufhin in Hôtel de Toulouse umbenannt wurde. Der neue Eigentümer – kein Geringerer als der uneheliche Sohn von Ludwig XIV. und Madame de Montespan – beauftragte Robert de Cotte, Erster Architekt des Königs, mit dem Umbau in eine Herrschaftsresidenz. Ganz im Geiste des Régencestils wurde die Große Galerie in ein überbordend güldenes Gewand gehüllt. Das Dekor illustrierte die Aufgaben des Comte de Toulouse als Großjägermeister und Admiral.

1793 wurde das Palais, nachdem der Duc de Penthièvre, Sohn des Comte de Toulouse, eines natürlichen Todes gestorben war, beschlagnahmt. Seine Habe landete in verschiedenen Museen (ein Veronese und ein Poussin können im Louvre bewundert werden). Die Galerie dorée wurde daraufhin von der Staatsdruckerei (Imprimerie nationale) als Papierlager genutzt.

1808 erwarb die 1800 gegründete Banque de France mit Sitz an der Place des Victoires das Gebäude. 1870 wurde der Galerieflügel großflächig saniert. Man entfernte die Holztäfelungen und Dekors und setzte Kopien des Deckenfreskos und der Gemälde ein, die während der Revolution beschlagnahmt wurden.

Heute ist der Schein perfekt und die Galerie erstrahlt in dem durch die großen Fenster fallenden Licht in überwältigendem goldenen Glanz. Sie ist eines der seltenen und wirklich eindrucksvollen Beispiele des Régencestils.

DIE MEDICI-SÄULE

8

Astrologie im Herzen von Paris

Rue de Viarmes
Métro Louvre Rivoli oder Les Halles

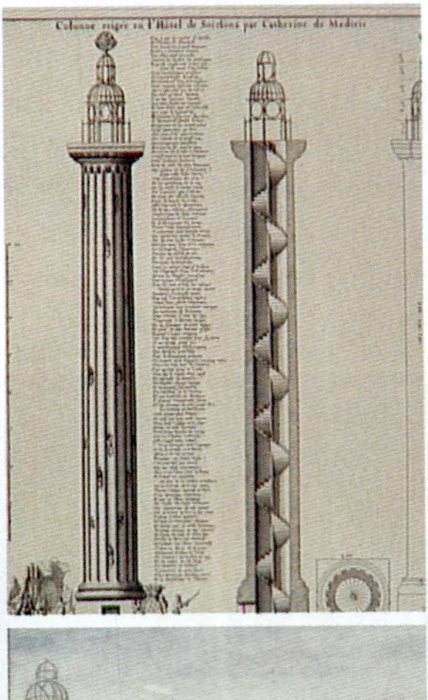

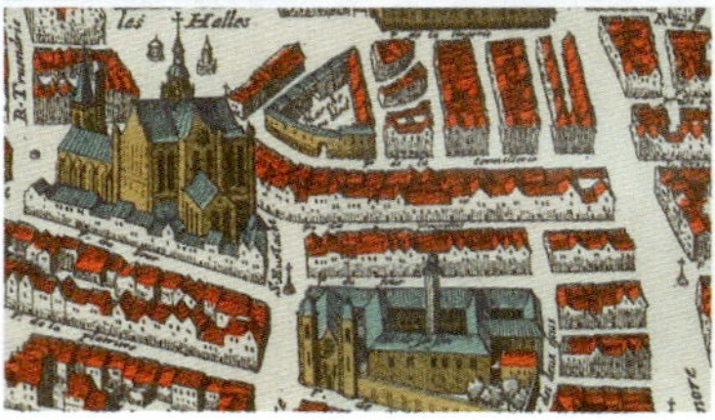

Nur zwei Schritte von Les Halles entfernt nimmt kaum jemand im Vorbeigehen die mysteriöse, mit ihren 28 m Höhe durchaus imposante Säule an der Bourse de commerce wahr. Sie blickt auf eine bewegte Geschichte zurück: Königin Katharina von Medici war eine begeisterte Anhängerin der Astrologie. 1575 soll ihr Architekt Jean Bullant die Säule in ihrem Auftrag errichtet haben – nur kurz nach dem Bau ihres prachtvollen Wohnsitzes, dem Hôtel de la Reine.
Oben auf der mit Kanneluren geschmückten Säule sitzt eine einstmals verglaste Plattform (heute ist nur noch der eiserne Aufbau zu sehen), zu der eine innenliegende Wendeltreppe mit 147 Stufen hinaufführt. Die Säule wies eine Verbindung zu den Privaträumen der Königin auf. In den Angeboten für den Bau des Hôtel de la Reine wird die Säule nicht erwähnt. Auf dem Säulenschaft befinden sich kleine Kronen und die verschlungenen Monogramme H und C (Heinrich II. und Katharina von Medici). Für viele sind sie eine Erinnerung an den Herrscher, dessen Tod von Nostradamus, dem Hofastrologen der Katharina von Medici, vorausgesagt wurde. Andere halten die Säule für ein Zeugnis der Leidenschaft der Königin für die Astrologie. Nach der Weissagung des Nostradamus soll die Königin den Bau beauftragt haben. Die Säule soll ihr als Observatorium und ihrem zweiten Astronomen und Vertrauten aus Kindheitstagen, Cosimo Ruggieri, als Labor gedient haben. Der geheimnisvolle Ruggieri erlangte vor allem durch die Weissagung des Todes seiner Wohltäterin Berühmtheit. Die vier Ecken des Säulenkapitells sollen auf die vier Kardinalpunkte verweisen.

Dass die Säule nach dem Abriss des Palais 1748 und dem Bau der Bourse du commerce der Zerstörung entging, grenzt an ein Wunder.

Wo und wann wurde Molière geboren?

Die Gedenktafeln in der 31, rue du Pont Neuf und 98, rue Saint-Honoré enthalten widersprüchliche Angaben: Schenkt man der ersten Glauben, wurde Molière dort 1620 geboren. Der zweiten zufolge erblickte er am 15. Januar 1622 an eben jenem anderen Ort das Licht der Welt. Die Fachwelt neigt dazu, der zweiten Tafel Glauben zu schenken. Der Molière-Brunnen in der 37, rue Richelieu war die erste Statue, die in Paris zu Ehren einer anderen Person als der des Herrschers errichtet wurde.

DER SCHWEDISCHE CLUB

⑨

Ein explosiver Club

242, rue de Rivoli
01 42 60 76 67 – cercle-suedois.com
Öffentlicher Zutritt immer mittwochs von 18–23:30 Uhr
Métro: Concorde

Nahe der Place de la Concorde befindet sich der 1891 gegründete, sehr geheime und sehr schicke Cercle suédois. Hier verfasste Alfred

Nobel, Erfinder des Dynamits, am 27. November 1895 sein explosives Testament, das den Grundstein für den berühmten Nobelpreis legte. Das Büro kann heute zweimal im Monat mittwochabends besichtigt werden.

Gleichzeitig bieten diese Abende auch Außenstehenden die Möglichkeit, in den schönen Salons des Clubs mit Blick auf den Jardin des Tuileries ein Gläschen zu sich zu nehmen. Das Ambiente wirkt wie aus der Zeit gefallen und ist für Ästheten und all jene, die es gerne etwas ausgefallen mögen, ein Genuss. Die Wände zieren zahlreiche Gemälde schwedischer Künstler wie Anders Zorn, Isaac Grünewald, Nils von Dardel und Lennart Jirlow.

IN DER UMGEBUNG

Der Urmeter an der Place Vendôme 13 ⑩

Der Urmeter der Place Vendôme (links des Justizministeriums) erlaubte es den Franzosen, sich mit der neuen Maßeinheit (s. S. 118) vertraut zu machen, die während der Französischen Revolution eingeführt wurde. Dieser Urmeter wurde erst 1848 dorthin verlegt. Aber es gibt noch einen weiteren Urmeter. Dieser befindet sich noch an seinem ursprünglichen Platz in der Rue de Vaugirard.

Die Gedenktafel der Texanischen Botschaft ⑪

An der Ecke Rue de Castiglione/Place Vendôme erinnert eine Gedenktafel daran, dass sich hier die im 19. Jahrhundert eröffnete Texanische Botschaft befand. Texas hatte 1836 die Unabhängigkeit von Mexiko erlangt und war bis zu seinem Anschluss an die USA im Jahr 1845 als Republik Texas ein teilsouveräner Staat.

Die Balkone zu Ehren von Ludwig XIV. an der Place Vendôme

Die Gestaltung der Balkone beiderseits der Säule an der Place Vendôme ist gleichsam ein Loblied auf den Ruhm Ludwigs XIV. Mit ihren goldenen Allegorien der Sonne verweisen sie offenkundig auf den auch als Sonnenkönig bekannten Herrscher. Der Platz selbst trug einst den Namen Place des Conquêtes oder, ebenfalls zu Ehren von Ludwig XIV., Place Louis-le-Grand. In der Mitte wurde 1699 ein von François Girardon gestaltetes Reiterdenkmal des Königs errichtet, das jedoch während der Französischen Revolution zerstört wurde.

IN DER UMGEBUNG

Die Keramiken des Restaurants in 15, rue de Montmartre ⑫

01 40 15 98 24

Sehenswerte Wandkeramiken aus dem Jahr 1914 mit Darstellungen der damals nur wenige Schritte entfernten Markthalle (s. Reiseführer *Paris bars et restaurants insolites* im selben Verlag).

Die Ursprünge der Halbmonde des Pont Neuf

Der 1604 vollendete Pont Neuf ist eine der ältesten Brücken von Paris. Bei ihrem Bau wies sie drei außergewöhnliche Merkmale auf: Es gab Gehwege auf der Brücke (die allgemein erst im 19. Jahrhundert eingeführt wurden), sie war mit 384 Maskaronen (Fratzengesichtern) geschmückt und es waren keine Gebäude darauf (mit Ausnahme der kleinen Verkaufshäuschen auf den halbrunden Nischen über den Pfeilern, die noch heute existieren).

Musée du Barreau de Paris (Museum der Pariser Anwaltskammer) ⑬

Hôtel de la Porte – 25, rue du Jour

01 44 32 47 48 – Kostenlose Besichtigung unter der Woche und für Gruppen; Anmeldung unter 01 47 83 50 03

Das in dem als Hôtel de la Porte bekannten Stadtpalais (Hôtel particulier) untergebrachte Musée du Barreau de Paris ist selbst bei den Einheimischen kaum bekannt. Gezeigt wird eine umfangreiche Sammlung, die von bedeutenden Gerichtsverfahren seit dem 17. Jahrhundert zeugt.

Erinnerung an die Ermordung Heinrichs IV. durch Ravaillac ⑭

11, rue de la Ferronnerie

Eine in den Boden eingelassene Tafel mit drei Fleurs de Lys erinnert an den Ort, an dem Heinrich IV. im Jahr 1610 von François Ravaillac niedergestochen und getötet wurde.

Der Elefant im Haus Nr. 3 der Rue de la Cossonnerie ⑮

Der obere Teil der Fassade zeigt einen schönen Elefantenkopf, der vermutlich auf indo-islamische Einflüsse zurückgeht (s. S. 107).

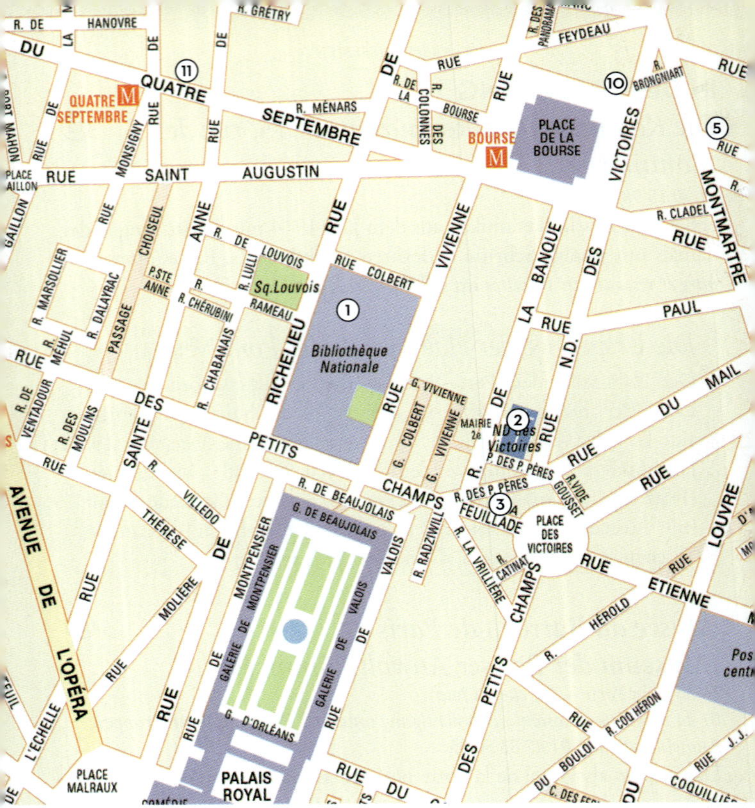

2. Arrondissement

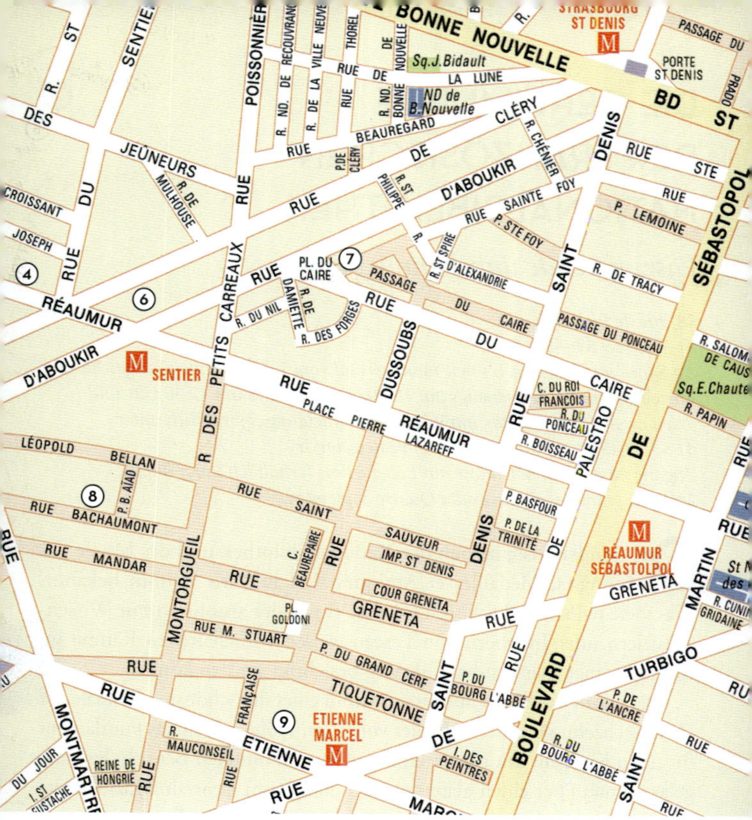
BONNE NOUVELLE
STRASBOURG ST DENIS
PASSAGE DU PRADO
PORTE ST DENIS
BD ST SÉBASTOPOL
Sq.J.Bidault
RUE DE LA LUNE
ND de B.Nouvelle
R. ND. DE BONNE NOUVELLE
RUE THOREL
R. DE LA VILLE NEUVE
R. ND. DE RECOUVRANCE
RUE BEAUREGARD
P.DE CLÉRY
R. ST PHILIPPE
RUE DE CLÉRY
R. CHÉNIER
RUE POISSONNIÈRE
R. ST SENTIER
RUE DES JEÛNEURS
R. DE MULHOUSE
RUE DU CROISSANT
JOSEPH
RUE D'ABOUKIR
RUE SAINTE FOY
P. STE FOY
R. ST SPIRE
R. D'ALEXANDRIE
RUE SAINT DENIS
RUE STE
P. LEMOINE
R. DE TRACY
PASSAGE DU PONCEAU
PL. DU CAIRE
PASSAGE DU CAIRE
RUE DU CAIRE
R. DU NIL
R. DE DAMIETTE
R. DES FORGES
RUE DUSSOUBS
RÉAUMUR
D'ABOUKIR
SENTIER
R DES PETITS CARREAUX
RUE RÉAUMUR
PLACE PIERRE LAZAREFF
C. DU ROI FRANCOIS
R. DU PONCEAU
R. BOISSEAU
RUE PALESTRO
R. SALOMON DE CAUS
Sq.E.Chautemps
R. PAPIN
LÉOPOLD BELLAN
P. B. AÏAO
RUE BACHAUMONT
RUE MANDAR
RUE MONTORGUEIL
RUE SAINT SAUVEUR
C. BEAUREPAIRE
IMP. ST DENIS
COUR GRENETA
RUE GRENETA
P. BASFOUR
P. DE LA TRINITÉ
RÉAUMUR SÉBASTOPOL
RUE ST MARTIN
R. CUNIN GRIDAINE
PL. GOLDONI
RUE M. STUART
P. DU GRAND CERF
RUE TIQUETONNE
P. DU BOURG L'ABBÉ
RUE TURBIGO
P. DE L'ANCRE
BOULEVARD DE SÉBASTOPOL
RUE FRANÇAISE
R. MAUCONSEIL
RUE ETIENNE MARCEL
ETIENNE MARCEL
I. DES PEINTRES
R. DU BOURG L'ABBÉ
RUE MONTMARTRE
REINE DE HONGRIE
RUE DU JOUR
I. ST EUSTACHE
4
6
7
8
9

DIE GEHEIMNISSE DER FRANZÖSISCHEN NATIONALBIBLIOTHEK ①

Faszinierende unbekannte Räume

58, rue de Richelieu
01 53 79 59 59 – bnf.fr
An Sonn- und Feiertagen sowie montags und vom 1. bis 8. September geschlossen
Einzelführungen: donnerstags um 15:30 Uhr, samstags um 17:30 Uhr und jeden zweiten Donnerstag um 9:30 Uhr. Anmeldung erforderlich unter 01 53 79 49 49 oder per E-Mail an visites@bnf.fr
Zugang zu den Lesesälen nur mit Leseausweis (erhältlich unter bnf.fr)
Métro: Pyramides, Bourse oder Quatre Septembre

Die Sonderausstellungen der Nationalbibliothek und des Musée des Monnaies, Médailles et Antiques sind in Paris weithin bekannt. Was viele jedoch nicht wissen ist, dass einige der ansonsten nur Wissenschaftlern oder Inhabern von Leseausweisen vorbehaltenen Räume im Rahmen einer spannenden Führung besichtigt werden können.

Die berühmte Salle Labrouste ist wohl einer der schönsten Lesesäle der Welt: sechzehn gusseiserne Pfeiler von 10 m Höhe bilden das Fundament für neun Kuppeln mit glasierten Fayencen. Im hinteren Bereich des Saals gelangt man über einen gläsernen Windfang zum Zentralmagazin. Trotz des Umzugs der Drucksachen in die neue Bibliothèque François Mitterrand nimmt man noch immer den Geruch von Büchern in den Räumen wahr. Im weiteren Verlauf bietet die Führung die Möglichkeit, die Räume der Abteilung für Schauspielkunst zu sehen, darunter die frisch renovierte, als Ausstellungsraum für die schönsten Stücke der Sammlung genutzte Rotonde und der neue Lesesaal, der sich mit viel hellem Holz und klaren Linien in überraschend modernem Gewand zeigt.

Kleiner überdachter Rundgang für Regentage

Bis ins 19. Jahrhundert hinein gab es in Paris keine Gehwege. Über die vielen Passagen, die vom Direktorium bis ins Zweite Kaiserreich entstanden, konnte man jedoch bei Regen den schlammigen Straßen entkommen und trockenen Fußes seiner Wege gehen.

Kennt man sich aus, kann man sich das auch heute noch zunutze machen und vom Louvre aus ohne Regenschirm, praktisch ohne einen Tropfen abzubekommen, über den Palais-Royal, die (überdachte) Rue des Colonnes und die Passagen des Panoramas, Jouffroy und Verdeau bis zur Rue de Provence und zur Rue Cadet gelangen.

DIE VOTIVTAFELN DER BASILIKA NOTRE-DAME-DES-VICTOIRES ②

Eine Kirche mit mehr als 37.000 Votivtafeln an Wänden und Decke

Place des Petits-Pères
6, rue Notre-Dame-des-Victoires
01 42 60 90 47
Täglich von 7:30–19:30 Uhr, Sonntag von 8:30–20 Uhr
Hl. Messe wochentags um 8:30 Uhr, 12:15 Uhr und 19 Uhr, samstags um 11 Uhr und 18:30 Uhr und sonntags um 9:30 Uhr, 11 Uhr und 18:30 Uhr
Métro: Bourse

Die Kirche Notre-Dame-des-Victoires überrascht mit einer einzigartigen Sammlung von mehr als 37.000 Votivtafeln, die über den gesamten Innenraum verteilt sind. Die andächtige Stimmung und die Verehrung, der in diesen vielen Tausenden Marmortafeln Ausdruck verliehen wird, beeindrucken auch nicht besonders gläubige Besucher. Es lohnt sich, etwas Zeit zu investieren, um diese bewegenden Zeitzeugnisse eingehender zu studieren.

Die Kirche ließ Ludwig XIII. im Jahr 1629 auf Bitten der als Petits Pères (Mindere Väter) bezeichneten Augustiner errichten. Den Namen Notre-Dame-des-Victoires erhielt sie zu Ehren der königlichen Truppen, die im Kampf gegen die Hugenotten in La Rochelle obsiegten. Den Sieg schrieb der König nicht zuletzt dem Gebet und dem Eingreifen der Jungfrau zu. Und so wurde in der Kapelle des Klosters eine Statue der Jungfrau aufgestellt, die von den Gläubigen verehrt wurde. Nachdem die Gemeinde bei Pilgern in Vergessenheit geraten war, vernahm der damalige Pfarrer Charles Dufriche-Desgenettes 1836 zweimal den Befehl: „Widme deine Pfarrei dem sehr heiligen und unbefleckten Herzen Mariä." Er rief eine Gebetsgruppe zu Ehren des unbefleckten Herzens der sehr heiligen Jungfrau ins Leben, die zahlreiche Gläubige und Konvertiten anzog. Er verwandelte seine Kirche dadurch in „ein gewaltiges Lied der Liebe". Die noch heute vorhandenen Votivtafeln legen davon ein glühendes Zeugnis ab.

IN DER UMGEBUNG

Die Trompe-l'œil der Place des Petits-Pères ③

Die Fenster des Gebäudes an der Rue de la Banque direkt neben der Place des Petits-Pères sind täuschend echt gestaltete Wandbilder.

DIE GEBÄUDEFASSADEN DER RUE RÉAUMUR

④

Gewinner des Fassadenwettbewerbs von 1897/1898

116, 118, 124, 126 und 134, rue Réaumur
Métro: Bourse oder Sentier

Die Rue Réaumur mit ihren für namhafte Unternehmen aus Textilindustrie und Presse errichteten prestigeträchtigen Gebäuden wurde in den Jahren 1895 und 1896 zwischen der Rue Saint-Denis und der Rue Notre-Dame-des-Victoires angelegt und 1897 von Félix Faure eingeweiht.

Interessant sind die dekorativen Fassaden dieser Straße, die von den neuen städtebaulichen Vorschriften des ausgehenden 19. Jahrhunderts zeugen. Diese gestatteten unter anderem aufgewölbte Dächer und verglaste Erker, sogenannte bow-windows. Die Architekten nutzten meist hinter Steinfassaden verborgene Metallstrukturen, in die sie große Fenster einsetzten. Durch sie fiel das notwendige Tageslicht in die Gebäude im Viertel, damit die Menschen ihrem Tagwerk nachgehen konnten. Mehrere Fassaden wurden bei dem 1897/1898 ins Leben gerufenen jährlichen Architekturwettbewerb ausgezeichnet, darunter die Fassaden der Hausnummern 116 (erbaut 1897 von Walwein – Goldmedaille) und 118 (erbaut von Montarnal im Geiste der Art nouveau, prämiert 1900) oder die Nummern 126 und 134. Das Industriegebäude in der Nummer 124 verdient besondere Aufmerksamkeit: Es wurde 1905 von dem Architekten Georges Chedanne errichtet und unterscheidet sich von den übrigen Bauten. Die Fassade legt den metallischen Unterbau des Gebäudes komplett offen (zu sehen sind unter anderem die Stahlträger, auf denen die ebenfalls metallischen Erkerfenster aufliegen). Ein ungewöhnliches, jedoch nichtsdestoweniger feines Stück Art nouveau.

IN DER UMGEBUNG

Café Croissant: die Ermordung von Jaurès ⑤

146, rue Montmartre – 01 42 33 35 04

Erste Hinweise finden sich schon im Schaufenster: Das Café Croissant ist ein historisches Café. Hier wurde am 31. Juli 1914 Jean Jaurès ermordet. Im Innenraum erinnern ein Mosaik, eine kleine Statue und einige alte Zeitungsartikel an das Ereignis. Der Tisch, an dem der Politiker gerne saß, ist ebenfalls noch zu sehen. Die Kellner zeigen Ihnen gerne den angedunkelten Fleck, der auch nach Jahren noch auf dem hellen Holz des Tisches zu erkennen ist. Dieser soll vom Blut des verletzten Jaurès stammen, der einige Meter weiter auf dem Mosaik zusammenbrach.

Die Mauer Karls V. (1356–1420) und die Fossés jaunes (1543–1640)

Im Jahr 1356 beschließt der Kaufmann Étienne Marcel, die Verteidigungsanlagen der Stadt zu verbessern. Erst kürzlich hatten die französischen Truppen eine Niederlage in Poitiers gegen die Engländer erlitten – im Deutschen auch bekannt als die Schlacht bei Maupertuis während des Hundertjährigen Krieges (1337–1453). Die Furcht vor einem Angriff auf Paris war groß. Mit dem Aufkommen von Artilleriegeschützen im 14. Jahrhundert verändert sich die Kriegsführung – und damit auch die Wehrbauten. Der Bau von 30 Meter hohen Mauern (die erreichte Schusshöhe von Kanonenkugeln) ist viel zu teuer. Von nun an lautet das Motto: wenn nicht hoch, dann breit. Die Mauer Karls V. ist samt Gräben 87 Meter breit. An der Basis befindet sich ein 30 Meter breiter und drei Meter hoher Sockel, auf dem eine sechs Meter hohe und zwei Meter breite Mauer errichtet wird. Rund einhundert Jahre später beschließt Franz I. ab 1529, eine „bastionierte" Ringmauer zu bauen. Im Osten und im Süden werden die Bastionen an die Mauer Karls V. angelehnt. Hierfür werden bei jeder sich bietenden Gelegenheit die „Müllhalden", soll heißen die von den Stadtbewohnern außerhalb der Mauer über 150 bis 200 Jahre angehäuften Abfälle, genutzt. Sie überragten die Mauer und gefährdeten damit die Verteidigung der Stadt. Im Westen wird von der heutigen Place de la Concorde (Ostseite) bis zur Porte Saint-Denis eine neue bastionierte Mauer errichtet, die sogenannten Fossés jaunes (gelben Gräben). Innerhalb des neuen Rings lebten 300.000 Menschen auf 1.000 Hektar.

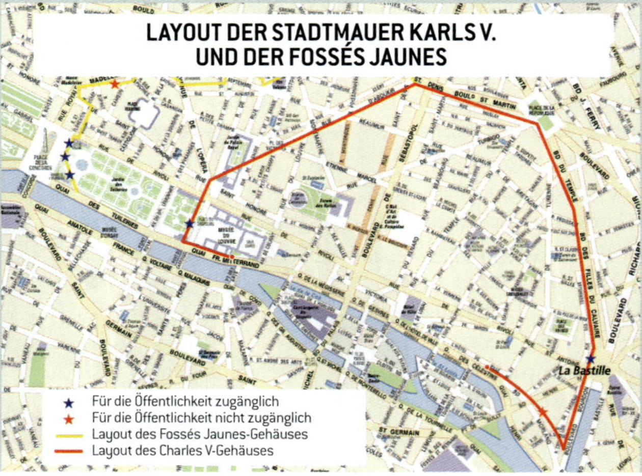

ÜBERBLEIBSEL HISTORISCHER BAUTEN IM STADTTEIL SENTIER

⑥

Überreste der Stadtmauer Karls V.

Passage Sainte-Foy, Rue de Cléry und Rue d'Aboukir, Grands Boulevards
Métro: Sentier

Im Sadtteil Sentier kann man auf den Spuren des vierten und fünften Pariser Befestigungsrings wandeln. Die Stadtmauer Karls V. und die „gelben Gräben" (Fossés jaunes) von Ludwig XIII. entstanden zwischen dem 14. und 17. Jahrhundert. Für die beiden Befestigungsringe wurden in großem Umfang Gräben ausgehoben, was die Umgebung stark verändert hat.

Ausgehend von der Rue Sainte-Foy führt die Passage Sainte-Foy über eine steile Treppe, die den Höhenunterschied zwischen den beiden Straßen überwindet, hinauf zur Nummer 263 der Rue Saint-Denis. Der Anstieg des Geländes in diesem Bereich ist kein Zufall. Hier wurde einst die Mauer Karls V. errichtet. Auch der Verlauf der Rue de Cléry und der Rue d'Aboukir geben recht eindeutige Hinweise: Im oberen Bereich führt die Rue de Cléry auf der Contrescarpe1 des Rings entlang, während die Rue d'Aboukir den vor eben dieser Mauer gelegenen Graben nachzeichnet.

Der gesamte Bereich der Grands Boulevards und insbesondere die Boulevards Saint-Martin, Saint-Denis, Bonne-Nouvelle und Poissonnière wurden auf der Stadtmauer errichtet und führen häufig scheinbar grundlos auf und ab, während die benachbarten Straßen unterhalb davon vollständig eben verlaufen. Die Erklärung ist einfach: Es handelt sich um die Querungen der alten Bastionen der Mauer Karls V. und der Fossés jaunes. Der Boulevard Bonne-Nouvelle führt durch die sechste Bastion. Gleich nach der Porte Saint-Denis steigt die Fahrbahn mit überhängendem linken Gehweg an. Der Boulevard Saint-Martin hingegen führt durch den Graben der siebten Bastion. Die Gehwege verlaufen hier knapp drei Meter oberhalb der Straße. Über die Treppe der Passage du Pont-aux-Biches gelangte man zu der sieben Meter weiter oben liegenden Festungsmauer. Die Rue René-Boulanger folgt exakt dem Verlauf der Contrescarpe der Bastion. Die zurückversetzten Fassaden im Bereich 42–48, boulevard du Temple spiegeln exakt die Form der achten Bastion wider. Der Boulevard Beaumarchais etwas weiter südlich verläuft auf demselben Ring und zwingt die Rue des Tournelles und die Rue Saint-Gilles in ihren letzten Metern vor dem Boulevard zu einem starken Anstieg. Auf der anderen Seite führen Treppen hinab zur Rue Amelot.

Contrescarpe: äußere Mauer (bzw. Böschung) des Hauptgrabens um eine Festung.

ÄGYPTISCHE SYMBOLIK IN DER PASSAGE DU CAIRE

⑦

Ein ägyptisierendes Viertel in Paris

2, place du Caire
Métro: Sentier

Die Passage du Caire aus dem Jahr 1798 ist die älteste, längste und mit Sicherheit eine der belebtesten Pariser Passagen. Als Vorbild für ihren Bau diente der Große Basar der ägyptischen Hauptstadt. Die Bodenfliesen der am Standort des ehemaligen Klosters der Filles-Dieu errichteten Passage sollen zum Teil von den Grabsteinen der Nonnen stammen. Das Gebäude wurde für einfachere Geschäfte entworfen. Abgesehen vom Namen der Passage erinnert nichts an den Prunk und den Reichtum Ägyptens. Aber der Eingang weist auf die Place du Caire, und das dort gelegene Haus mit der Nummer 2 ist reich mit Hieroglyphen, Säulen mit Lotuskapitellen und drei Köpfen der Göttin Hathor geschmückt. Der Einfluss der Kapitelle des ägyptischen Tempels von Dendera ist deutlich.

Das Gebäude aus dem Jahr 1828 geht vermutlich auf Entwürfe des Architekten Berthier zurück. Die Skulpturen stammen von Gabriel-Joseph Garraud.

Der Hof der Wunder

Die Place du Caire (Kairo-Platz) war einer der zwölf „Höfe der Wunder" des 19. Jahrhunderts. Sie diente Ganoven und Gesetzlosen aller Art als Treffpunkt und falschen Profi-Bettlern als Bühne. Abends nach getaner Arbeit entledigten sich diese ihrer Hilfsmittel (Krücken, falsche Holzbeine oder Beinstümpfe) und gingen nach Hause. Wer sich um diese Zeit an diesen verrufenen Ort wagte, erlebte ein wahres Schauspiel: Blinde erlangten wie durch ein Wunder das Augenlicht wieder, Taube wandten sich um, wenn ein Kollege ihren Namen rief ... So entstand schon bald die Bezeichnung „Hof der Wunder".

Die Ursprünge des Quartier de Bonne-Nouvelle

Der Hof der Wunder an der Place du Caire existierte bereits im 13. Jahrhundert. Im 17. Jahrhundert säuberte der Polizeileutnant von Ludwig XIV., Nicolas de la Reynie, den Platz zum ersten Mal. Als die Anwohner die „gute Nachricht" (bonne nouvelle) hörten, erhielt das nahe gelegene Viertel seinen Namen.

Relikte des alten Ägypten in Paris

Anders als oft angenommen datiert die Begeisterung der Pariser für Ägypten schon aus der Zeit vor Napoleons Expedition. Seit Mitte des 18. Jahrhunderts wurden junge Künstler nach Rom entsandt. Dort erfuhren sie im Zuge der Erforschung der etruskischen und ägyptischen Ursprünge der römischen Kunst eine ägyptische Prägung. Papst Benedikt XIV. hatte im Kapitol ein ägyptisches Museum eröffnet; in der Villa Borghese war ein ägyptisches Zimmer eingerichtet worden. Die jungen Franzosen kehrten nach Paris zurück und hatten den Kopf voll mit Stichen von Giambattista Piranesi, einem glühenden Verfechter dieses Stils. Während der Revolution hatte sich die Republik, in dieser Hinsicht von den Freimaurern unterstützt, in dem Übermaß, dem Totenkult und den Mysterien der ägyptischen Kunst wiedererkannt. Napoleon folgte bei seinem Ägyptenfeldzug 1789 somit nur einer bereits gut etablierten Mode. Das wohl berühmteste Beispiel dafür ist neben der Pyramide des Louvre und den Sammlungen des gleichnamigen Museums vermutlich der Obelisk auf der Place de la Concorde. Der Zwillingsbruder dieses Obelisken, den Mehmet Ali 1831 verschenkte, blieb alleine in Luxor zurück. Auch er war ein Geschenk an Frankreich gewesen, das erst 1994 offiziell seinen Verzicht bekundete ... In dem Viertel um die Place du Caire gehen mehrere Straßennamen – Rue d'Aboukir, Rue du Nil, Rue de Damiette, Rue d'Alexandrie – ebenso auf den damaligen Ägypten-Hype zurück wie die folgenden zwei Brunnen. Die berühmte Fontaine de Fella in der Rue de Sèvres (Métro Veneau) zeigt einen ägyptischen Fellachen (Ackerbauer). Die Statue des zwischen 1806 und 1809 errichteten Brunnens wurde nach einer Beschädigung 1844 durch eine Kopie ersetzt. Die Fontaine du Palmier an der Place du Châtelet weist ein palmenförmiges Kapitell auf. An ihrem Sockel ruhen vier Sphinxe. Weitere Beispiele sind das ägyptisierende Badezimmer des Hôtel de Bourrienne, die Westfassade der Cour Carrée mit ihrer Darstellung der Göttin Isis, das Hôtel de Beauharnais (Residenz des deutschen Botschafters, 78, rue de Lille), der Tempel des Droit humain (s. S. 255), das Kino Louxor (Ecke Boulevard de Magenta/Boulevard de La Chapelle), mehrere Pfeiler mit Palmenkapitellen in der Avenue Ledru-Rollin unter der alten Bahnstrecke und der Tabernakel in der Kirche Saint-Roch. Insgesamt sind in der Stadt gut einhundert Sphinxe verteilt; auf dem Cimetière du Père-Lachaise finden sich rund fünfzehn ägyptisch inspirierte Grabstätten, denn nicht zuletzt wurde Ägypten mit der Ewigkeit assoziiert. In einem Gewölbe unter der Bastille sollen außerdem zwei ägyptische Mumien liegen.

Was bleibt von den Pariser „Maisons closes"?

Am 13. April 1946 ergeht ein Verbot aller Bordelle – der *„Maisons de tolérance"* (Häuser der Toleranz) oder *„Maisons closes"* (geschlossene Häuser) – auf französischem Staatsgebiet. Tausende Prostituierte finden sich buchstäblich auf der Straße wieder. Die 195 Pariser Etablissements werden geschlossen. Noch heute sind jedoch einige Spuren jener Zeiten sichtbar. Die *maisons closes* hatten meist größere Hausnummern, an denen man sie häufig noch heute gut erkennt. Auch die Form der Fenster und bestimmte dekorative Elemente dienten Interessenten als Hinweis. Wer mit offenen Augen durch die Straßen geht, kann so noch heute an manch einem Gebäude ablesen, was sich einst hinter dessen Türen abspielte.

Ein Beispiel ist die 36, rue Saint-Sulpice. Die große Hausnummer ist eindeutig. Nicht wenige der zahlreichen Geistlichen des Viertels zählten zu den Kunden einer gewissen Miss Betty. Das Etablissement in der 15, rue Saint-Sulpice stand unter der Leitung von „Alys", deren Name am Boden im Eingangsbereich verewigt ist. Die Küche des heutigen Eigentümers im (privaten) zweiten Stock liegt in dem früheren Hammam der *maison close* und ist mit schönen Darstellungen aufreizender junger Damen ausgeschmückt. Die 9, rue Navarin – Chez Christiane – im 9. Arrondissement wurde vor allem von Anhängern sadomasochistischer Praktiken frequentiert. Die schöne neugotische Fassade stammt aus jener Zeit.

Von dem berühmten One Two Two in der 122, rue de Provence ist nur noch die ursprüngliche Fassade zu sehen. In der 50, rue Saint-Georges – Chez Marguerite – sind in zwei Treppenaufgängen eine Holzmalerei mit einer Darstellung des Raubs einer unbekleideten Sabinerin und eine Skulptur weiblicher Figuren erhalten, die in lange antike Tuniken gehüllt sind.

Das Chabanais in der 12, rue Chabanais (2. Arr.) verfügte über zwei voneinander getrennte Aufzüge, um peinliche Begegnungen zu vermeiden.

Im Lupanar in der 32, rue Blondel können die wohl schönsten noch vorhandenen Zeugnisse jener Epoche bewundert werden.

DAS BUNTGLASFENSTER DER FRANZÖSISCHEN FLEISCHERINNUNG

8

Fleischer mit Sinn für Ästhetik

10, rue Bachaumont
Métro: Sentier

Das Gebäude in der 10, rue Bachaumont, in dem heute verschiedene Firmen und ein Notariat untergebracht sind, wurde von Jules Michel für den Dachverband des französischen Fleischergewerbes errichtet. Der Zugang zu dem Privatgebäude ist leider durch einen Zahlencode geschützt. Durch die verglaste Tür kann man jedoch diskret einen Blick in die schöne Eingangshalle werfen, deren Wände zur Erinnerung an die Wohltäter des Verbandes alte Schilder von Fleischereien sowie verschiedene Gemälde zieren. Den künstlerischen Höhepunkt bildet ein Buntglasfenster, in dem die Attribute des Berufsstandes dargestellt sind.

Wer das Glück hat, den Eingangsbereich durch die zufällig geöffnete Tür betreten zu können, stößt hier außerdem auf eine von Alfred Boucher gestaltete Büste des früheren Verbandsvorsitzenden.

IN DER UMGEBUNG

Der Turm von Jean-sans-Peur ⑨

20, rue Étienne Marcel – Täglich von 13:30–18 Uhr
Métro: Étienne Marcel

Der an ein verbliebenes Teilstück der Stadtmauer von Philipp II. August (s. S. 81) angelehnte Turm von Jean-sans-Peur ist ein einzigartiges Beispiel mittelalterlicher Militärarchitektur in Paris (das Hôtel de Sens und das Hôtel de Cluny sind keine Militärbauten, die Conciergerie und die Tour du Vertbois wurden stark verändert). Der Turm wurde von 1409 bis 1411 für Johann Ohnefurcht (Jean sans Peur), Herzog von Burgund, als Zufluchtsort errichtet, nachdem dieser 1407 seinen Vetter Ludwig von Orléans, den Bruder von König Karl VI., hatte ermorden lassen.
Johann Ohnefurcht wurde 1419 von den Armagnacs, Anhängern des Herzogs von Orléans, getötet. Erst 1477, nach dem Tod Karls I. des Kühnen, Sohn von Philipp III. dem Guten und Enkel von Johann Ohnefurcht, gelangte das Herzogtum Burgund unter Ludwig XI. zu Frankreich.

Pariser Rekorde

Die **kürzeste Straße:** Rue des Degrés, 2. Arr. (5,75 m): eigentlich eine Treppe mit 14 Stufen (ohne Gebäudeeingänge)
Die **längste Straße:** Rue de Vaugirard, 6./7. Arr. (4.360 m)
Die **breiteste Straße:** Avenue Foch, 16. Arr. (120 m)
Die **engste Straße:** Rue de Venise, 4. Arr. (2 m), gefolgt von der Rue du Chat-qui-Pêche, 5. Arr. (2,50 m)
Der **höchste Punkt:** Montmartre (129,75 m – Rue Saint-Rustique, 13. Arr.) und nicht, wie häufig vermutet, im 20. Arr. (128 m)
Das **schmalste Gebäude:** 39, rue du Château-d'Eau, 10. Arr. (1,2 m)

IN DER UMGEBUNG

Das Fenster in der Rue Notre-Dame-des-Victoires ⑩

21, rue Notre-Dame-des-Victoires – Métro: Bourse

In der Fassade der 21, rue Notre-Dame-des-Victoires können aufmerksame Passanten ein wunderschönes Buntglasfenster entdecken. Den Auftrag für das seit 1994 denkmalgeschützte Fenster erhielten Ende des 19. Jahrhunderts der Glasermeister Eugène Grasset und der Maler Félix Gaudin. Sie fertigten das Fenster ursprünglich für den Sitzungssaal im neuen Flügel der Pariser Handelskammer (2, place de la Bourse). Das kunstvolle Werk trägt den Titel Le Travail, par l'Industrie et le Commerce, enrichit l'Humanité (Die Arbeit bereichert durch Industrie und Handel die Menschheit). Es zeigt die Arbeit in Person eines Mannes mit Hammer und zwei Frauen, dem Handel und der Industrie, an seiner Seite. Im oberen Teil des Fensters ist der Binnenhafen von Ivry dargestellt, der auf Initiative der Handelskammer angelegt wurde. Das Fenster wurde erstmals im Rahmen der Weltausstellung im Mai 1900 im Pavillon der Pariser Handelskammer gezeigt und im November desselben Jahres fest in das Börsengebäude eingesetzt.

Besonders schön anzusehen abends, wenn das Innere erleuchtet ist. Tagsüber hingegen ist im Gegenlicht kaum etwas von der Pracht zu erkennen.

Die Kuppel von Gustave Eiffel am ehemaligen Sitz des Crédit Lyonnais ⑪

18, rue du Quatre-Septembre

Der frühere Sitz des Crédit Lyonnais wurde nach einem verheerenden Brand im Mai 1996 komplett neu gebaut. Das Einzige, was von dem alten Gebäude erhalten blieb, sind die denkmalgeschützte Kuppel von Gustave Eiffel und die Fassade. Das Gebäude selbst kann nicht besichtigt werden. Von der frei zugänglichen Eingangshalle der 18, rue du Quatre Septembre jedoch ist es möglich, einen Blick auf die fantastische gusseiserne Kuppel zu erhaschen.

Eine kleine Geografie der Opéra-Comique

Die Opéra-Comique wurde zwischen 1781 und 1783 für die Comédie-Italienne gebaut, ein aus Italien stammendes bzw. italienische Stücke aufführendes Schauspielensemble. Das Theater liegt nur wenige Meter vom Boulevard des Italiens (der ihm seinen Namen verdankt) entfernt, mit der Rückseite zur Straße hin – eine bauliche Entscheidung, die heute seltsam erscheinen mag. Man wollte aber Verwechslungen mit dem für zu populär befundenen späteren Théâtre de Boulevard vermeiden. Der Name der nahe gelegenen Rue Rossini geht auf den Umstand zurück, dass der italienische Komponist Gioachino Rossini das Theater von 1824 bis 1826 leitete.

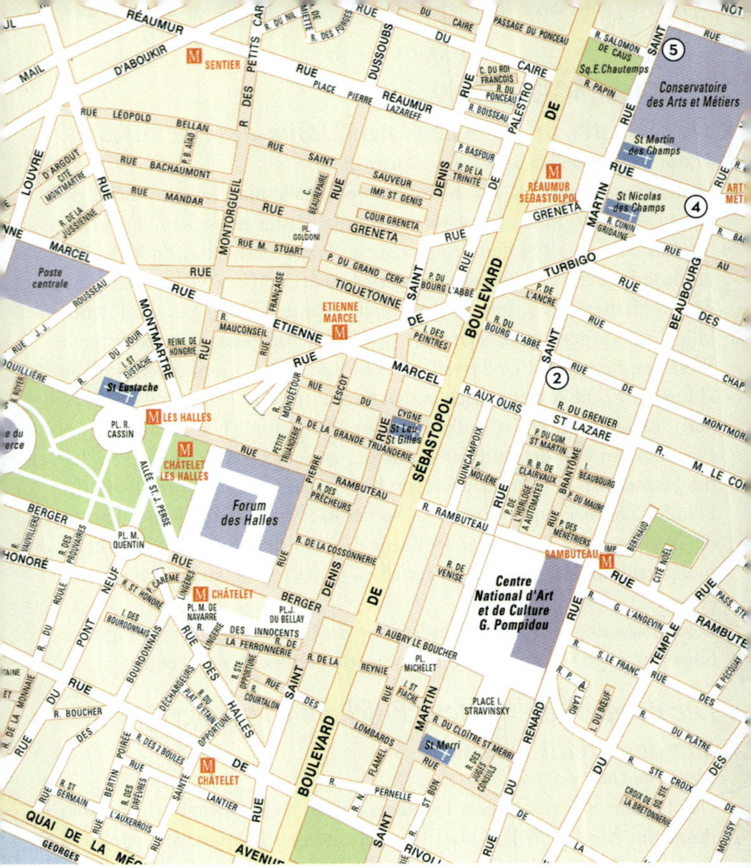

3. Arrondissement

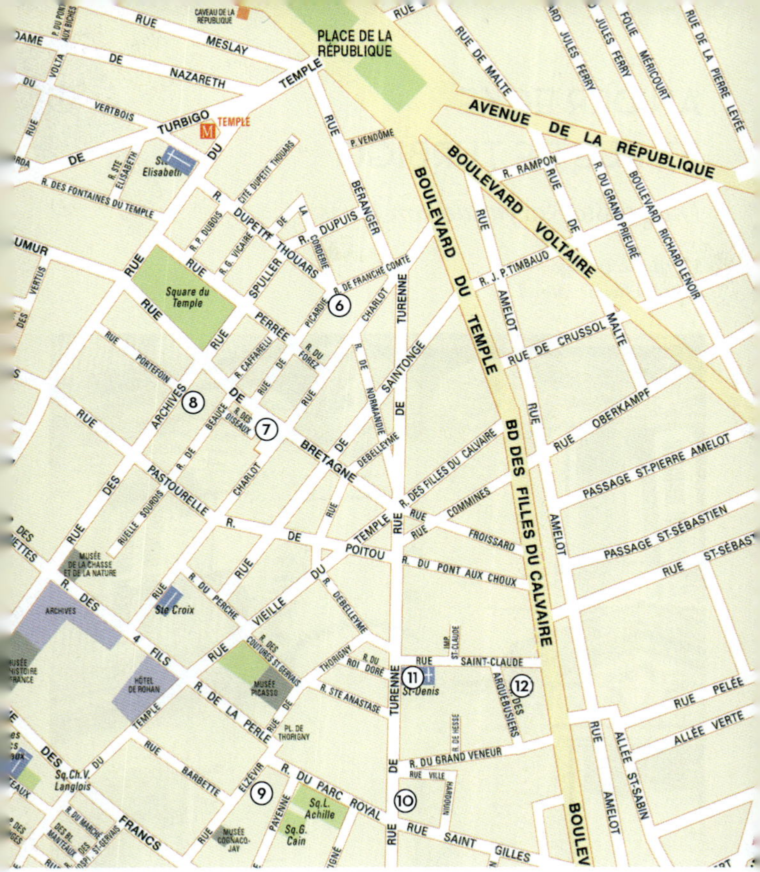

AN DER ECKE 57, RUE DE TURBIGO

1

Die größte Karyatide von Paris

57, rue de Turbigo
Métro: Étienne Marcel

Genau weiß man es nicht, warum sich über drei ganze Etagen des Gebäudes in der 57, rue de Turbigo eine Engels-Karyatide erstreckt. Sie soll von dem Bildhauer Auguste Émile Delange 1851 zu Ehren des Physikers Augustin Fresnel (1788–1827) gestaltet worden sein, Erfinder der (fortan als Fresnel-Linse bezeichneten) Stufenlinse, die ursprünglich entwickelt wurde, um die Strahlkraft von Leuchttürmen zu verstärken. Die Pläne für ein Denkmal zu seinen Ehren sahen dann zunächst auch einen Leuchtturm vor. Delange entwarf – vielleicht inspiriert durch seinen Namen (frz. de l'ange = des Engels) – einen vierseitigen Turm, auf dem der Engel der Rue de Turbigo thronte. Dieser Entwurf gelangte letztlich nicht zur Umsetzung. Die Idee des Engels behielt der Architekt jedoch im Hinterkopf und 1859 fand er Eingang in die Fassade dieses Gebäudes – so die eine Fassung der Geschichte. Einer anderen, von Raymond Queneau 1955 geäußerten Theorie nach geht die Skulptur auf einen Traum zurück, in welchem dem Eigentümer des Gebäudes dieser Engel mit einer kleinen Geldbörse in der Hand erschienen war. Tags darauf gewann er in der Lotterie und ließ sodann den Engel an der Fassade anbringen. Seit jenem Tag breitet dieser wie zur Begrüßung von Besuchern und zum Schutze der Hausbewohner seine Flügel aus. In einem Kurzfilm von Agnès Varda (*Les dites cariatides*, 1984) sowie in dem Film Peut-être von Cédric Klapisch erlangte der Engel kinematografische Berühmtheit.

IN DER UMGEBUNG

Das älteste Gebäude von Paris? ②

51, rue de Montmorency

Die „Maison du Grand-Pignon" (deren „Pignon" = Giebel heute nicht mehr vorhanden ist) in der 51, rue de Montmorency – einstmals im Besitz des berühmten Alchemisten Nicolas Flamel (1330–1418) – weist eine verborgene Symbolik auf, die den meisten Besuchern entgeht. Zum einen sind die Initialen N und F des Eigentümers in gotischen Lettern unterhalb der Fassade angebracht. Zum anderen steht wiederum darunter bzw. oberhalb der Tür ein altfranzösischer Satz, der auf eine besondere Nutzung des Gebäudes in früheren Zeiten hinweist: Die Mieteinnahmen der Ladengeschäfte im Erdgeschoss reichten aus, um ärmere Menschen kostenlos in den oberen Etagen wohnen zu lassen – unter einer Bedingung: Sie mussten täglich ein Vaterunser und ein Ave-Maria zu Ehren der Verstorbenen beten.

Das Gebäude in der 3, rue Volta ③

Das Gebäude in der 3, rue Volta galt lange Zeit als das älteste Haus in Paris und wird noch immer auf manchen Postkarten als solches dargestellt. In Wahrheit jedoch stammt es, wie Forscher 1979 herausfanden, aus dem Jahr 1644. Das älteste Haus von Paris ist heute demnach die 1407 erbaute „Maison du Grand-Pignon" in der 51, rue de Montmorency (s. o.).

DIE MÉTRO-STATION ARTS ET MÉTIERS

④

Eine Métro-Station im Geiste von Jules Verne

Die an der von Einheimischen eher wenig frequentierten Linie 11 gelegene Métro-Station Arts et Métiers ist die wohl erstaunlichste Haltestelle des gesamten Pariser U-Bahn-Netzes. Über der Station befindet sich die Hochschule Conservatoire national des Arts et Métiers (CNAM). Anlässlich des 200. Jahrestages dieser Bildungseinrichtung im Oktober 1994 wurde die Station komplett saniert. Die Entwürfe für den Umbau stammen aus der Feder des berühmten belgischen Zeichners François Schuiten (*Das Fieber des Stadtplaners*). Ihre Kupferverkleidungen und Bullaugen erwecken den Eindruck, als befände man sich in einem U-Boot.

IN DER UMGEBUNG

Die fantastische Akustik des CNAM ⑤

270–292, rue Saint-Martin

Das frühere Labor des Chemikers Antoine-Laurent Lavoisier verfügt über eine außergewöhnliche Akustik. Stellen Sie sich Folgendes vor: Zwei Personen unterhalten sich, aber sie stehen mit dem Rücken zur Raummitte gewandt und sprechen zu der jeweiligen Wand, die sich vor ihnen befindet. Eine dritte Person steht in der Mitte des Raums, zwischen ihnen – und kann nichts von dem Gesagten verstehen. Der Legende nach haben die Mönche der früheren Abtei so Personen die Beichte abgenommen, die eine ansteckende Krankheit hatten.

Relikte des Ordensdistrikts der Templer ⑥

Anders als gemeinhin angenommen, haben einige Relikte des Tempels, in dem Ludwig XVI. inhaftiert war, die Zeit überdauert: Die Flügel der Toreinfahrt in der 1, rue Saint-Claude stammen von der Tür des Stadtpalais des Großpriors der Templer. In der 73, rue Charlot befinden sich (auf einem nicht zugänglichen Privatgrundstück) Reste eines um 1240 erbauten alten Turms, der an der Ostecke der Mauer um das Ordensdistrikt der Templer stand (s. S. 65).

Eine nie angelegte Place de France

Die Straßennamen Rue de Normandie, de Bretagne, de Poitou und de Saintonge nehmen allesamt Bezug auf französische Landschaften. Sie sind die letzten Spuren eines unter Heinrich IV. geplanten halbkreisförmigen Platzes (Place de France), der jedoch nie realisiert wurde und von dem die genannten Straßen sternförmig abgehen sollten.

DIE STADTGÄRTNER DES POTAGER DES OISEAUX

⑦

Kommt ein Vogel geflogen ...

Eingang über die 39, rue de Bretagne oder die Rue de Beauce
potagerdesoiseaux.blogspot.com
Samstag und Sonntag von 10–13 Uhr oder wochentags immer dann, wenn ein Gärtner vor Ort ist
Kontakt des Trägervereins: potager_des_oiseaux@yahoo.fr
Métro: Filles du Calvaire

Am Standort eines alten Stalls gleich neben dem Marché des enfants rouges (Markt der roten Kinder) entstand im September 2004 ein hübscher kleiner Gemüsegarten. Der Grund: die wachsende Begeisterung

der Städter fürs Gärtnern. Der als Gemeinschaftsgarten angelegte Potager des oiseaux (Garten der Vögel) lädt zum geselligen Beisammensein ein. Auf 120 m², aufgeteilt in zehn in jeweils drei Parzellen unterteilte Beete, wird er von dem rund sechzig Mitglieder umfassenden Verein der „Gärtner des 3. Arrondissements" gepflegt und verwaltet. Hier wird in freundschaftlichem Miteinander gegärtnert, diskutiert und Kaffee getrunken. Kommen Sie vorbei, werfen Sie einen Blick auf die Pflanzungen und ergattern Sie den ein oder anderen Tipp. Gehen Sie anschließend gleich nebenan in der Markthalle einkaufen oder, noch besser, besorgen Sie sich einen Schlüssel, Werkzeug und Handschuhe und machen Sie selber mit (Anmeldung per E-Mail an obige Adresse).

IN DER UMGEBUNG

Die Legende des Marktes der roten Kinder ⑧

9, rue de Beauce
Dienstag, Mittwoch, Donnerstag von 8:30–13 Uhr und von 16–19:30 Uhr – Freitag, Samstag von 8:30–13 Uhr und von 16–20 Uhr – Sonntag von 8:30–14 Uhr

Der Markt der roten Kinder (Marché des enfants rouges) mit seinen Obst- und Gemüseständen und Restaurants ist seit 1912 Eigentum der Stadt Paris. Seit 1982 steht das Areal unter Denkmalschutz. Mitte der 1990er Jahre sollte es abgerissen und in einen Parkplatz umgewandelt werden, was engagierte Anwohner glücklicherweise verhindern konnten. Nach sechs Jahren Renovierung wurde der Markt im Jahr 2000 wiedereröffnet. Vielleicht verdankt er sein Fortbestehen auch einem Wahrsager des vergangenen Jahrhunderts, der der Legende nach vorausgesagt haben soll, dass die Häuser des Viertels einstürzen würden, wenn jemand Hand an den Markt anlege. Der Name des 1615 eingerichteten Marktes geht auf das von Marguerite de Valois 1536 gegründete Waisenhaus und die dort lebenden Kinder zurück, die zum Zeichen der christlichen Barmherzigkeit in rote Kleidung gehüllt waren.

Der Begriff „potager" geht auf Topfpflanzen (pot = Topf) wie Zwiebeln, Kohl oder Rüben zurück.

Rue des Coutures-Saint-Gervais

Diese Straße geht in ihrem Namen auf eine geografische Herausforderung zurück: die Nutzung der Sumpfgebiete des treffenderweise als „Marais" (Sumpf) bezeichneten Viertels als kultivierbares Land – „culture" oder eben „couture".

Der Positivismus

Wenngleich bereits der Graf von Saint-Simon von Positivismus sprach, so erlangten der Begriff und die Lehre doch erst durch Auguste Comte (1798–1857), der Saint-Simon sechs Jahre lang als Sekretär diente, wahre Berühmtheit. Die positivistische Lehre nach Comte steht in engem Zusammenhang mit dem Vertrauen auf den Fortschritt der Menschheit durch Wissenschaft und dem Glauben an die Vorteile der wissenschaftlichen Vernunft gegenüber der Metaphysik. Der Begriff geht auf die „positiven" oder „exakten" Wissenschaften wie Mathematik oder Physik zurück.

1845 verliebte sich Auguste Comte unsterblich in Clotilde de Vaux, woraufhin sich sein wissenschaftlicher Positivismus hin zu einem religiösen Positivismus entwickelte, der die Grundsätze der wissenschaftlichen Vernunft und der menschlichen Liebe in Einklang bringen musste. Der Positivismus findet heute nur noch wenig Beachtung. Im 19. Jahrhundert jedoch war er vor allem in Südamerika weit verbreitet, was sich nicht zuletzt im Wahlspruch Brasiliens „Ordem e progresso" (Ordnung und Fortschritt) zeigt, der als weißes Spruchband Teil der brasilianischen Flagge ist.

DER TEMPEL DER MENSCHHEIT ⑨

Einer von vier Positivisten-Tempeln weltweit

5, rue Payenne
Sporadisch geöffnet: 01 44 78 01 97
Métro: Saint Paul

Die denkmalgeschützte Chapelle de l'Humanité (Kapelle der Menschheit) ist der einzige Positivisten-Tempel in Europa. Im ersten Stock des Gebäudes befindet sich mit der Kapelle der Menschheit ein originalgetreuer Nachbau (in reduziertem Maßstab) des von Auguste Comte, Begründer des Positivismus, erbauten Tempels der Menschheit. Die Kapelle umfasst vierzehn Spitzbögen, die für die dreizehn Monate des durch Comte neu definierten Kalenders stehen. Der 14. Bogen ist Héloïse gewidmet, die der Philosoph sehr schätzte. Der Positivisten-Kalender beruht auf dem Prinzip eines „konkreten Kults der Menschheit zur Vorbereitung des Okzidents auf den einzig definitiven abstrakten Kult". Der konkrete Kult ist in drei Ebenen gegliedert – Monate, Wochen und Tage –, die den drei Graden der Verehrung – Götter, Helden und Heilige – entsprechen sollten. Die Allegorie am Altar zeigt eine Menschheit von Eduardo de Sá, die die Zukunft in Armen hält. Eine Büste des Bildhauers Étex zeigt Auguste Comte.

Die straßenseitige Fassade wurde von dem Architekten Gustave Goy umgestaltet. Sie zeigt eine Darstellung von Clotilde de Vaux als „Jungfrau-Mutter" und eine Büste von Auguste Comte sowie die Inschrift: „Liebe als Grundsatz und Ordnung als Grundlage, Fortschritt als Ziel."

Das Haus von Auguste Comte im 6. Arrondissement kann ebenfalls besichtigt werden (s. S. 129).

DIE BIBLIOTHEK DER AMIS DE L'INSTRUCTION

⑩

Das 19. Jahrhundert in Paris

54, rue de Turenne
Samstag von 15–18 Uhr (außer in den Schulferien) und nach Vereinbarung
bai3@orange.fr
bai.asso.fr
Métro: Chemin Vert

Marais, 1861. Arbeiter und Handwerker tragen alle Bücher zusammen, die sie in die Finger bekommen können, und gründen die Bibliothek der Amis de l'instruction (Freunde der Bildung). Neu: Die Bücher können ausgeliehen und mit nach Hause genommen werden, was zum ersten Mal überhaupt einem breiten Publikum die Möglichkeit bietet, in der Freizeit zu lesen. Der im Französischen wunderbar altmodisch anmutende Name der Bibliothek illustriert die Utopie der „Volksbildung", von der ihre Gründer geleitet waren. Interessant: Auch Frauen durften Bücher ausleihen – zum halben Preis.

Die Bibliothek liegt ziemlich im Verborgenen, nur ihre Förderer und einige wenige Anwohner wissen um ihre Existenz. Die Mehrzahl der rund 20.000 ursprünglich verzeichneten Titel ist noch erhalten. Aus konservatorischen Gründen ist eine Ausleihe heute nicht mehr möglich. Stattdessen können Besucher nun vor Ort in alten Romanen, Essays und Zeitschriften blättern und sich in passendem Ambiente in vergangene Zeiten zurückversetzen lassen.

IN DER UMGEBUNG

Die Pietà von Eugène Delacroix (11)

Kirche Saint-Denys-du-Saint-Sacrement
68 bis, rue de Turenne
Täglich von 8:30–19 Uhr (in den Schulferien von 12–16:30 Uhr geschlossen)

Selbst Einheimischen ist kaum bekannt, dass sich in der Kirche Saint-Denys-du-Sacrement ein Gemälde von Eugène Delacroix befindet. Erstaunlich, betrachten doch nicht wenige Experten die zwischen 1840 und 1844 entstandene Pietà als eines der Hauptwerke des Künstlers. Neben den Pariser Museen sind auch die Kirche Saint-Paul-Saint-Louis (4. Arrondissement) und die Kirche Saint-Sulpice (6. Arrondissement) im Besitz von Gemälden von Delacroix.

Das Tor in der 1, rue Saint-Claude (12)

Die Flügel der Toreinfahrt in der 1, rue Saint-Claude stammen vermutlich von der Tür des Stadtpalais des Großpriors der Templer. In diesem Haus soll der berühmte Okkultist und Alchemist Alessandro Graf von Cagliostro 1783 und 1785 zu Gast gewesen sein.

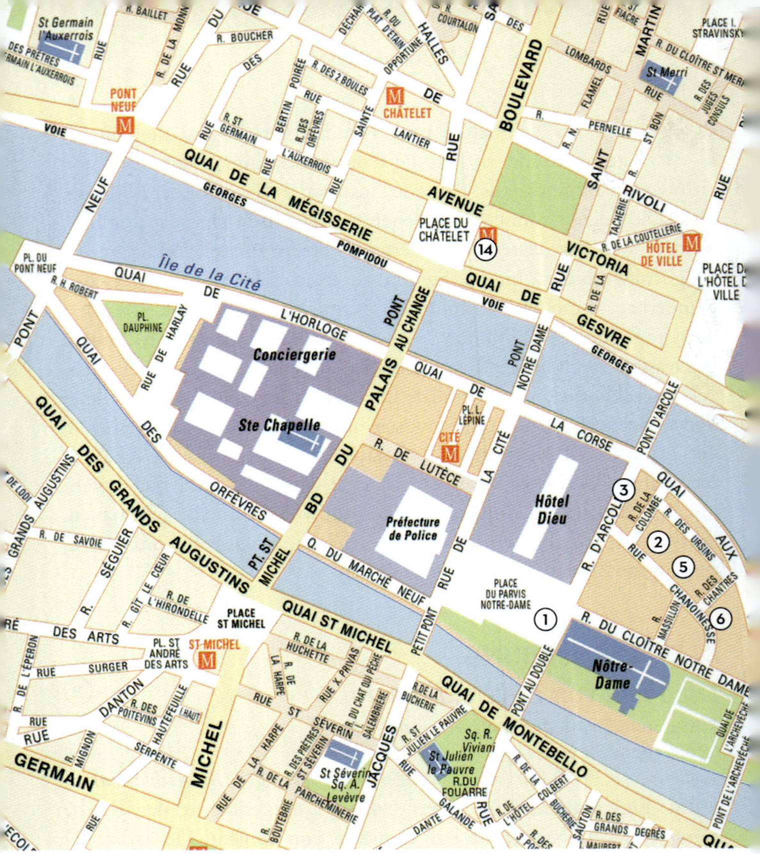

4. Arrondissement

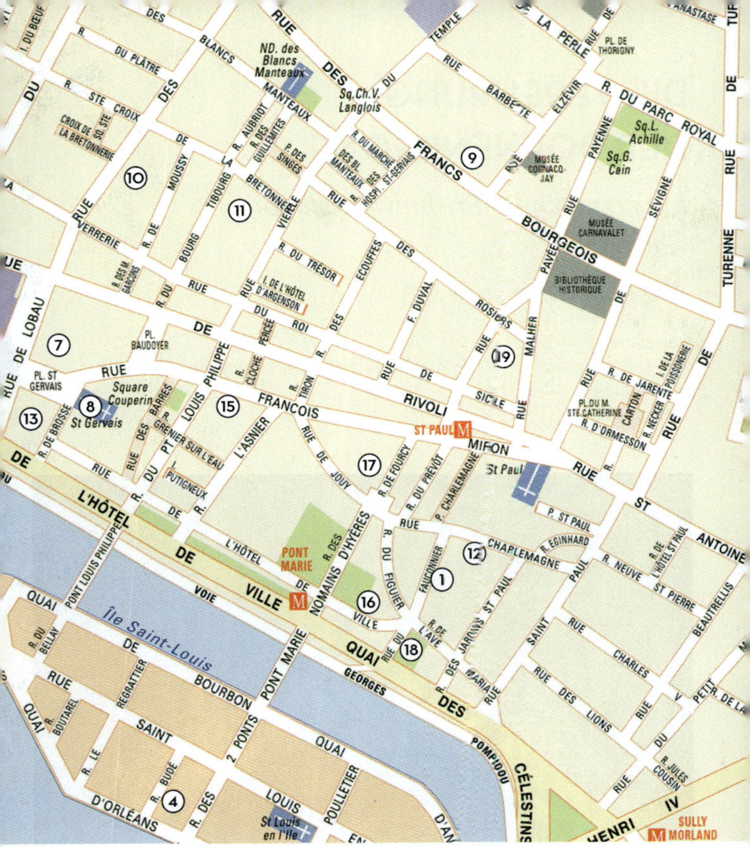

ND. des Blancs Manteaux
Sq.Ch.V. Langlois
RUE DES FRANCS BOURGEOIS
RUE DU TEMPLE
RUE BARBETTE
RUE DE LA PERLE
PL. DE THORIGNY
R. DU PARC ROYAL
Sq.L. Achille
Sq.G. Cain
MUSÉE COGNACQ-JAY
MUSÉE CARNAVALET
BIBLIOTHÈQUE HISTORIQUE
RUE DE TURENNE
RUE DE SÉVIGNÉ
RUE ELZÉVIR
RUE PAYENNE
RUE PAVÉE
RUE DES BLANCS MANTEAUX
R. DU PLÂTRE
R. STE CROIX DE LA BRETONNERIE
CROIX DE SQ. STE LA BRETONNERIE
R. AUBRIOT
R. DES GUILLEMITES
P. DES SINGES
R. DU MARCHÉ DES BL. MANTEAUX
R. DES HOSPI. ST-GERVAIS
RUE DES ROSIERS
RUE DE MOUSSY
RUE DU BOURG TIBOURG
RUE DE LA VERRERIE
R. DES M. GARÇONS
RUE VIEILLE DU TEMPLE
R. DU TRÉSOR
I. DE L'HÔTEL D'ARGENSON
RUE DU ROI DE SICILE
RUE DES ÉCOUFFES
RUE F. DUVAL
RUE MALHER
R. DE JARENTE
I. DE LA POISSONNERIE
PL.DU M. STE CATHERINE
CARTON
R. NECKER
R. D'ORMESSON
RUE DE LOBAU
PL. BAUDOYER
PL. ST GERVAIS
Square Couperin
St Gervais
RUE FRANCOIS MIRON
RUE DE RIVOLI
R. DE LA CLOCHE PERCÉE
R. TIRON
R. DE BROSSE
RUE DES BARRES
R. DU PT LOUIS PHILIPPE
RUE DE L'ASNIER
R. GRENIER SUR L'EAU
I. PUTIGNEUX
ST PAUL
St Paul
RUE DE JOUY
R. DE FOURCY
R. DU PRÉVOT
P. CHARLEMAGNE
RUE ST ANTOINE
P. ST PAUL
RUE CHARLEMAGNE
R. EGINHARD
R. NEUVE ST PIERRE
R. DE L'HÔTEL ST PAUL
BEAUTREILLIS
QUAI DE L'HÔTEL DE VILLE
VOIE
PONT MARIE
R. DES NONAINS D'HYÈRES
R. DU FIGUIER
FAUCONNIER
RUE DES JARDINS ST PAUL
RUE SAINT PAUL
RUE CHARLES V
R. DE L'AVE MARIA
RUE DU
RUE DES LIONS
R. PETIT MUSC
R. DE LA
R. JULES COUSIN
QUAI DES CÉLESTINS
GEORGES POMPIDOU
HENRI IV
SULLY MORLAND
PONT LOUIS PHILIPPE
Île Saint-Louis
QUAI
R. DU BELLAY
RUE DE REGRATTIER
RUE SAINT LOUIS
BOURBON
QUAI D'ORLÉANS
R. BOUTAREL
R. LE
R. BUDÉ
R. DES 2 PONTS
PONT MARIE
QUAI
POULLETIER
St Louis en l'Ile
1
4
7
8
9
10
11
12
13
15
16
17
18
19

DIE VEREHRUNG DER DORNENKRONE

①

Ein ergreifendes Erlebnis für gläubige Christen

Notre-Dame de Paris – Place du Parvis
+33 1 42 34 56 10
notredamedeparis.fr/
Am 1. Freitag des Monats, in der Fastenzeit jeden Freitag von 15–16 Uhr; Karfreitag von 10–17 Uhr
Métro: Cité

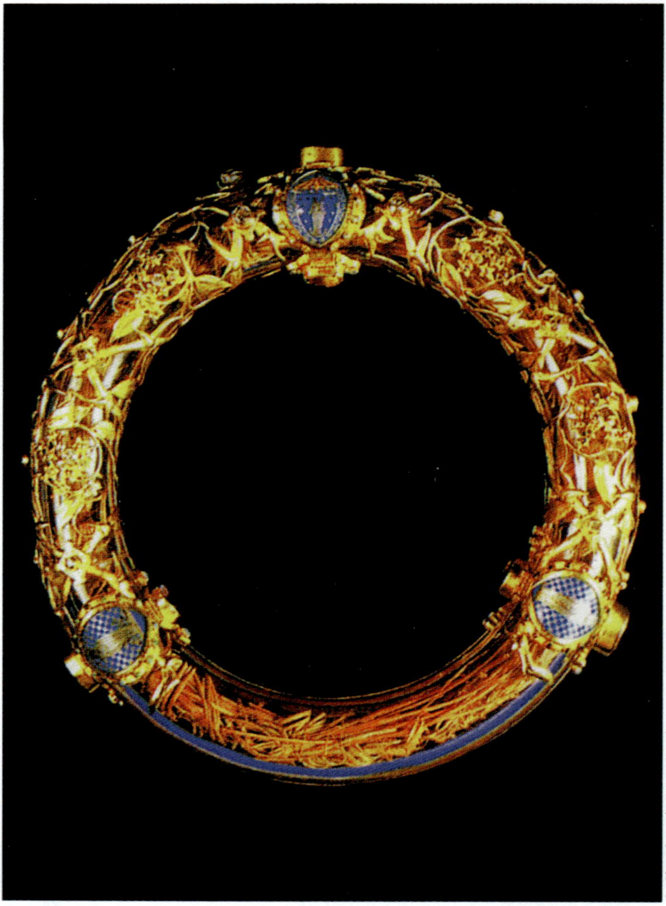

Die Dornenkrone Jesu gilt, nach dem Turiner Grabtuch, als die zweitwichtigste Reliquie des Christentums. Allerdings wissen nur die wenigsten Pariser, dass sie sich in der Kathedrale von Notre-Dame de Paris befindet und den Gläubigen dort einmal im Monat gezeigt wird. Die Sainte-Chapelle hingegen besitzt, anders als vielfach angenommen, keine Reliquien mehr. Weitere Reliquien der Passion Christi (ein Nagel sowie ein Splitter aus dem Kreuz Christi) befinden sich ebenfalls in Notre-Dame. An jedem ersten Freitag des Monats kommen die Ritter vom Heiligen Grab dort ihrer Aufgabe nach, die heilige Dornenkrone öffentlich zur Verehrung auszustellen. Bei den meisten Anwesenden handelt es sich um Touristen, denen oft gar nicht bewusst ist, wie bedeutend dieser Moment und dieser Anblick sind. Es ist berührend zu sehen, wie ergriffen die wenigen Einheimischen sind, die diese Reliquie verehren und denen manchmal sogar Tränen über die Wangen laufen.

Der erste Hinweis auf die heilige Reliquie stammt aus dem Jahr 409 von dem heiligen Paulinus von Nola, der sie unter den Reliquien der Basilika auf dem Berg Zion in Jerusalem erkannte. Zum Schutz vor Plünderungen durch das Persische Reich wurden die Reliquien nach Byzanz verbracht, von wo aus sie 1238 von Balduin von Courtenay, Kaiser des in finanziellen Schwierigkeiten steckenden Lateinischen Reiches, an die Venezianer verkauft wurden. König Ludwig der Heilige (1126–1270) kaufte sie 1239 zurück und ließ eigens für sie ein Reliquiar bauen, die Sainte-Chapelle (davon berichten im Übrigen einige Fenster der Chapelle). Nach der Revolution wurden die Reliquien den Stiftsherren von Notre-Dame anvertraut.

Im 19. Jahrhundert schließlich wurden zwei Reliquiare für die heilige Dornenkrone angefertigt – eins im Auftrag von Napoleon I., ein weiteres im Auftrag von Napoleon III. Diese sind heute leer, können jedoch im Tresor der Kathedrale bewundert werden (täglich außer sonntags vormittags von 9–18 Uhr). Die Authentizität der Reliquien ist freilich schwer zu beweisen, wenngleich das Reliquiar, in dem sich die Krone heute befindet, nur 1940 ein einziges Mal geöffnet wurde. Dabei stellte man fest, dass die Blätter zwar vertrocknet, das Zweiggeflecht jedoch noch immer grün war!

Ein schmiedender Teufel?

Das Annenportal der Kathedrale von Notre-Dame weist derart perfekte Kunstschmiedearbeiten auf, dass es der Legende nach vom Teufel persönlich inspiriert worden sein soll. Ein Handwerker namens Biscornet soll einen Pakt mit dem Leibhaftigen geschlossen und diesen mit dem Blut seines Zeigefingers besiegelt haben.

DAS PSEUDO-MITTELALTERLICHE HAUS VON FERNAND POUILLON ②

Architektonischer Fake

1, rue des Ursins

Wahrscheinlich ist dieses Gebäude bislang nur wenigen Passanten aufgefallen. Aber es lohnt sich, hier einmal genauer hinzusehen, denn der mittelalterlich anmutende Bau stammt eigentlich aus den 1960er-Jahren. Dem Architekten Fernand Pouillon, der selbst knapp ein Jahr hier lebte, ist es dabei auf bewundernswerte Weise gelungen, alte Elemente geschickt in ein modernes Gebäude einzufügen.

Fernand Pouillon: Architekt, Gefängnisinsasse, Offizier der Ehrenlegion

Fernand Pouillon wird 1912 in der südfranzösischen Gemeinde Cancon geboren. Nach seinem Architekturstudium realisiert er in der Zwischenkriegszeit erste Projekte in Marseille und Aix-en-Provence. Durch den Wiederaufbau des im Zweiten Weltkrieg zerstörten alten Hafenviertels von Marseille macht er sich einen Namen. Infolge eines Skandals um die Immobiliengesellschaft „Le Comptoir du Logement" wird er zu einer Haftstrafe verurteilt – und flieht. Nach einem Leben im Untergrund in Italien stellt er sich den französischen Behörden. Die ursprünglichen Anschuldigungen werden fallen gelassen, wegen seiner Flucht wird er jedoch zu einer Haftstrafe von drei Jahren verurteilt. In der Haft schreibt er den Roman Singende Steine (Les pierres sauvages). Nach seiner Entlassung ist er an großen städtebaulichen Projekten in Algerien beteiligt. 1985 ernennt ihn François Mitterrand zum Offizier der Ehrenlegion. Pouillon stirbt 1986 im Château de Belcastel.

IN DER UMGEBUNG

Die Pflastersteine in der Rue de la Colombe ③

Vor dem Haus 6, rue de la Colombe erinnert ein 2,70 m breiter Pflasterstreifen auf Fahrbahn und Gehweg an den Verlauf der alten galloromanischen Stadtmauer, deren Überreste hier gefunden wurden.
Die galloromanische Mauer von Lutetia wurde in der ersten Hälfte des 4. Jahrhunderts zum Schutz gegen die Invasion der Barbaren errichtet. Mit einer Länge von rund 1.500 m umschloss sie den größten Teil der Insel Lutetia. Durch Aufnahme benachbarter Inseln und 3 bis 7 m hohe Aufschüttungen wurde Lutetia nach und nach vergrößert und mit Kaimauern umbaut. Die Stadtmauer der so entstandenen Île de la Cité war 2,50 m breit und 7 bis 8 m hoch. Sie umfasste einen inneren Wehrgang und eine krenelierte Außenmauer.

Weitere Relikte der ersten Stadtmauern

Place du Parvis-Notre-Dame: Insgesamt rund 65 m traten zwischen 1967 und 1970 bei Bauarbeiten für ein Parkhaus zutage. Sie sind von der Archäologischen Krypta auf dem Vorplatz von Notre-Dame aus zu sehen. Im Palais de Justice (Justizpalast) wurden ebenfalls einige Mauerreste freigelegt, die jedoch nicht öffentlich zugänglich sind.

DAS MUSEUM ADAM MICKIEWICZ, CHOPIN UND BIEGAS ④

Polnische Künstler in Paris

6, quai d'Orléans
+33 1 55 42 83 83
Montag bis Freitag von 10–13 Uhr und von 14–18 Uhr
Führungen immer mittwochs um 14, 15, 16 und 17 Uhr sowie samstags um 9, 10, 11 und 12 Uhr
Métro: Pont Marie oder Maubert Mutualité

Die Polnische Bibliothek befindet sich seit 1853 im Herzen der Île Saint-Louis in einem schönen, denkmalgeschützten Gebäude aus dem 17. Jahrhundert, das im Besitz der Polnischen historisch-literarischen Gesellschaft (SHLP) ist. Die SHLP wurde 1832 von polnischen Einwanderern gegründet, die nach der brutalen Niederschlagung eines Aufstands durch die russischen Besatzer nach Frankreich gekommen waren. Ihr Ziel: „Bündelung und Verbreitung von Schriften und Dokumenten über die Geschichte Polens, seine Gegenwart, seine Zukunft zum Erhalt und zur Festigung der globalen Verbundenheit gegenüber der polnischen Sache.“ Die Bibliothek umfasst einen Bestand von mehr als 200.000 Titeln, darunter einzigartige Stücke wie persönliche Briefe von Frédéric Chopin, Protokolle der Sejm der Republik Polen aus dem 18. Jahrhundert, eine wertvolle Edition der Karte der slawischen Gebiete von Ptolemäus (16. Jahrhundert) oder die drei Originalausgaben (Basel, Nürnberg und Amsterdam) von De revolutionibus orbium coelestium von Nikolaus Kopernikus (1543). In romantischem, vertrautem Ambiente wurden außerdem drei Museen eingerichtet. In einem kleinen Salon im ersten Stock wurden persönliche Erinnerungsstücke, Porträts und Stiche von Frédéric Chopin zusammengetragen. Im zweiten Stock liegt das Museum des 1798 in Litauen geborenen großen romantischen Dichters Adam Mieckiewicz, das in drei Räumen persönliche Erinnerungen, Handschriften seiner Gedichte, Dokumente über seine publizistische und politische Aktivität sowie Porträts und Büsten von Künstlern seiner Zeit zeigt. Der Besuch endet schließlich im dritten Stock mit dem Museum Bolesław Biegas (1877–1954), das Leben und Werk des polnischen Malers und Bildhauers nachzeichnet und einige Gemälde und Skulpturen anderer polnischer Künstler jener Zeit umfasst.

IN DER UMGEBUNG

Die Grabsteine in der 26, rue Chanoinesse ⑤

Im Hof der 26, rue Chanoinesse tragen einige steinerne Bodenplatten gotisch anmutende Inschriften. Es handelt sich dabei um Grabsteine aus einer früheren religiösen Einrichtung auf der Île de la Cité.

9 und 11, quai aux Fleurs: Erinnerungen an Héloïse und Abaelard ⑥

An der 9, quai aux Fleurs erinnert eine Gedenktafel an die berühmten Liebenden Héloïse und Abaelard, deren Geschichte ein wenig an Romeo und Julia erinnert. Ebenfalls an der 9 sowie an der Fassade von Hausnummer 11 finden sich zudem steinerne Medaillons mit Porträts der späteren Ordensleiterin und des Philosophen.

DIE ULME VON SAINT-GERVAIS-SAINT-PROTAIS

7

Ein Stückchen Rinde bei Nacht und Nebel ...

Place Saint-Gervais
Métro: Hôtel de Ville

Die Ulme vor der Kirche Saint-Gervais-Saint-Protais ist schlicht ein Baum. Jedoch ein Baum, um den sich eine ungewöhnliche Legende rankt. Die in der Revolution gefällte ursprüngliche Ulme war von reicher Symbolik: In den Anfängen des Christentums wurde sie aufgrund ihres roten Safts (wie das Blut der Märtyrer) als heilig verehrt; nach der Messe wurde unter ihren Ästen Recht gesprochen. Man traf sich unter ihr, um Feste zu feiern, und Geschäfte, die hier per Handschlag abgeschlossen wurden, galten als besiegelt. Man erzählt sich auch, dass die Frauen des Viertels nachts heimlich von der Rinde des Baums genommen haben sollen, da diese gegen Fieber helfen sollte ... Mehr noch als der heutige Baum, der erst im 20. Jahrhundert gepflanzt wurde, halten diese unzähligen kleinen Geschichten die Tradition lebendig.

IN DER UMGEBUNG

Das Chorgestühl der Kirche Saint-Gervais-Saint-Protais (8)

Place Saint-Gervais
jerusalem.cef.fr/paris-saint-gervais
Messe Dienstag bis Samstag um 18:30 Uhr und Sonntag um 11 Uhr (alle Gottesdienste werden von den Brüdern und Schwestern der Gemeinschaften von Jerusalem gestaltet und gesungen)

Die unter Franz I. begonnenen und unter Heinrich II. fertiggestellten Miserikordien des Chorgestühls sind die einzigen ihrer Art in Paris. Sie zeigen verschiedene Symbole und Szenen aus dem Alltagsleben: drei in sich verschlungene Mondsicheln (Emblem von Heinrich II.), einen Schreiber an seinem Pult, einen Architekten, der Steine vermisst, einen Böttcher, einen Weinleser, mehrere streitende und einige betende Personen, einen von Schuhen umgebenen Schuster oder ein fressendes Schwein. Auch die Ulme auf dem Kirchenvorplatz ist dargestellt.

Die Eingangsstufen der Kirche Saint-Gervais-Saint-Protais. Letzte Spuren der zweiten Pariser Stadtmauer

Die Stadtmauer aus dem 11. Jahrhundert umschloss mit ihren 1.700 m Länge drei vor Hochwasser geschützte natürliche Erhebungen (monceaux), auf denen die Kirchen Saint-Germain-l'Auxerrois, Saint-Merry und Saint-Gervais standen. Die Eingangsstufen der Kirche Saint-Gervais-Saint-Protais und das Profil der Rue des Barres sind heute die einzig verbliebenen Zeugnisse dieser Mauer und des Monceau Saint-Gervais.

SPUREN DER SOCIÉTÉ DES CENDRES

⑨

Einblicke in die industrielle Vergangenheit des Marais

39, rue des Francs-Bourgeois
Täglich von 11–20 Uhr (am Wochenende ab 10 Uhr)
Métro: Rambuteau

Die unauffällige Inschrift „Société des Cendres“ (wörtlich: Gesellschaft der Asche) über dem Eingang zum Haus Nr. 39, rue des Francs-Bourgeois (heute ein Bekleidungsgeschäft) erinnert an die industrielle Vergangenheit des Viertels: bis 2002 wurde hier eine der letzten Fabriken des Marais betrieben.

Der 35 Meter hohe rote Schornstein mitten in dem Geschäft, der auch vom benachbarten Garten Francs-Bourgeois-Rosier aus zu sehen ist, ist das auffälligste Zeichen dieser wenig bekannten Geschichte.

Anders als der Name vermuten lassen könnte, handelte es sich bei der Société des Cendres nicht um ein Bestattungsunternehmen, sondern um eine Fabrik. In dieser wurde die „Asche“ von Edelmetallen aufbereitet, d. h. ein Abfallprodukt der Goldschmiedearbeiten, um das darin enthaltene Gold, Silber und Platin zurückzugewinnen.

Die Société des Cendres du Marais wurde 1859 von den Juwelieren, Goldschmieden, Uhrmachern und anderen Unternehmen, die Edelmetalle verarbeiteten, als eine Genossenschaft mit über 500 Mitgliedern ins Leben gerufen. Der Sitz in der Rue des Francs-Bourgeois wurde 1867 in einer Zeit gebaut, in der die wohlhabenden Bewohner dem Viertel in Richtung Faubourg Saint-Germain den Rücken gekehrt hatten und sich infolgedessen das Marais als Industriestandort etablierte. Neben dem Schornstein und der Tafel „Société des Cendres“ an der straßenseitigen Fassade sind noch andere Relikte jener vergangenen Zeiten zu erkennen. Eine Inschrift oberhalb der Tafel gibt Aufschluss über die Funktion des Gebäudes: Einschmelzen von Gold und Silber, Aufbereitung von Asche, Versuche und Analysen. Im Inneren gelangt man über eine Treppe, die sich an einen Teil der Mauer von Philipp August schmiegt, in das Untergeschoss, in dem Werkzeug aus früheren Zeiten erhalten geblieben ist. Die Kunden brachten ihre 50 bis 500 kg schweren Säcke mit dem Edelmetallstaub der vergangenen Monate in die Schmelzerei. Dort wurden diese erhitzt, zerkleinert, gesiebt und gewaschen. In dem anschließenden chemischen, quecksilberbasierten Verfahren wurden Edelmetalle wie Gold von wertlosen Abfällen getrennt. Damit sich das Verfahren überhaupt rentierte, mussten aus einem 50-kg-Sack mindestens 250 g Gold zurückgewonnen werden.

Der Ursprung der „poubelle“

Die französische *poubelle* (Mülleimer) verdankt ihren Namen dem Präfekten des Départements Seine, Eugène Poubelle, der 1884 die Aufstellung von Zinktonnen zur Sammlung von Abfällen in Paris anordnete. Zuvor wurde der anfallende Müll einfach direkt vor den Gebäuden entsorgt, wo er dann vor sich hingammelte. Um dem Gestank zu entgehen, steckten sich nicht wenige Pariser daher Blumen ins Knopfloch.

DER KREUZGANG DES KLOSTERS LES BILLETTES ⑩

Eine blutende Hostie

22–26, rue des Archives
Im Rahmen von Ausstellungen häufig geöffnet. Das Programm ist in den verschiedenen Pariser Veranstaltungspublikationen zu finden
Métro: Hôtel de Ville

Der kleine Kreuzgang des Klosters Les Billettes mit seinen vier mit schönen spätgotischen Gewölbedecken versehenen Galerien ist der einzige noch erhaltene mittelalterliche Kreuzgang der Stadt. Er stammt aus dem Jahr 1427 und war einst Teil des Klosters der Frères hospitaliers de la Charité de Notre-Dame, die wohl aufgrund der rechteckigen Form ihres Ordenshabits (Skapuliers) les Billettes (Plättchen) genannt wurden. Die mehrfach umgebaute Kirche aus dem Jahr 1756 ist seit 1812 lutherische Gemeindekirche, die Klostergebäude wurden Ende des 19. Jahrhunderts in eine Schule umgebaut. Einzig der Kreuzgang, Eigentum der Stadt Paris, blieb erhalten und wurde im 19. und 20. Jahrhundert zweimal saniert.

Um diesen wie aus der Zeit gefallenen Ort, der eine so friedliche Atmosphäre ausstrahlt, rankt sich eine düstere Legende: Zum Osterfest 1290 verlangt ein jüdischer Pfandleiher namens Jonathas von einer armen Frau, ihm zur Auslösung ihres Pfands eine geweihte Hostie zu bringen. Als Jonathas die Hostie mit dem Messer martert und durchbohrt, fließt Blut aus ihr. Er wirft sie ins Feuer, aus dem sie unversehrt wieder hervorschwebt. Er wirft sie in einen Kessel mit kochendem Wasser. Das Wasser verfärbt sich blutrot, die Hostie schwebt erneut hervor – und nimmt die Gestalt Jesu an! Für seine Taten wird Jonathas schließlich auf dem Scheiterhaufen verbrannt. Sein Haus wird zu einem Pilgerort und 1294 erhält ein wohlhabender Bürger die Genehmigung, eine Sühnekapelle an dem Ort zu errichten, „an dem Gott gekocht wurde". 1299 siedelt Philipp IV. der Schöne die Barmherzigen Brüder unserer Lieben Frau bei der Kapelle an.

IN DER UMGEBUNG

Musée du thé Mariage Frères (11)

30, rue du Bourg-Tibourg
Täglich von 10:30–19:30 Uhr

Das berühmte Teegeschäft Mariages Frères beherbergt im ersten Stock des Gebäudes, in dem es ursprünglich seinen Sitz hatte, ein kleines Tee-Museum. Dieses zeichnet anhand verschiedener Exponate die Geschichte des Getränks nach. Besonders amüsant: die Schnurrbarttasse.

Der Legende nach soll sich der berühmte buddhistische Mönch Bodhidharma, um während der Meditation nicht einzuschlafen, die Augenlider abgerissen und weggeworfen haben. An der Stelle, wo sie landeten, schlugen sie Wurzeln und es wuchs der erste Teestrauch.

ÜBERRESTE DER STADTMAUER VON PHILIPP AUGUST

⑫

Relikte der mittelalterlichen Befestigungsanlagen

Rue des Jardins-Saint-Paul

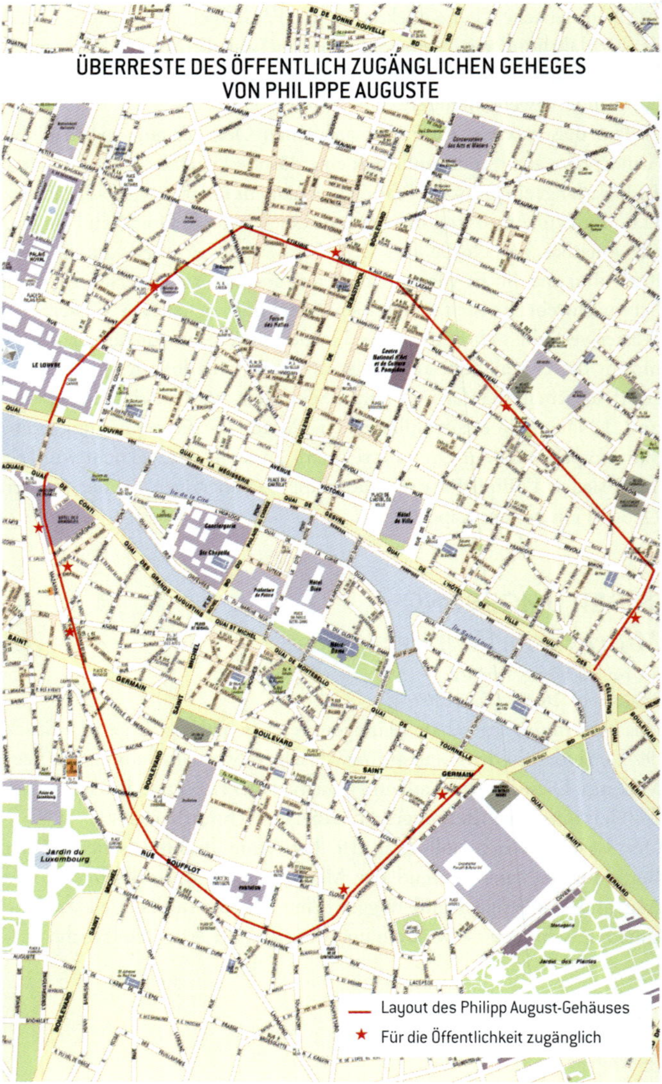

Der Sportplatz der Charlemagne-Schule bietet einen unverstellten Blick auf die Apsis der Kirche Saint-Paul und ein besonders gut erhaltenes, 80 m langes Teilstück der Mauer von Philipp August, das nach Ende des Zweiten Weltkriegs zwischen zwei Türmen entdeckt wurde. Die Tour Montigny im Norden wurde bei der Verbreiterung der Rue Charlemagne geöffnet, die den Ring am Standort der früheren Ausfallpforte Saint-Paul durchbrach.

Die Stadtmauer von Philipp August (1190–1215)

Der chronologisch dritte Stadtring war ein ehrgeiziges Vorhaben. Er sollte nicht nur die bestehenden Wohnhäuser umschließen, sondern auch die Felder, Weiden und Gärten. Diese galt es ebenfalls zu schützen, damit die Bevölkerung bei einer Belagerung mit Lebensmitteln versorgt wäre. Seine Ausmaße waren für die damalige Zeit beträchtlich: eine 5.400 m lange Mauer (2.800 m am rechten Seineufer, 2.600 m am linken) umschloss ein 250 Hektar großes Gelände. Diese Mauer war 8 bis 10 m hoch und im unteren Teil 3 m breit. Auf dem 2,3 m hohen oberen Abschnitt befanden sich ein Wehrgang und eine krenelierte Mauer. Sie umfasste 65 Verteidigungstürme und vier größere Türme nahe der Seine, jedoch keinen Graben. Nach und nach wuchs die Stadt über die Grenzen der Mauer hinaus. Einige Bauten lehnten sich innen oder außen an die Mauer an, weshalb auch große Überreste oft nicht von der Straße aus sichtbar sind. Öffentlich zugängliche Orte, die einen guten Blick auf die Mauer bieten, sind:

Rechtes Ufer

11, rue du Louvre: gegenüber der Bourse de commerce
16, rue Étienne Marcel: angelehnt an den Turm von Jean-sans-Peur
57–59, rue des Francs-Bourgeois: Turm des Crédit municipal
Rue des Jardins-Saint-Paul: gut erhaltene Mauerreste und zwei Türme

Linkes Ufer

30 bis, rue du Cardinal Lemoine (s. S. 98)
Rue Clovis
4, cour du Commerce Saint-André: ein Turm in einem Geschäft
27, rue Mazarine: Reste in einem Parkhaus (s. S. 133)
13, passage Dauphine: ein Turm in einer Sprachschule
Gedenktafeln ohne Überreste erinnern in der 113, rue Saint-Denis, 172, rue Saint-Jacques, 9, rue Mouffetard und 44, rue Dauphine an die Mauer.

Es gibt in Paris rund ein Dutzend anderer Reste der Stadtmauer von Philipp August. Diese liegen jedoch auf Privatgrundstücken und sind nicht öffentlich zugänglich.

IN DER UMGEBUNG

Maison des Compagnons du Devoir ⑬

1, place Saint-Gervais
+33 1 48 87 38 69 – compagnons-du-devoir.com
compagnonsparis@compagnons-du-devoir.com
Montag bis Freitag von 9–12 Uhr und von 13:30–17 Uhr
Métro: Hôtel de Ville oder Pont Marie

Die ersten Gilden wurden schon im Frühmittelalter nachgewiesen (s. S. 349). Neben den Gilden (vornehmlich der Zusammenschluss von Kaufleuten) gab es auch Zünfte (Zusammenschluss von Handwerksmeistern). Heute sind Berufsgruppen in Innungen, Handwerkskammern und Verbänden organisiert. Die Association des Compagnons du Devoir ist einer von vier Pariser Dachverbänden und umfasst heute in 95 Handwerkskammern 21 verschiedene Gewerbe (Maurer, Möbelbauer, Speditionen, Lebensmittelbetriebe, Lederhandwerk). Wie bei anderen Verbänden (s. S. 127 und 349) ist der Besuch auch hier in Anwesenheit eines „Gilden"- oder „Zunft"-Mitglieds am interessantesten, das Fragen beantwortet und tiefere Einblicke in diesen ganz speziellen fachlichen Kosmos gibt.

Die Loge von Sarah Bernhardt ⑭

Théâtre de la Ville – 16, quai de Gesvres
Zu sehen in den Vorstellungspausen

Wer zu einer Vorstellung in das Théâtre de la Ville kommt, kann in der Pause die Loge der großen Sarah Bernhardt bewundern, bei der es sich jedoch nur um eine Rekonstruktion handelt. Die echte Loge der Künstlerin (1844–1923) wurde 1968 bei der Renovierung des Theaters zerstört. Einige Objekte konnten jedoch gerettet werden. So sind heute noch ein Ecksofa mit Sphinxen an den Kopfenden, die berühmte Badewanne und einige persönliche Gegenstände zu sehen. Sarah Bernhardt gilt als eine der größten Darstellerinnen des 19. Jahrhunderts und erlangte vor allem durch ihre ausgedehnten Gastspielreisen Weltruhm.

Die Maison d'Ourscamp ⑮

44–46, rue François Miron
Montag bis Samstag von 11–18 Uhr, Sonntag von 14–19 Uhr

Im Untergeschoss der Vereinigung Paris historique (historisches Paris) liegt einer der schönsten gotischen Keller der Stadt. Dieser Keller aus dem 12. Jahrhundert verdankt seinen Fortbestand den Bewohnern des Viertels, die ihn als Lagerraum nutzten und bis unter die Decke vollstellten und so schützten. An den Häusern 11 und 13, rue François Miron sind noch die schönen Giebel zu sehen. Das Fachwerk stammt jedoch aus dem Jahr 1960, als die Gebäude renoviert wurden.

Fragmente des Hôtel de Ville

An verschiedenen Orten in Paris finden sich Fragmente des Hôtel de Ville: neben jenen im Jardin du Trocadéro (s. S. 315) auch im Parc Monceau (nahe der Naumachie oder dem kleinen See), am Square Léopold-Achille (4. Arr.) und am Square Georges-Cain.

Der Ursprung des Wortes „grève" – Streik

Das französische Wort „grève" geht auf den Namen eines Pariser Platzes zurück, die frühere Place de Grève und heutige Place de l'Hôtel-de-Ville. Dieser am Seineufer gelegene Platz war im Mittelalter einer der zentralen Bootsanleger („grève" bezeichnete ursprünglich ein flaches Ufergebiet mit Kies oder Sand) und damit Hauptanlaufstelle für Arbeitslose, die sich hier beim Be- und Entladen der Schiffe ihr Brot verdienten. Im Laufe der Zeit wurde es unter Arbeitern, die mit ihren Gehältern und Arbeitsbedingungen unzufrieden waren, zur Gewohnheit, ihrer Unzufriedenheit an der Place de Grève Ausdruck zu verleihen.

DIE KUGEL IN EINER FASSADE

⑯

„König der Franzosen", nicht mehr „König von Frankreich"

Hôtel de Sens – Bibliothek Forney
1, rue du Figuier

Man muss schon genau hinsehen, um die Kanonenkugel zu erkennen, die einige Meter weit oben in einer Mauer des Hôtel de Sens steckt. Dem an der Fassade vermerkten Datum zufolge wurde sie während der Aufstände vom 27., 28. und 29. Juli 1830 (der auch als „les Trois Glorieuses" bezeichneten Julirevolution) abgefeuert.

Angeführt wurde die Volksrevolution von liberalen und mehrheitlich monarchistischen Abgeordneten, wodurch die Monarchie im Gegenzug zu einem Dynastiewechsel aufrechterhalten werden konnte. König Karl X. (aus dem Hause Bourbon) wurde zur Abdankung gezwungen. Zu seinem Nachfolger wurde ein entfernter Vetter aus dem Hause Orléans, einem Nebenzweig der Bourbonen, ernannt: Louis Philippe I., „König der Franzosen", nicht mehr „König von Frankreich". Am 9. August 1830 wurde die Julimonarchie (1830–1848) ausgerufen.

IN DER UMGEBUNG

Der japanische Garten des Europäischen Hauses der Fotografie ⑰

5–7, rue de Fourcy

Gleich vor dem Eingang des linken Gebäudes liegt der von Keijchi Tahara, einem seit den 1970er-Jahren in Paris lebenden japanischen Künstler, angelegte japanische Zengarten Niwa. Ein weiterer, größerer, japanischer Garten befindet sich auf dem Gelände der UNESCO (s. S. 145).

Der Square de l'an 2000 ⑱

Dieser von Christophe Grunenwald konzipierte Garten wurde für den Übergang in das neue Jahrtausend komplett neu gestaltet. Beim Hindurchgehen sollen Besucher dort die Zahl 2000 mit ihrem Körper nachzeichnen können ...

Überreste der Bastille

Am 16. Juli 1789 wurde der Abriss der Festung beschlossen, die seit der Zeit Ludwigs XIII. als Staatsgefängnis diente. Es dauerte aber drei Jahre, bis die rund 800 Männer dieses Vorhaben umgesetzt hatten. Die Steine fanden im Bau der Pont de la Concorde sowie von Häusern in unmittelbarer Umgebung Verwendung. Einige schlaue Leute verkauften die Schlösser als Briefbeschwerer und ein gewisser Palloy Skulpturen und Steine in Form der Bastille. In der Umgebung findet man noch heute einige Überreste: Am Anfang der Rue Saint-Antoine zeigt eine Bodenmarkierung den einstigen Standort des Gefängnisses an, das auch auf einer Karte an dem Haus 3, place de la Bastille zu sehen ist. Am Square Henri-Galli sind einige Steine eines der Gefängnistürme zu sehen.

DIE SYNAGOGE DER RUE PAVÉE ⑲

Eine Synagoge im Stil der Art nouveau

10, rue Pavée
33 1 42 77 81 51 oder +33 1 48 87 21 54
Außer Samstag täglich zwischen 10:30 und 17 Uhr und nach vorheriger Anmeldung
Metro: Saint Paul

Die Synagoge der Rue Pavée ist nicht nur das einzige Art-nouveau-Gebäude des Marais, sondern auch der letzte in dem Viertel überhaupt errichtete Sakralbau. Mit seiner hohen, wellenförmigen Fassade aus weißem Stein bildet der nach Entwürfen von Hector Guimard (s. S. 301) errichtete Bau einen starken Kontrast zu den benachbarten Gebäuden. Zudem ist die Synagoge eine der wenigen institutionellen und architektonischen Spuren früherer Zuwanderer. Wenn samstags vormittags orthodoxe Juden mit Schläfenlocken und Kippa zur rituellen Toralesung in die Synagoge strömen, fühlt man sich wie in das Pletzl (einstiges jüd. Viertel des 4. Arr.) zu Beginn des letzten Jahrhunderts zurückversetzt.

Ende des 19. Jahrhunderts flüchteten aschkenasische Juden aus Mitteleuropa nach Paris. 1913 beschloss deshalb die russisch-polnische Vereinigung Agoudas Hakehilot den Bau einer neuen Synagoge auf einem schmalen Grundstück in der Rue Pavée. Die Wahl von Hector Guimard als Architekt mag indes verwundern. Eine Allianz zwischen dem Pariser Meister der Art nouveau und russisch-orthodoxen Juden erschien schwer vorstellbar, kann jedoch letztlich als Symbol einer spezifisch französisch-jiddischen Kultur gelten.

Auch die Innenausstattung (Wand- und Deckenleuchten, Kerzenhalter und Bänke) sowie das stilisierte Pflanzendekor und die gusseisernen Brüstungen wurden von Hector Guimard erdacht. Der Bau selbst besteht aus weißem Stein und Stahlbeton. Zwischen der strengen Stahlbetonkonstruktion, dem dezenten Dekor und den eleganten Einsenkungen und Wölbungen der Fassade herrscht perfekte Harmonie.

Die Synagoge, die die Pariser Gemeinde nicht einen Centime kostete, wurde am 7. Juni 1914 eingeweiht. Von den Autoritäten der jüdischen Gemeinschaft in Frankreich ließ sich an diesem Tag allerdings keiner blicken. Eine von Einwanderern realisierte Initiative, die sie weder verhindern noch für sich beanspruchen konnten, wurde lieber geflissentlich ignoriert.

Seit dem 4. Juli 1989 zählt die Synagoge der Rue Pavée samt all ihrer liturgischen Elemente zu den Baudenkmälern Frankreichs.

5. Arrondissement

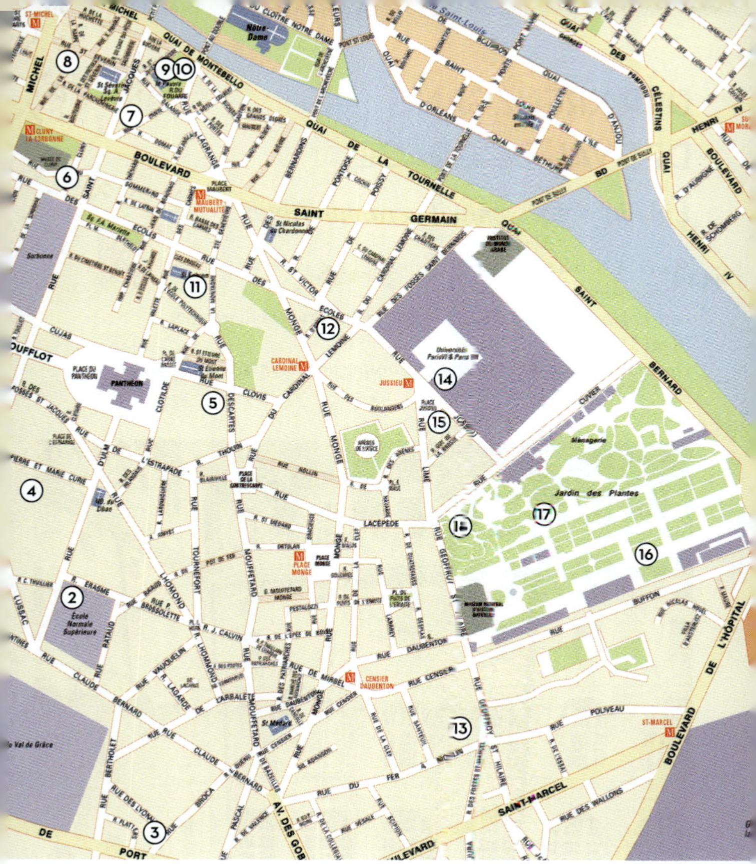

Notre Dame
QUAI DE MONTEBELLO
QUAI DE LA TOURNELLE
BOULEVARD SAINT GERMAIN
QUAI SAINT BERNARD
QUAI DES CÉLESTINS
BOULEVARD HENRI IV
CLUNY LA SORBONNE
MAUBERT MUTUALITÉ
Sorbonne
PLACE DU PANTHÉON
PANTHÉON
CARDINAL LEMOINE
JUSSIEU
Université Paris VI & Paris VII
Ménagerie
Jardin des Plantes
PLACE MONGE
CENSIER DAUBENTON
ST-MARCEL
École Normale Supérieure
Val de Grâce
RUE MONGE
RUE MOUFFETARD
RUE CUVIER
RUE BUFFON
RUE GEOFFROY ST HILAIRE
BOULEVARD SAINT-MARCEL
BOULEVARD DE L'HÔPITAL
RUE LACEPÈDE
RUE CLAUDE BERNARD
RUE SOUFFLOT
RUE CLOVIS
RUE DESCARTES
RUE TOURNEFORT
RUE D'ULM
RUE POLIVEAU
RUE DAUBENTON
RUE CENSIER
RUE DU FER À MOULIN
RUE DES ÉCOLES
RUE SAINT JACQUES
St Séverin
St Médard
St Nicolas du Chardonnet
Institut du Monde Arabe

DER KREUZGANG DES VAL-DE-GRÂCE

①

Eine in Vergessenheit geratene Abtei

Musée du Service de Santé des Armées
1, place Alphonse Laveran
Besichtigung nur im Rahmen angemeldeter Gruppenführungen
01 40 51 51 92
Dienstag, Mittwoch, Donnerstag, Samstag und Sonntag von 12-18 Uhr
RER: Port-Royal

Ein Besuch des Musée du Service de Santé des Armées (Museum der militärischen Gesundheitsdienste) bietet Anlass, den herrlichen Kreuzgang der zwischen 1624 und 1669 erbauten ehemaligen königlichen Abtei von Val-de-Grâce zu besichtigen.

Die Kirche selbst wurde gebaut, weil Königin Anna von Österreich einen Schwur geleistet hatte. Sie wollte auf diese Weise Gott danken, dass er ihr 1638, nach 23 Ehejahren, einen Sohn geschenkt hatte. Am 1. April 1645 legte Ludwig XIV. den Grundstein für dieses Bauwerk, dessen Errichtung sich bis zum Ende der 1660er-Jahre hinziehen sollte. Nach Entwürfen von Mansart, Le Mercier und schließlich Le Muet, unterstützt von Le Duc, entstand eine Kirche, die zahlreiche Skulpturen und vier Gemälde von Philippe de Champaigne zieren. Die Abtei wurde 1793 in ein Militärkrankenhaus umgewandelt und befindet sich auch heute noch auf Militärgelände.

In dem Museum erfahren Besucher allerlei Interessantes darüber, auf welch vielfältige Weise Medizin und Militär miteinander verknüpft sind. Aber das eigentlich Sehenswerte ist ein Kreuzgang, der sich unter den Gewölben einer der oberen Galerien befindet. Von den Fenstern aus können Sie einen Blick darauf werfen. Bemerkenswert ist die Anordnung zweier Galerien übereinander.

IN DER UMGEBUNG

Garten der École Normale Supérieure ②

45, rue d'Ulm
Täglich während der Öffnungszeiten der Hochschule
Sehr schöner Garten mit kleinem Teich.

Musée des éclairages anciens – Lumière de l'œil ③

4, rue Flatters
01 47 07 63 47
lumiara@aol.com – lumieredeloeil.com
Boutique Dienstag bis Freitag von 14–19 Uhr, Samstag von 11–17 Uhr
Keine Gruppen
Métro Gobelins
Seit knapp 25 Jahren restauriert und verkauft Monsieur Ara alte Beleuchtungen. In einem winzigen Raum warten Gas-, Petroleum- und Elektrolampen, Lampenschirme aus Glas und mit Perlenfransen, Dochte, Muffen und andere Zubehörartikel auf Bewunderer und Käufer.
Im Hinterzimmer des Ladens liegt ein kleines Museum, in dem Petroleum-, Öl-, Benzin-, Spiritus- und Gaslampen aus der ganzen Welt ausgestellt sind. Die ältesten von ihnen stammen aus dem 18. Jahrhundert. Eine in Frankreich einzigartige Sammlung, erklärt der leidenschaftliche Sammler stolz. Und: Alle Lampen sind funktionstüchtig.

DAS CURIE-MUSEUM

④

Die verrückten Jahre des Radiums

1, rue Pierre-et-Marie-Curie
Mittwoch bis Samstag von 13–17 Uhr
01 56 24 55 33
musee@curie.fr
Métro: Place Monge oder Cardinal Lemoine
RER: Luxembourg

Das hochinteressante Curie-Museum im Erdgeschoss des Curie-Pavillons ist in dem einstigen Labor und Büro von Marie Curie untergebracht. Das „Radium-Institut" wurde von 1911 bis 1914 von der Université de Paris und dem Institut Pasteur nach Entdeckung des Poloniums* und des Radiums durch Pierre und Marie Curie erbaut. Angesichts der unzähligen Anekdoten empfiehlt es sich, das Museum im Rahmen einer Führung zu besuchen. Die Vitrinen in der Eingangshalle zeigen die ersten Messinstrumente für Radioaktivität und bieten eine Übersicht über das chemische Element Radium. Der Weg führt über die Arbeit von Forschern bis hin zu irrigen Vorstellungen von Laien, die beispielsweise auf die kosmetischen Qualitäten von Radium schworen – wie eine früheren Miss France.

Im zweiten Raum ist das Büro von Marie Curie zu sehen, das ihr Schwiegersohn Frédéric Joliot nach ihrem Tod 1958 unverändert ließ. Es enthält einige persönliche Erinnerungen von Marie und ihrer Tochter Irène Joliot-Curie. Das Labor war radioaktiv verseucht und musste dekontaminiert werden, bevor es 1992 für Besucher geöffnet werden konnte.

Durch die Hintertür gelangt man in den Garten, der an das Institut Pasteur, ein Grundlagenforschungszentrum für Biologie und Medizin, angrenzt. Der kleine Garten geht auf eine Idee Marie Curies zurück, die sich ihn als Ort des informellen Austauschs der Forscher beider Institute vorstellte.

Eine Familie mit fünf Nobelpreisen

Marie Skłodowska-Curie, Physikerin und Chemikerin polnischer Herkunft, legte 1903 als erste Frau überhaupt eine Doktorarbeit in Physik vor (und erhielt für sie die Bestnote). Im selben Jahr erhielt sie als erste Frau überhaupt, gemeinsam mit ihrem Mann Pierre Curie und Henri Becquerel, für ihre Entdeckung der radioaktiven Substanzen den Nobelpreis für Physik. 1911 wurde ihr nach dem Unfalltod ihres Mannes für ihre Radiumforschung der Nobelpreis für Chemie verliehen. Bis heute ist sie die einzige Frau, die zwei Nobelpreise gewann. 1935 erhielten ihre Tochter Irène und deren Mann Frédéric Joliot den Chemie-Nobelpreis für die Entdeckung der künstlichen Radioaktivität.

* *Marie Skłodowska-Curie taufte dieses Element zu Ehren ihrer polnischen Heimat auf diesen Namen.*

DER LETTNER VON SAINT-ÉTIENNE-DU-MONT

⑤

Der letzte Lettner von Paris

30, rue Descartes – Place Sainte-Geneviève
saintetiennedumont.fr
Kirche montags geschlossen
Métro: Cardinal Lemoine

Die Kirche Saint-Étienne-du-Mont, deren 1517 unter Franz I. begonnener Bau erst 1626 vollendet wurde (was die ungewöhnliche und einzigartige Mischung aus gotischen, französischen und italienischen Stilelementen erklärt), verfügt über den letzten in Paris noch vorhandenen Lettner. Der zwischen 1521 und 1524 von dem Künstler Biart le père realisierte Lettner ist in Form eines Rundbogens mit einer Spannweite von 9 Metern gestaltet. Zwei seitliche Wendeltreppen mit durchbrochenen Steinmustern führen hinauf in den Chorraum. Dieses Meisterwerk der Kunst, das in seiner trotz üppigen Dekors (Efeu, Engel, Palmen, Ranken, Flechtwerk, Maskaronen) unvergleichlichen Leichtigkeit einzigartig ist, entkam dem von den Gemeindemitgliedern selbst 1735 geforderten Abriss wie durch ein Wunder. Ebenfalls sehenswert sind die Glasfenster im hinteren Teil der Sakristei, auf denen Bibelszenen dargestellt sind, sowie der Reliquienschrein der heiligen Genoveva, der Schutzpatronin von Paris. Hinter dem Chor ruhen die sterblichen Überreste des Physikers Blaise Pascal und des Dramatikers Jean Racine.

Was ist ein Lettner?

Ein Lettner ist eine schrankenartige Galerie, die den Kirchenchor vom Schiff trennt und für Lesungen genutzt wurde. Die meisten Lettner verschwanden mit dem Aufkommen der Kanzeln. Etymologisch geht der Begriff auf das lateinische lectorium (Lesepult) zurück.

IN DER UMGEBUNG

Der rechte Fuß der Statue von Montaigne ⑥

Die Statue von Montaigne befindet sich auf dem Square Paul Painlevé, gegenüber der Sorbonne, an der Ecke Rue des Écoles, und sie weist eine Besonderheit auf: Ihr rechter Fuß scheint – wie die Brust der Julia in Verona oder das Geschlecht von Victor Noir auf dem Friedhof Père-Lachaise – von unzähligen Händen blank geputzt worden zu sein. Die heutige Statue wurde 1933 als Ersatz für eine Montaigne-Statue aus weißem Marmor hier aufgestellt. Wer den Fuß berührt und dabei die Worte „Salut Montaigne!" (Hallo, Montaigne!) spricht, dessen Wünsche sollen in Erfüllung gehen. Vermutlich ist diese Legende jedoch schlicht auf studentischen Aberglauben zurückzuführen.

Spuren der Pilgerwege nach Santiago de Compostela

Einer der vier französischen Jakobswege für Pilger nach Santiago de Compostela beginnt an der alten Kirche Saint-Jacques-de-la-Boucherie, von der heute nur noch der Turm erhalten ist. Der Weg der Pilger führte anschließend über die Rue Saint-Jacques, die Rue du Faubourg Saint-Jacques und die Rue de la Tombe Issoire. An dieser Straße lag das heutige Musée de Cluny, und so überrascht es nicht, dass auch hier zahlreiche Muscheln an der Fassade zu finden sind. Die Kirche Saint-Jacques-du-Haut-Pas in der Rue Saint-Jacques und die vielen Klöster entlang der Rue du Faubourg Saint-Jacques verdanken ihre Existenz ebenfalls den Pilgern.

Warum wurde die Statue von Auguste Comte gedreht?

Vor einigen Jahren wurde die Statue von Auguste Comte an der Place de la Sorbonne um 90 Grad gedreht. Offiziell wurde angegeben, dass die Sorbonne vom Boulevard Saint-Michel aus besser zu sehen sein sollte. Der wahre Grund scheint jedoch vielmehr Comtes kontroverse Lehre des wissenschaftlichen Positivismus gewesen zu sein.

Die Sonnenuhr von Salvador Dalí ⑦

27, rue Saint-Jacques – Métro: Cluny La Sorbonne

Salvador Dalí entwarf und realisierte 1966 die außergewöhnliche Sonnenuhr an der Hauswand 27, rue Saint-Jacques für Freunde, die das Geschäft an der Ecke betrieben. Sie zeigt einen Frauenkopf, der im oberen Teil in eine Jakobsmuschel überzugehen scheint – eine Anspielung auf die Straße, die ihren Namen dem Jakobsweg verdankt, der in Paris dort begann, wo heute die Tour Saint-Jacques steht.

Rues des Fossés …

Rues des Fossés-Saint-Bernard, des Fossés-Saint-Jacques, des Fossés-Saint-Marcel: All diese Straßen befanden sich zum Zeitpunkt ihres Baus außerhalb der Stadtmauer von Philipp August. 1346, nach der Niederlage Frankreichs gegen die Engländer in der Schlacht bei Crécy und Beginn des Hundertjährigen Krieges, wurden die Verteidigungsanlagen der Mauer vorsichtshalber verstärkt: Zu diesem Zweck wurden vor ihr fossés (Gräben) ausgehoben, die später einer Reihe von Straßen in der Umgebung zu ihren Namen verhalfen.

Der Charnier Saint-Séverin ⑧

Rue des Prêtres-Saint-Séverin

An der unteren rechten Seite der Kirche Saint-Séverin liegt ein Garten, umgeben von einer gotischen Nischengalerie, die an den Kreuzgang eines Klosters erinnert. Dieser auf den ersten Blick hübsche Anblick trägt den Namen „Charnier Saint-Séverin" und zeigt die Reste einer mittelalterlichen Begräbnisstätte, die ab dem 15. Jahrhundert errichtet wurde. Die Galerien und Nischen waren als Grablegen für ehrbare Pariser Bürger vorgesehen, während im Zentrum die Gebeine aus Gemeinschaftsgräbern gesammelt wurden, wenn diese wiederverwendet werden mussten.

Der älteste Baum von Paris

Gegenüber von Notre-Dame, auf der anderen Seite der Seine am Square René Viviani (25, quai de Montebello), steht eine Robinie, die 1636 gepflanzt wurde und vermutlich nur dank einer Beton-„Krücke" überhaupt noch steht. Sie ist offiziell der älteste Baum von Paris. Der Name der Robinie geht auf Jean Robin, den früheren Direktor des Jardin des Apothicaires in der Rue des Arbalètes zurück, der diesen aus Amerika stammenden Baum 1601 nach Frankreich brachte.

Wandinschriften im Keller der 52, rue Galande ⑨

Auf freundliche Nachfrage ist es meist möglich, in den Keller der 52, rue Galande zu gelangen. Hier befand sich einst das Gefängnis der alten Festung Petit-Châtelet, die gemeinsam mit dem Grand-Châtelet den Zugang zur Île de la Cité schützte. An den Kellerwänden sind zwei alte Inschriften früherer Insassen zu erkennen: „1421 – je seroi pendu" (ich werde gehängt) und „mort à Marat" (Tod für Marat). Daneben eine Lilie (Fleur de Lys), Symbol der französischen Monarchie.

Der letzte Stein der Römerstraßen von Lutetia ⑩

1, rue Saint-Julien-le-Pauvre

Vor der Kirche Saint-Julien-le-Pauvre, direkt hinter einem Brunnen aus dem 12. Jahrhundert, liegen zwei römische Bodenplatten aus Sandstein. Diese kamen irgendwann in der Rue Saint-Jacques als Teil des Straßenpflasters aus dem 9. Jahrhundert zum Vorschein. Es soll sich dabei um die letzten noch vorhandenen Pflastersteine der alten Römerstraßen von Lutetia handeln. Der Brunnen befand sich einst in der Kirche. Als diese 1651 verkürzt wurde, gelangte er ins Freie.

Die Fahne der Tour d'Argent

Manch ein Pariser mag die Fahne, die bisweilen über dem Restaurant La Tour d'Argent weht, schon einmal bemerkt haben. Sie zeigt an, dass der Chef im Hause ist.

Das älteste Relief von Paris

Bei dem Hochrelief in der 42, rue Galande handelt es sich um das älteste Relief der Stadt (1380). Die Tafel erinnert an die Legende des heiligen Julianus Hospitator (auch Julian der Gastfreundliche genannt), der, nachdem er unwissentlich seine Eltern getötet hatte, beschließt, alles hinter sich zu lassen und Fährmann zu werden. Eines Tages erscheint ein Leprakranker, und Julianus bringt ihn trotz seiner Erkrankung ans andere Ufer. Der Kranke war kein Geringerer als Jesus. Er verlieh dem späteren heiligen Julianus Hospitator das ewige Leben.

IN DER UMGEBUNG

Der Innenhof des alten Seminars der 33 ⑪

34, rue de la Montagne-Sainte-Geneviève

Dieser hübsche kleine gepflasterte Innenhof befindet sich auf dem Gelände eines ehemaligen Priesterseminars, das einst von dem Missionar Claude Bernard gegründet wurde. Dieser hatte in einem Duell den Verlust eines Freundes zu beklagen, legte daraufhin sein Gelübde ab und begab sich auf die Spuren des heiligen Vinzenz von Paul. Nachdem er die Geburt von Ludwig XIV. vorausgesagt und von Anna von Österreich eine Spende erhalten hatte, gründete er (unter Bezug auf das Todesalter Jesu) das Kollegium der Dreiunddreißig, ein Gefangenen vorbehaltenes Priesterseminar. Erst zu Beginn des 19. Jahrhunderts wurde das Kollegium in ein Wohngebäude umgewidmet.

Reste des Bièvre-Durchlasses in der Mauer von Philipp August ⑫

30 bis, rue du Cardinal Lemoine

Besichtigung immer am ersten Mittwoch des Monats um 14:30 Uhr

Die Post an der Ecke Rue du Cardinal Lemoine/Boulevard Saint-Germain öffnet einmal im Monat ihre Kellerräume für Besucher. Besichtigt werden kann ein interessantes Relikt der Stadtmauer von Philipp August: ein als „Arche de la Bièvre" bezeichneter Bogen, durch den an eben jener Stelle ein Nebenarm der Bièvre (zur Bewässerung der Gärten der Abtei Saint-Victor) durch die Mauer führte.

Erinnerung an den alten Pferdemarkt ⑬

An der Fassade des Pavillons aus dem Jahr 1760 in der 5, rue Geoffroy Saint-Hilaire prangt ein großer Pferdekopf, darunter in großen Lettern die Inschrift: „Marchand de chevaux, poneys, doubles poneys et chevaux de trait" (Markt für Pferde, Ponys, Doppelponys und Zugpferde). Das Gebäude wurde im Auftrag des Polizeileutnants Sartine für die zur Bewachung des Pferdemarkts abgestellten Beamten errichtet. Der Markt wurde 1907 geschlossen.

COLLECTION DE MINÉRALOGIE (14)

Eine mineralogische Fundgrube

4, Place Jussieu
01 44 27 52 88
Montag und Mittwoch bis Samstag von 13–18 Uhr
Dienstags sowie an Sonn- und Feiertagen geschlossen

Seit 1970 befindet sich in einem Untergeschoss der Fakultät von Jussieu das Mineralogische Museum von Jussieu. In 24 Panoramavitrinen wird hier unter eigens entworfener Beleuchtung und konstanter Temperatur eine Auswahl von 2.000 Mineralien aus der insgesamt 24.000 Exemplare umfassenden Sammlung des Museums gezeigt. So sind hier nur die schönsten Stücke zu sehen. Die Auswahl setzt auf Seltenheit, Qualität und Schönheit und führt häufig fachunkundige Besucher in die Welt der Mineralien ein, die hier erfahren, was sich hinter so geheimnisvoll klingenden Namen wie „Cummengeit“, „Cuprosklodowskit“ oder „Phantom-Quartz“ verbirgt. Bei wem dies besondere Begeisterung weckt, der kann seine Entdeckungsreise im Musée de Minéralogie des Mines im 6. Arrondissement fortsetzen (s. S. 113), das mit mehr als 100.000 Exponaten aufwarten kann. Nach der Asbestsanierung des Campus Jussieu befindet sich das Museum seit Juni 2006 in neuen, barrierefreien Räumen.

© Collection de Minéraux de Jussieu/ J.-P. Boisseau

IN DER UMGEBUNG

Fassade des Hauses 1, place Jussieu (15)

Das schöne Gebäude wurde 1842 von den Architekten Totain und Vigreux und dem Bildhauer Giraud im Stil der Neorenaissance errichtet.

DAS DODO MANÈGE

(16)

Ein Vintage-Karussell mit prähistorischen Tieren

Der Jardin des Plantes
Sonntag von 11:30 Uhr bis zur Schließung des Gartens – Mittwoch und Samstag von 13 Uhr bis zur Schließung des Gartens – wochentags von 15 Uhr bis zur Schließung des Gartens
Gründer und Inhaber: Samy Finkel

Seit 1992 steht mitten im Jardin des Plantes ein schönes Karussell im Stil der 1930er-Jahre. Es wurde eigens für diesen Standort entworfen und bietet die Möglichkeit, ausgestorbene und gefährdete Tiere zu reiten. Unter ihnen finden sich der berühmte Dodo von der Insel Mauritius, der Tasmanische Wolf, das Sivatherium (Mischung aus Elch und Giraffe) oder der Triceratops als einer der ersten Dinosaurier

Kinder mögen sich der Besonderheit der von ihnen bestiegenen Tiere vielleicht nicht immer bewusst sein. Eine Freude ist es jedoch allemal, in einer Panda-Gondel, einem behörnten Schildkrötenpanzer oder auf dem Rücken eines madegassischen Elefantenvogels (Aepyornis) ein paar Runden zu drehen.

IN DER UMGEBUNG

Das Mikroklima des Alpengartens im Jardin des Plantes (17)

Der Alpengarten des Jardin des Plantes wurde in den 1930er-Jahren angelegt. Mit seiner Lage rund drei Meter oberhalb des übrigen Gartens ist er vor Kälte und Hitze geschützt und bildet mithilfe von ein paar Steinen und ein wenig Bewässerung das Mikroklima mehrerer Bergregionen nach. Auf einer Fläche von weniger als 4.000 m² gedeihen hier bei Temperaturunterschieden von bis zu 20 °C mehr als 2.000 verschiedene Pflanzenarten, darunter das berühmte, aber selten gewordene Edelweiß. Die Gloriette de Buffon am höchsten Punkt des Labyrinths im Jardin des Plantes ist die älteste Eisenkonstruktion Frankreichs. In der Tat leitete der Naturforscher und spätere Direktor des Jardin des Plantes – Buffon – nahe seiner Heimatstadt Montbard ein Hüttenwerk, in dem eben jener Stahl erzeugt wurde, der für solche Konstruktionen benötigt wurde.

Die Gloriette de Buffon am höchsten Punkt des Labyrinths im Jardin des Plantes ist die älteste Eisenkonstruktion Frankreichs. Der Comte de Buffon leitete das berühmte Hüttenwerk nahe seiner Heimatstadt Montbard, in dem der Stahl für die Konstruktion erzeugt wurde.

Ein Löwe, der einen menschlichen Fuß verschlingt

Der Löwenbrunnen des Jardin des Plantes, gleich neben dem Eingang an der Rue Geoffroy Saint-Hilaire, wurde 1863 von Henri Jacquemont erbaut. Er zeigt einen Löwen, der den Fuß eines Menschen zu verschlingen scheint. Der Bildhauer war ein begeisterter Naturalist. Auf seine Entwürfe gehen auch die Sphinx der Fontaine du Châtelet, die Löwen der Place Félix Éboué (12. Arr.) und die Drachen der Place Saint-Michel zurück.

IN DER UMGEBUNG

Das Kuriositätenkabinett von Bonnier de La Mosson (18)

Zentralbibliothek des Muséum national d'histoire naturelle (MNHN)
38, rue Geoffroy Saint-Hilaire
01 40 79 36 33 – bcm@mnhn.fr – mnhn.fr
Montag bis Samstag von 9–18 Uhr
Eintritt frei
Métro: Place Monge oder Jussieu

Das hinter der weißen Mauer der Mediathek des Naturkundemuseums (MNHN) gelegene Kuriositätenkabinett von Joseph Bonnier de Mosson (1702–1744) ist ein kleines, unbekanntes Juwel und Werk eines reichen Kunstliebhabers. Der Aristokrat und gelehrte Sammler Bonnier ruinierte sich für sein Kabinett völlig, sodass seine Gläubiger ihre Forderungen nach seinem Tode teilweise aus der Versteigerung seiner Sammlung 1745 bedienten. Dem Naturforscher Buffon (1707–1788) gelang es, eines der Kabinette, das „Kabinett für Insekten und andere bemerkenswerte getrocknete Tiere", zu erwerben und veranlasste dessen Übersiedlung in das Kabinett des königlichen Gartens. 1935 wurden die Vitrinen abgebaut, restauriert und 1979 schließlich an ihrem heutigen Standort wieder aufgestellt. Seit 1980 stehen sie unter Denkmalschutz. Heute umfasst das Kabinett fünf wunderschöne Vitrinen aus holländischem Holz, die mit verschlungenen Schlangen und verschiedenen, mit echten Hörnern verzierten Tierhäuptern dekoriert sind. Darin ausgestellt ist eine Sammlung von bunten Insekten und Schmetterlingen, farbenfrohen Vögeln, seltenen Korallen und Mineralien, Tierpräparaten, Narwalzähnen (das berühmte Horn des Einhorns) oder Nashornhörnern, Taranteln oder Tausendfüßlern. Es lohnt, einen Blick auf die Liste zu werfen, in der die einzelnen Kuriositäten aufgeführt sind. Sie ist im Katalog 069.95 BON zu finden, der auf dem Pult neben dem Kabinett zur Konsultation ausliegt.

Das Kuriositätenkabinett: Vorgänger des heutigen Museums

Im 16. Jahrhundert begannen mit der Zunahme von Expeditionen und der Entdeckung unbekannter Länder Forscher, Kunstliebhaber und wohlhabende Bürger, Kuriositäten aus aller Welt zu sammeln. Mit der Zeit entstanden als eine Art Spiegel der Welt immer mehr Kuriositätenkabinette, in denen eine Vielzahl seltener und fremdartiger Objekte versammelt waren, die sich neben von Menschenhand erschaffener Kunst der Tier- und Pflanzenwelt sowie der Mineralogie widmeten. Ab dem 17. Jahrhundert ließ die Begeisterung für solche Kuriositätenkabinette nach und in der Folge entstanden naturgeschichtliche Kabinette und schließlich die ersten Museen.

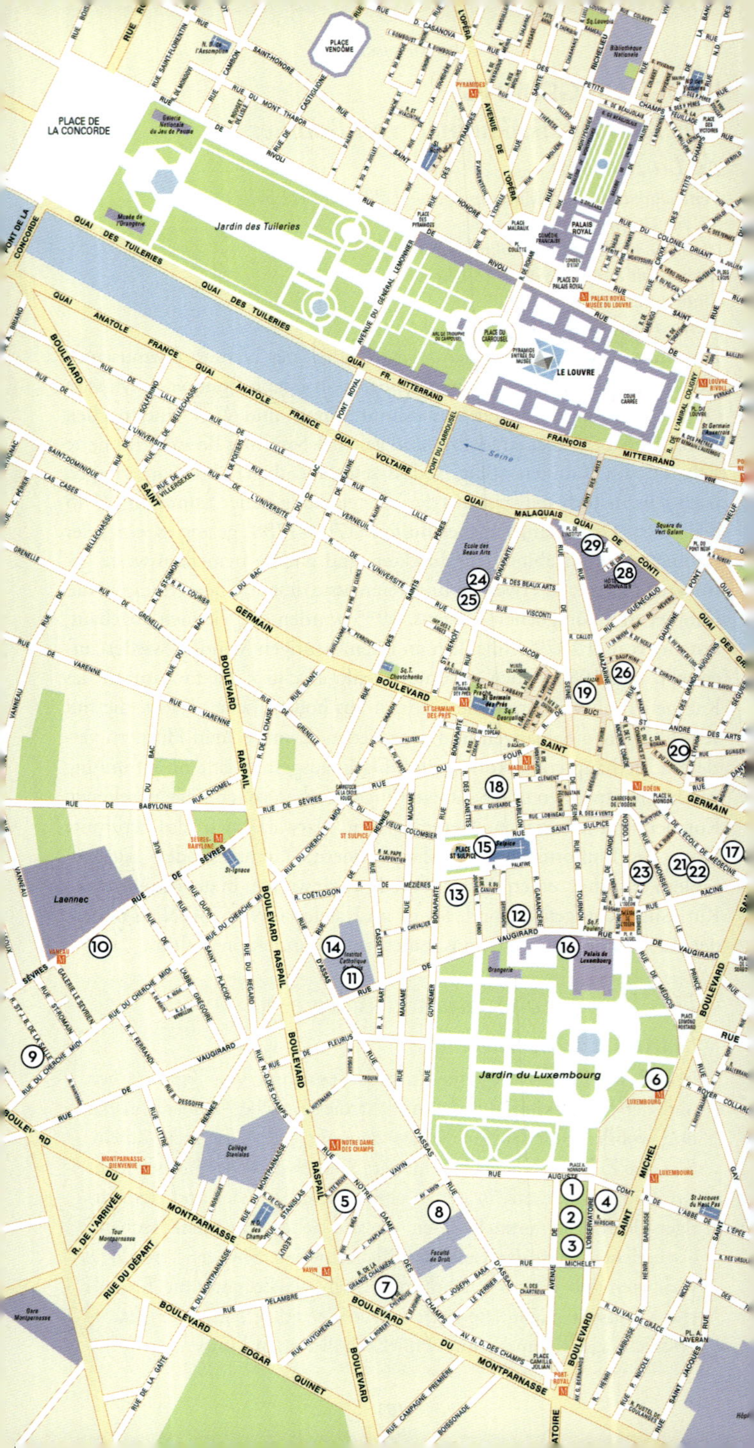

PLACE VENDÔME
PLACE DE LA CONCORDE
Jardin des Tuileries
QUAI DES TUILERIES
RUE DE RIVOLI
RUE SAINT-HONORÉ
AVENUE DE L'OPÉRA
PALAIS ROYAL
Bibliothèque Nationale
LE LOUVRE
PLACE DU CARROUSEL
QUAI FR. MITTERRAND
QUAI ANATOLE FRANCE
QUAI VOLTAIRE
QUAI MALAQUAIS
QUAI DE CONTI
Seine
PONT ROYAL
PONT DU CARROUSEL
PONT DES ARTS
Square du Vert Galant
BOULEVARD SAINT GERMAIN
BOULEVARD RASPAIL
RUE DE BABYLONE
RUE DE SÈVRES
RUE DE VAUGIRARD
RUE DE RENNES
RUE DE VARENNE
RUE DE GRENELLE
RUE DE L'UNIVERSITÉ
RUE DU BAC
Ecole des Beaux Arts
ST GERMAIN DES PRÉS
MABILLON
ODÉON
ST SULPICE
PLACE ST SULPICE
SÈVRES-BABYLONE
Laennec
VANEAU
Institut Catholique
Palais du Luxembourg
Jardin du Luxembourg
LUXEMBOURG
Orangerie
BOULEVARD SAINT MICHEL
NOTRE DAME DES CHAMPS
Collège Stanislas
MONTPARNASSE-BIENVENUE
Tour Montparnasse
Gare Montparnasse
VAVIN
Faculté de Droit
BOULEVARD DU MONTPARNASSE
BOULEVARD EDGAR QUINET
RUE DU DÉPART
R. DE L'ARRIVÉE
AVENUE DE L'OBSERVATOIRE
PORT ROYAL
RUE AUGUSTE COMTE
RUE MICHELET
1
2
3
4
5
6
7
8
9
10
11
12
13
14
15
16
17
18
19
20
21
22
23
24
25
26
28
29

6. Arrondissement

DIE ALTE KOLONIALSCHULE ①

Das schönste islamische Gebäude in Paris nach der Großen Moschee

Sitz der École Nationale d'Administration
2, avenue de l'Observatoire
RER: Luxembourg

Das zwischen 1894 und 1896 von dem Architekten Maurice Yvon errichtete Gebäude an der Ecke Avenue de l'Observatoire/Rue Auguste-Comte ist eines der schönsten Exemplare islamischer Architektur in Paris. Seltsamerweise ist es kaum bekannt, trotz des fantastischen Eingangstors an der Avenue de l'Observatoire, des hübschen Innenhofs und einer schönen Bibliothek, deren ursprünglicher maurischer Stil bis heute erhalten ist. Errichtet wurde das Gebäude für die Kolonialschule, deren Hauptaufgabe darin bestand, französische Verwaltungsbeamte zur Besetzung hoher Posten in den Kolonien auszubilden. Heute beherbergt es den Pariser Sitz der École Nationale d'Administration (ENA).

Islamische Architektur in Paris

Die ersten offiziellen Kontakte zwischen Paris und dem Orient gehen auf den Austausch von Botschaftern mit dem Osmanischen Reich unter Ludwig XIV. (1669–1670) zurück. Zu Beginn des 18. Jahrhunderts kam mit der Übersetzung von *Tausendundeine Nacht* von Antoine Gaillard der Orient in Paris richtig in Mode. Nach der Neuentdeckung Griechenlands Mitte des 18. Jahrhunderts und, etwa um die gleiche Zeit, auch Ägyptens (s. S. 47), begannen die Menschen, in den Orient zu reisen. Die Architekten der berühmten Kirche Notre-Dame-de-la-Garde in Marseille oder des Krematoriums auf dem Friedhof Père-Lachaise waren inspiriert von der Alhambra und den Moscheen in Kairo.

Das auffälligste architektonische Zeugnis des islamischen Einflusses in Paris ist neben der sehr schönen **Pariser Moschee** im 5. Arrondissement vermutlich die alte Kolonialschule in der **2, avenue de l'Observatoire** (s. oben). Die Gebäude **4 bis, avenue Hoche** (1892, großer maurischer Salon), **68, rue Ampère** (1895, maurischer Salon), **44, rue Servan** (11. Arr., 1878–1890, Fassade vermutlich mit Elementen von Pavillons der Weltausstellung), **9, rue Fénelon** (Privatbesitz, arabisierendes Vestibül, Muster des Keramikfabrikanten Gillet) und **16, rue Bardinet** (14. Arr., 1908) sind weitere schöne Beispiele. Der alte Hammam in der **18, rue des Mathurins** (1875) weist ebenfalls charakteristische Fenstereinfassungen auf und die **Maison du Maroc à la Cité universitaire** wartet mit einer prachtvoll gearbeiteten Holzdecke aus Marokko auf. Zwei weitere Gebäude, bei denen der Einfluss des Orients etwas weniger auffällig zutage tritt befinden sich in der **35, rue de Charenton** (1840, gotisch-maurischer Stil) und in der **3, rue de la Cossonerie** (Elefantenkopf, indisch-muslimischer Einfluss).

DAS MUSEUM DER MEDIZINISCHEN MATERIE

2

Ein außergewöhnliches Erlebnis

4, avenue de l'Observatoire
Geöffnet für Fachgruppen nach Vereinbarung unter +33 1 53 73 98 04 sowie während der Journées du patrimoine (September) und anlässlich der Fête de la science (Oktober)
RER: Luxembourg

Die Besichtigung des Musée de la matière médicale ist ein außergewöhnliches Erlebnis. In einem wunderschönen Saal mit Holzvertäfelungen, alten Vitrinen, vorsintflutlichen Fläschchen und sogar einem Pavillon der Weltausstellung von 1839 verbergen sich hier in wie aus der Zeit gefallenem Ambiente mehr als 25.000 Arzneidrogen, pflanzliche Stoffe, die getrocknet und zur Herstellung von Arzneimitteln verwendet wurden.

Professor Tillequin, der die meisten Führungen leitet, ist ein wahrer Quell des Wissens. Durch seine unzähligen Anekdoten zu den verschiedenen Substanzen wird der Besuch zu einem kurzweiligen Erlebnis. So lernen wir, dass Teein nichts anderes ist als Koffein, und erfahren mehr über die verschiedenen Kaffeesorten wie Arabica oder Robusta oder die Wahrheit über brasilianisches Guarana und Curare aus dem Amazonas.

Die Vitrine über den Mariani-Wein ist besonders interessant: Das von dem korsischen Chemiker Angelo Mariani erfundene alkoholische Getränk enthält Extrakte des Cocastrauchs und damit ähnliche Wirkstoffe wie Kokain. Durch eine kluge Vermarktung (Mariani ließ einflussreichen Persönlichkeiten Flaschen als Geschenk zukommen und veröffentlichte die Dankschreiben der berühmtesten unter ihnen zu Werbezwecken) hatte das Getränk durchschlagenden Erfolg. In den USA inspirierte es einen Apotheker zu einem Getränk, in dem er Coca durch Colanussextrakt und Wein durch Soda ersetzte. 1892 kaufte Asa Candler die Rechte an diesem Getränk. Die Geburtsstunde von Coca-Cola.

Direkt dahinter zeigt eine andere Vitrine Chinarinde, deren Wirkstoff noch heute als Therapeutikum gegen Malaria eingesetzt wird. Sie gelangte durch die Jesuiten nach Europa und linderte unter anderem die Leiden Ludwigs XIV., der sich die Malaria in den Sümpfen von Versailles zugezogen hatte.

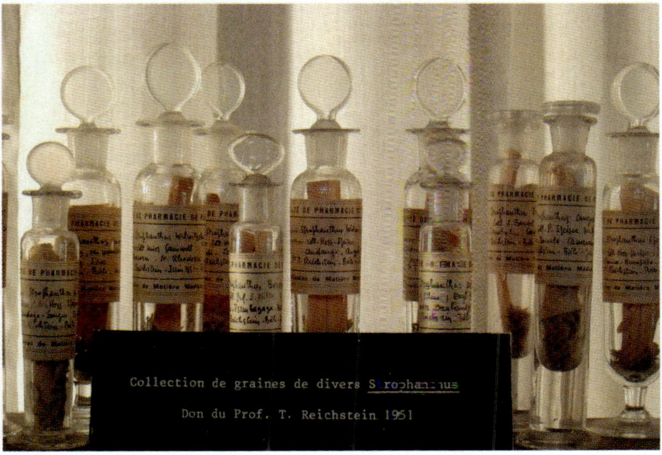

DER BOTANISCHE GARTEN DER PHARMAZEUTISCHEN FAKULTÄT

③

Ein pharmazeutischer Garten

4–6, avenue de l'Observatoire
Montag bis Freitag von 9–19 Uhr
RER: Luxembourg oder Port-Royal

Der ursprünglich für Pharmaziestudenten bestimmte (Pflanzenkunde ist Teil des ersten Studienjahres), ein wenig vernachlässigte Garten steht Besuchern offen und ist mit seinem nostalgisch-romantischen Ambiente perfekt für ein Tête-à-tête mit der oder dem Angebeteten geeignet. Der Zutritt erfolgt über die 4, avenue de l'Observatoire, die Allee entlang und dann links.

Die pharmazeutische Schule von Paris hatte ihren Sitz vormals in der Rue des Arbalètes, wo sich auch der erste, von dem Apotheker Nicolas Houel im 16. Jahrhundert angelegte Heilpflanzengarten namens „Jardin des Simples" befand. Als der Garten 1880 nach dem Umzug der Schule in die Avenue de l'Observatoire neu angelegt wurde, erstreckte er sich über eine Fläche von rund 8.000 m². Heute ist er nur noch etwa halb so groß. Dennoch ist es eine wahre Freude, entlang der Beete und alten Gewächshäuser zu wandeln, in denen rund 500 Arzneipflanzen, Giftpflanzen und Pflanzen gedeihen, die in der Kosmetik- oder Parfümherstellung zum Einsatz kommen. Alle Gewächse sind mit zum Teil von Wildwuchs überwucherten Namensschildern versehen.

IN DER UMGEBUNG

Die Elefanten im Haus Nr. 1 der Avenue de l'Observatoire ④

Direkt gegenüber von der alten Kolonialschule liegt das Gebäude in der 1, Avenue de l'Observatoire mit seiner sehr schönen Fassade, die trotz ihres üppigen Dekors nur die Aufmerksamkeit weniger Passanten weckt. Besonders bemerkenswert sind die Elefantenköpfe im ersten Stock.

Kriegsversehrte Palmen

Die Palmen, die im Sommer das große Bassin des Jardin du Luxembourg säumen, könnten als kriegsversehrt bezeichnet werden. Denn die Löcher in einigen Stämmen gehen auf Granatsplitter aus dem Ersten Weltkrieg zurück.

DAS GEBÄUDE IN DER 26, RUE VAVIN

5

Eines der ersten terrassenförmigen Stadthäuser

Metro: Vavin

Das von Henri Sauvage 1912 erbaute Haus in der 26, rue Vavin ist ein erster Versuch eines Terrassenhauses. Es weist bereits die Grundzüge des weitaus ambitionierteren charakteristischen Terrassenbaus in der Rue des Amiraux (18. Arr.) auf: eine zurückversetzte Fassade, durch die jede Wohnung eine eigene Terrasse erhält und viel Licht auch in die unteren Stockwerke kommt, und weiße Kacheln (ähnlich einer Métro-Station), die das Lichtspiel intensivieren.

IN DER UMGEBUNG

Musée de Minéralogie de l'École des Mines ⑥

60, boulevard Saint-Michel – 01 40 51 91 39 – musee@mines-paristech.fr
Montag bis Freitag von 9–18:30 Uhr, Samstag von 10–12:30 Uhr und von 14–17 Uhr
RER: Luxembourg

Das ein wenig angestaubte Museum für Mineralogie wurde 1794 gegründet. In seinen Vitrinen aus dem letzten Jahrhundert, die aufgereiht in einer schönen 100 Meter langen Holzgalerie entlang des Hôtel de Vendôme stehen, bekommen Besucher eine Sammlung zu Gesicht, die mit ihren über 80.000 Mineralien und Kristallen zu den bedeutendsten der Welt zählt und in Frankreich einzigartig ist. So kann man hier Stunden über Stunden damit zubringen, immer neue spektakuläre Objekte zu entdecken, vom größten Boleit über einen stark radioaktiven Thorianit bis hin zum vermutlich schönsten Hauerit, der in einer Holzvitrine mit abnehmbarem Deckel vor dem vernichtenden Licht geschützt aufbewahrt wird.

Reid Hall ⑦

4, rue de Chevreuse

Auf freundliche Nachfrage ist es mit ein wenig Glück möglich, den Pariser Sitz der amerikanischen Columbia University zu bestaunen. Diese verfügt über einen entzückenden Garten sowie einen beeindruckenden Konferenzsaal, die Reid Hall, die bis zu 200 Personen Platz bietet und für Abendveranstaltungen genutzt wird. Programm im Internet globalcenters.columbia.edu/paris oder in der Buchhandlung Tschann am Boulevard Montparnasse.

Zadkine-Museum ⑧

100 bis, rue d'Assas – +33 1 55 42 77 20 – musee.zadkine@paris.fr
Täglich von 10–17:40 Uhr, montags und an Feiertagen geschlossen

Das Museum ist von der Straße aus praktisch nicht zu sehen. Es zeigt das Werk des (weiß)russischstämmigen Bildhauers Ossip Zadkine. Nach seiner Emigration nach Paris 1908 lebte und arbeitete er von 1928 bis zu seinem Tod 1967 in diesem Ateliergebäude. Der kleine Garten am Eingang ist besonders schön. Einzelne Werke wurden speziell für blinde Besucher aufbereitet.

DIE KAPELLE DER KONGREGATION DER HELFERINNEN

⑨

Eine neobyzantinische Kuppel

Accueil Barouillère
14, rue Saint-Jean-Baptiste-de-La-Salle
01 53 69 61 00
Telefonische Terminvereinbarung für Besichtigungen wochentags von ca. 10–12 Uhr und 14–18 Uhr
Métro: Duroc, Vaneau oder Falguière

Im Jahr 1856 gründet Eugénie Smet, Ordensname Marie de la Providence („Maria von der Vorsehung"), in Paris die Kongregation der Helferinnen, eine Gemeinschaft, die von der Spiritualität des heiligen Ignatius von Loyola geprägt ist. Das Haus „Barouillère" ist der Ort, an dem die Kongregation gegründet wurde. Die Kapelle aus dem 19. Jahrhundert lädt zur Einkehr ein und zur andächtigen Bewunderung der neobyzantinischen Kuppel und des kürzlich unter dem Thema „Hoffnung" renovierten Gebäudes. Der zeitgenössische Altar – eine Mischung aus Holz und Plexiglas – verdient besondere Aufmerksamkeit. Das Büro und die Zelle der Gründerin, in der diese bis zu ihrem Tode am 7. Februar 1871 lebte, sind in ihrem ursprünglichen Zustand verblieben und können ebenfalls besichtigt werden. Die überraschende Stille, die an diesem Ort herrscht, ist höchst angenehm.

IN DER UMGEBUNG

Die Reliquien des heiligen Vinzenz von Paul ⑩

Die Lazarianer-Kirche Saint-Vincent-de-Paul
95, rue de Sèvres

Die Kapelle der Lazarusbrüder in der Rue de Sèvres ist seit 1830 Hüterin der Reliquien des heiligen Vinzenz von Paul. Der glänzende silberne Schrein, der von den Parisern finanziert und vom Goldschmied Odiot angefertigt wurde, dominiert den Chorraum der Kapelle. Die Treppen der Seitenschiffe des Altars führen zu der Reliquie, die sensible Gemüter aus der Fassung bringen dürfte: Gesicht und Hände des Skeletts des Heiligen sind mit Wachs bedeckt; er trägt sein Priestergewand und in seinen Händen ruht das Kreuz, mit dem der Heilige Vinzenz König Ludwig XIII. auf dem Sterbebett begleitet haben soll.

Freiheitsstatuen in Frankreich

Neben den fünf Pariser Freiheitsstatuen befinden sich mindestens sechs weitere Abbilder der berühmten New Yorker Statue in Frankreich: eine in Roybon (Isère), eine in Barentin bei Rouen (zu sehen in dem Film Das Superhirn von Gérard Oury mit Bourvil und Jean-Paul Belmondo), eine an der Place de la Liberté in Poitiers, eine in Colmar, eine in Nizza und eine weitere in Saint-Cyr-sur-Mer. Die Originalstatue in New York ist ein Geschenk des französischen Volkes an die Vereinigten Staaten (1886). Erschaffen wurde sie von Frédéric-Auguste Bartholdi, die eiserne Tragkonstruktion geht auf Entwürfe von Gustave Eiffel zurück. Die Statue selbst ist innen hohl und mit Kupferplatten verkleidet. Sie symbolisiert „Die Freiheit, die Welt erhellend".

DIE KRYPTA DER KIRCHE SAINT-JOSEPH-DES-CARMES

(11)

Blutverschmierte Pflastersteine gegen das Vergessen

70, rue de Vaugirard
Besichtigung der Krypta samstags um 15 Uhr
sjdc.fr
(Anfragen für individuelle Terminwünsche beantwortet Frau Nicole de Monts: nicole.demonts@wanadoo.fr)
Métro: Rennes

Jeden Samstag um 15 Uhr steigen kleine Gruppen mit mindestens fünf bis sechs Personen hinab in die makabre und kaum bekannte Krypta der Kirche Saint-Joseph-des-Carmes.

Vor der Revolution war das Karmeliterkloster ein friedlicher Konvent gewesen, in dessen Garten die Nonnen die Kräuter für ihren berühmten Karmelitergeist (Eau de Carmes) anbauten, der heute unter dem Namen „Eau des Carmes Boyer" erhältlich ist. Die dem Kloster zugehörige Kirche war durch ihre Kuppel – die erste von Paris – bekannt.

Gemäß Gesetz vom 17. August 1792, das die Schließung aller Klöster anordnete, wurde der Konvent in ein Gefängnis umgewandelt. 160 Priester, darunter drei Bischöfe, waren hier in der Folge inhaftiert. Ihre Weigerung, einen Eid auf die 1790 von der Nationalversammlung verabschiedete Verfassung zu schwören, bedeutete ihr Todesurteil. Noch heute sind die Stufen zum Garten zu sehen, in den die Agitatoren am 2. September 1792, einem Sonntag, geführt wurden. Sie fielen, einer nach dem anderen, unter den Piken und Bajonetten einer von Kommissar Maillard angeführten Meute. Augenzeugenberichte von Überlebenden sind auf der Seite www.bxmartyrsde1792.com nachzulesen (auf Französisch).

1867 wurde der Klostergarten durch die Rue de Rennes geteilt. Die Kapelle der Märtyrer und der Brunnen, in den einst ihre Leichen geworfen worden waren, verschwanden. Im Rahmen von Ausgrabungen konnten schließlich ihre sterblichen Überreste exhumiert werden. Sie werden heute als Reliquien in der Krypta aufbewahrt. Zu sehen sind aufgereihte Schädel und Gebeine, an denen teilweise noch die Verwundungen zu erkennen sind.

Das Modell der abgerissenen Gartenkapelle hilft, sich die Szenerie vorzustellen. Einige der blutigen Pflastersteine sind bis heute erhalten.

Die Besichtigung endet mit einer Botschaft, die Joséphine de Beauharnais, die während der Revolution ebenfalls hier inhaftiert war, auf einer Wand hinterließ: „Freiheit, wann wirst du aufhören, nur mehr ein leeres Wort zu sein? Seit siebzehn Tagen sind wir nun eingesperrt. Man sagt, wir kämen morgen frei. Doch ist diese Hoffnung nicht vergebens?"

Nach der Führung besteht die Möglichkeit, den Garten oder die (ganztägig für Besucher geöffnete) Kirche zu besichtigen und die schöne Jungfrau mit Kind von Gian Lorenzo Bernini zu bewundern.

DAS LETZTE METERNORMAL

⑫

Die absolute Referenz

36, rue de Vaugirard
Métro: Saint Sulpice oder Mabillon

Der Meter ist ein Kind der Aufklärung und der Französischen Revolution. Er wurde erstmals 1791 von der Akademie der Wissenschaften definiert und ersetzte auf menschlichen Körpermaßen beruhende Maßeinheiten wie Zoll oder Fuß. Da die Körperteile naturgemäß relativ stark variierten, galt meist – Ausdruck monarchischer Stärke – der Herrscher als Maßstab. In Frankreich wurde der Meter 1795 endgültig als offizielle Längeneinheit verabschiedet. In den Jahren 1796 und 1797 ließ die Konvention in Paris sechzehn in Marmor gemeißelte Meternormale (Urmeter) anlegen, um die Bevölkerung an die neue Maßeinheit zu gewöhnen.

Der Urmeter unter den Arkaden an der Rue de Vaugirard, rechts der Nr. 36, ist der einzige, der noch heute an seinem ursprünglichen Standort zu finden ist. Der zweite noch vorhandene Urmeter wurde 1848 an die 13, place Vendôme links neben den Eingang des Justizministeriums verlegt. Dort kann er noch heute in der Mauer der Agentur für Maß und Gewicht bewundert werden.

Die Definition des Meters

Kaum jemand weiß, dass die Längeneinheit „Meter" eine französische Erfindung ist. Sie wurde im Jahr 1791 von der Pariser Akademie der Wissenschaften als der zehnmillionste Teil eines Erdmeridianquadranten festgelegt. Dieser Definition nach hatte die Erde einen Umfang von 40.000 km (die Länge eines Meridians). Nach der Einrichtung der ersten Meternormale unterzeichneten siebzehn Staaten 1875 die Internationale Meterkonvention. 1899 ließ das Büro für Maß und Gewicht einen Platin-Iridium-Stab anfertigen (dessen Abweichungen als minimal angenommen wurden), der die Länge eines Meters konkret definierte. Dieser Stab existiert noch heute und befindet sich im Pavillon de Breteuil in Sèvres (südwestlich von Paris).
1960 definierte die Generalkonferenz für Maß und Gewicht (CGPM) den Meter in Abhängigkeit von der Wellenlänge des Lichts als das 1.650.763,73-Fache der Wellenlänge der vom Kryptonisotop 86Kr ausgesendeten Strahlung.
Die Konferenz von 1983 definierte den Meter abermals neu als die Strecke, die das Licht im Vakuum während der Dauer von 1/299.792.458 Sekunden durchläuft. Da die Lichtgeschwindigkeit im Vakuum nach der Relativitätstheorie immer und überall gleich schnell ist, gilt diese Definition als präziser.

IN DER UMGEBUNG

Der Kreuzgang des alten Seminars von Saint-Sulpice ⑬

9, place Saint-Sulpice
Métro: Saint Sulpice

Das Finanzamt des 6. Arrondissements ist an sich wohl kaum erwähnenswert. Was jedoch einen genaueren Blick lohnt, ist der Kreuzgang dieses alten Priesterseminars im Florentiner Stil. Das ab 1645 errichtete erste Seminar wurde während der Revolution geschlossen und im Kaiserreich zerstört. Nach seinem Wiederaufbau ab 1820 beherbergte das neue Seminar auch ein Krankenhaus für Cholerapatienten. Die letzten Seminaristen verließen den Ort 1905.

Das Museum Édouard Branly ⑭

Institut catholique de Paris (im Erdgeschoss der techn. Hochschule ISEP)
21, rue d'Assas
icp.fr/vie-du-campus/un-campus-au-coeur-de-paris/musee-edouard-branly
Kontakt: France Charles unter der +33 1 49 54 52 40

Die drei Räume des Labors von Édouard Branly, Erfinder der drahtlosen Telegrafie und ehemaliger Professor für Physik am katholischen Institut, beherbergen heute ein Museum. Zu sehen sind einige der von ihm erfundenen Instrumente, darunter die erste Fernbedienung, der fantastische „Nautilus-Saal", ein wahrer Faradayscher Käfig, der zum Schutz vor elektrischen Wellen vollständig mit Kupfer überzogen war, und das Büro des Professors mit Blick auf das erhaltene Karmeliterkloster.

Spuren zweier Bordelle in Saint-Sulpice

Das Hausnummernschild in der 36, rue Saint-Sulpice ist etwas breiter als üblich, ein Detail, das dem Betrachter dabei hilft, die Standorte der meisten öffentlich registrierten ehemaligen Pariser Bordelle zu finden. Interessant ist auch, wie schmal das Gebäude mit nur einem Fenster je Stockwerk ist. Nicht wenige der zahlreichen Geistlichen des Viertels zählten zu den Kunden einer gewissen Miss Betty. Das Etablissement in der 15, rue Saint-Sulpice stand unter der Leitung von „Alys", deren Name am Boden im Eingangsbereich verewigt ist. Die Küche des heutigen Eigentümers im (privaten) zweiten Stock liegt in dem früheren Hammam der maison close und ist mit schönen Darstellungen aufreizender junger Damen ausgeschmückt (s. S. 49).

DER GNOMON IN DER KIRCHE SAINT-SULPICE

15

Ein astronomisches Instrument in Händen des Da Vinci Codes

Place Saint-Sulpice
www.paroisse-saint-sulpice-paris.org
Täglich von 7:30–19:30 Uhr
Métro: Saint-Sulpice

Die Kirche Saint-Sulpice zählt zum Standardprogramm von Fans des Da Vinci Codes. Weitaus interessanter ist jedoch der Gnomon (Schattenwerfer) aus dem 18. Jahrhundert. Das astronomische Messinstrument im linken Flügel des Querschiffs weist die Form eines Obelisken auf, der den Schatten der Sonne oder des Mondes auf eine horizontale Fläche wirft, um so die Höhe über dem Horizont zu messen. Der 11 m hohe Obelisk ist aus weißem Marmor gefertigt. Auf seiner Spitze findet sich eine kleine Kugel, von der aus eine Kupferlinie zum Boden und anschließend mehr als 40 m weit durch den Chorraum und das nördliche Querschiff führt. 1727 beauftragte der Gemeindepriester den englischen Uhrmacher Henri de Sully mit dem Bau eines Mittagsweisers, um so mithilfe der Äquinoktien präzise den Ostersonntag bestimmen und ganz Paris die Mittagsstunde anzeigen zu können. Als Sully starb, übernahm der Astronom Charles Le Monnier 1743 den Auftrag und gestaltete, gemeinsam mit dem Ingenieur Claude Langlois, auf den die berühmte, von weißen Marmorstreifen eingefasste Kupferlinie zurückgeht, die ursprünglichen Entwürfe um. Heute funktioniert der Mittagsweiser nur noch teilweise, da eine der beiden Fensteröffnungen, durch die die Sonnenstrahlen in den Innenraum fallen, falsch platziert ist. Nichtsdestoweniger wird die Funktionsweise für Besucher in einem Informationstext neben dem Gnomon erläutert.

Angesichts der zahlreichen Behauptungen in dem Roman von Dan Brown, vor allem die, die diesen berühmten Mittagsweiser betreffen, bietet seit Kurzem ein weiterer Text tiefergehende Erklärungen: „Entgegen den in einem erfolgreichen Roman neueren Datums aufgestellten Behauptungen handelt es sich bei der Meridianlinie von Saint-Sulpice nicht um ein Relikt eines heidnischen Tempels, der einst an diesem Ort gestanden haben soll […].“

Kragsteine als Brandbeschleuniger

Die mittelalterliche Bauweise mit überhängenden Geschossen wurde in Paris in den 1550er-Jahren verboten. Auskragungen, die von beiden Straßenseiten aus weit über die Fassade hinausragten, waren eine der Hauptursachen für die schnelle Ausbreitung von Bränden zwischen den Holzhäusern.

Warum beginnt die Rue de Rennes erst mit den Nummern 41 und 44?

Die Hausnummern 1 bis 40 gibt es in der Rue de Rennes nicht. Ursprünglich war geplant gewesen, die Straße direkt an der Seine beginnen zu lassen. Als die Arbeiten schließlich aufgenommen wurden, fing die Straße dort an, wo sie heute anfängt. Die Straße erreichte nie den Fluss.

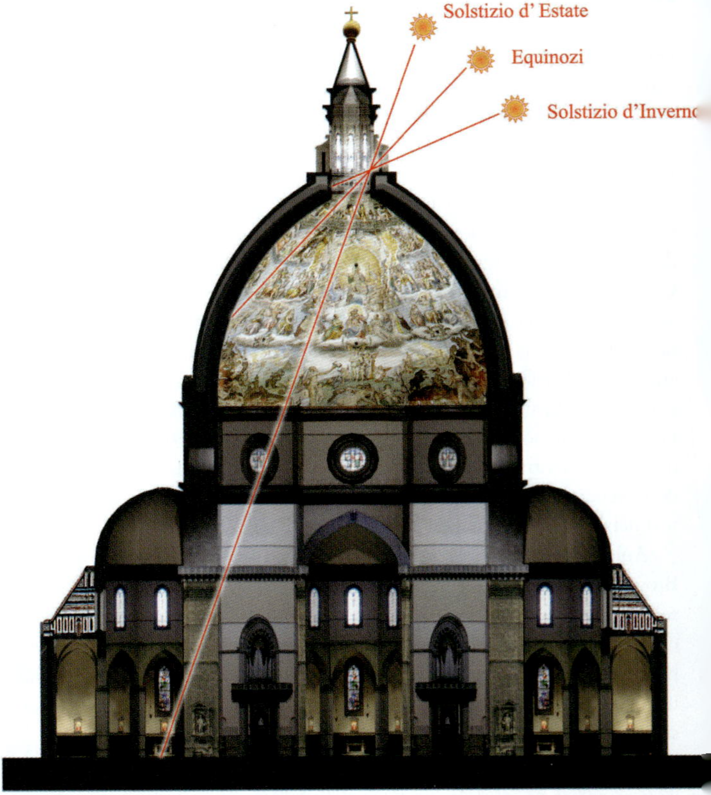

Das Schaltjahr (im Lateinischen *annus bissextus*) verdankt seinen Namen dem zusätzlichen Tag zwischen dem 24. und 25. Februar. Die lateinische Benennung besagt, dass der 24. Februar der sechste (sextus) Tag vor der Kalendae des Monats März war. Daher nannte man den eingeschobenen Tag „bis sextus". Mit Kalendae wurde im römischen Kalender der jeweils erste Tag des Monats bezeichnet.

Wie funktioniert ein Mittagsweiser?

Ein Mittagsweiser besteht aus einem kleinen Loch für den Sonneneinfall, das sich an einem weit vom Boden entfernten Punkt befinden muss, und aus einer exakt an der Nord-Süd-Achse ausgerichteten Linie. Das Loch wird auch gnomonisches Loch (gnomon = Zeiger auf Griechisch) genannt, da das Sonnenlicht auf der erwähnten Linie exakt die Rolle des Schattens bei einer traditionellen Sonnenuhr übernimmt. Damit das Ganze richtig funktionierte, musste sich das Loch möglichst weit oben befinden (daher das Interesse an Kathedralen, s. auch „Weshalb wurden Mittagsweiser in Kathedralen konstruiert?", s. S. 333) und ein Tausendstel der Höhe messen, auf der es angebracht war. Zudem musste es seinen Platz auf der Südseite haben, damit der mittägliche Sonnenstrahl hindurchscheinen konnte, der sich in der nördlichen Hemisphäre im Süden befindet. Die Meridianlinie musste schließlich an dem Punkt beginnen, der sich exakt senkrecht unter dem Loch befand, was sich jedoch vor einigen Jahrhunderten nicht immer ganz einfach berechnen ließ. Die Länge der Linie hing von der Höhe des Lochs ab. Daher fügte man, wenn das Gebäude nicht lang genug war, um die Linie vollständig auf dem Boden darzustellen (so bspw. in Saint-Sulpice in Paris), am Ende des Meridians noch einen Obelisken ein. Im Sommer trifft der Sonnenstrahl die Linie an einem Punkt, der sich näher an der Südwand und somit am Anfang des Meridians befindet, da die Sonne zu dieser Jahreszeit höher am Himmel steht. Die tiefstehende Wintersonne hingegen berührt den Meridian am äußersten Ende. Der Mittagsweiser funktioniert nach dem Prinzip, dass die Sonne am Mittag der Sonnenzeit an ihrem höchsten Punkt angekommen ist und ihre Strahlen vertikal auf eine Senkrechte zur Nord-Süd-Achse fallen. Da die Meridianlinie auf dieser Achse liegt, ist es genau 12 Uhr mittags, wenn der Strahl auf die Linie trifft. So ist es außerdem möglich, über die Markierung des Sonnenstrahls auf der Linie das Kalenderdatum eines Jahres zu bestimmen: Der erste Punkt auf der Linie wird nur während der Sommersonnenwende angestrahlt, der letzte Punkt ausschließlich zur Wintersonnenwende. Nach einiger Zeit wurden an manchen Meridianlinien die aus Erfahrung und Beobachtung gewonnenen Kalendertage des Jahres mit Hilfe von Inschriften festgelegt. Über den Verlauf des Sonnenstrahls auf der Meridianlinie konnten somit die unterschiedlichen Kalendertage des Jahres bestimmt werden. Dies galt auch für Ostern und stellte die große historische, wissenschaftliche und religiöse Herausforderung an Mittagsweiser dar. Außerdem ließen sich jetzt auch die verschiedenen Zeitspannen der Tierkreiszeichen festlegen, weshalb man neben den Meridianlinien häufig entsprechende Darstellungen findet.

EIN BESUCH IM SENAT DER PALAIS DU LUXEMBOURG

16

Die Schätze des Senats

15, rue de Vaugirard
Reservierung unter +33 1 42 34 20 01
Eintritt frei
Métro: Saint-Sulpice oder Mabillon

Mit dem Bau des Palais du Luxembourg wurde 1615 begonnen. Verantwortlich für das Projekt zeichnete, im Namen von Königin Maria de' Medici, der Architekt Salomon de Brosse. Die Königin wünschte sich einen Palast nach Art des Palazzo Pitti in Florenz. Heute beherbergt das Gebäude, das sicher einer der schönsten, wenngleich auch verkanntesten Paläste der Republik ist, den französischen Senat. Kaum bekannt ist, dass das Gebäude relativ einfach auch außerhalb der gerne überlaufenen Journées du Patrimoine besichtigt werden kann. Artikel 33 der Verfassung sieht vor, dass die Sitzungen des Parlaments öffentlich sind. Das heißt im Klartext, dass jeder Bürger zum Senat oder zur Assemblée Nationale gehen und einer Sitzung beiwohnen kann. Die Plätze in der Assemblée sind teuer und begrenzt. Der Senat hingegen öffnet seine Türen gerne (und kostenlos) für alle, die ihre Rolle als aufgeklärter Bürger wahrnehmen wollen. (Näheres zu den Zugangsbestimmungen s. unten.) Der Senat tagt seit 1799 im Palais du Luxembourg. Vorher befanden sich in dem Gebäude ein Museum (1750–1780) und sogar ein Gefängnis (während der Revolution). Im Rahmen eines Besuchs kann man nicht nur zusehen, wie Senatoren sich beschimpfen oder einschlafen (immer wieder aufschlussreich), sondern zugleich das kunstvolle Dekor dieses Ortes bewundern: den 57 m langen, 1852 von Alphonse de Gisors ausgeführten Sitzungssaal in der früheren Throngalerie, die berühmte Bibliothek mit Gemälden von Eugène Delacroix (1845) und die Salons von Germain Boffrand (18. Jahrhundert).

Besichtigung des Senats

- Gehen Sie an einem Sitzungstag zur 15, rue de Vaugirard. Personalausweis nicht vergessen! Informationen zu den Sitzungstagen und der Tagesordnung erhalten Sie telefonisch unter der +33 1 42 34 20 01. Tribünentickets werden nach verfügbaren Plätzen vergeben.
- Tage der offenen Tür normalerweise samstags: Journée du livre d'économie (Tag des Wirtschaftsbuchs, Januar), Journée du livre d'histoire (Tag des Geschichtsbuchs, Juni) usw. Vorankündigung auf der Website des Senats: senat.fr
- Einzelbesichtigungen an einem Samstag im Monat um 10:30 Uhr oder 14:30 Uhr. Kontakt: +33 1 44 54 19 49.
- Gruppenführungen: Informationen unter senat.fr
- Journées du Patrimoine (normalerweise am dritten Wochenende im September).

MUSEUM FÜR MEDIZINGESCHICHTE

(17)

Nichts für schwache Gemüter

Université de Paris-V – René-Descartes
12, rue de l'École-de-Médecine
Sommer: 14–17:30 Uhr, außer am Samstag sowie an Sonn- und Feiertagen
Winter: 14–17:30 Uhr, außer am Donnerstag sowie an Sonn- und Feiertagen
biusante.parisdescartes.fr/
Marie-Véronique Clin (Denkmalpflegerin): clin@parisdescartes.fr
Gruppenführungen (max. 20–25 Personen) nach Vereinbarung
Kontakt: Sonja Poncet +33 1 76 53 16 93 / sonja.poncet@parisdescartes.fr
Métro: Odéon

In einem lang gezogenen, prachtvollen Saal mit schönen Glasvitrinen und schmiedeeisernen Galerien im zweiten Stock der medizinischen Fakultät liegt das eher ungewöhnliche Pariser Museum für Medizingeschichte. Gleich am Eingang nimmt den Besucher ein lebensgroßes Écorché (anatomisches Modell) in Empfang. Es folgt die älteste Sammlung Europas, die die erstaunliche Geschichte der Medizin und der Chirurgie von der Hochantike bis ins 19. Jahrhundert nachzeichnet. Skalpelle, Bohrer, Sägen und OP-Bestecke wechseln sich ab mit wahren Kunstwerken wie einem Beschneidungsmesser aus Silber und Achat aus dem 17. Jahrhundert. Andere Exponate sind von historischer Bedeutung wie das Skalpell von Charles-Francois Félix de Tassy, Chirurg von Ludwig XIV., oder das Besteck, mit dem Dr. Antommarchi Napoleon autopsierte.

IN DER UMGEBUNG

Librairie-musée du Compagnonnage (18)

10, rue Mabillon
Montag bis Freitag von 14–18 Uhr
Eintritt frei

In dem Museum wird der berufliche Werdegang von Lehrlingen bis zu ihrer Gesellenprüfung und ihrer anschließenden Wanderschaft (auch Wanderjahre oder Walz genannt) dokumentiert (s. S. 349). Die Mitarbeiter am Empfang beantworten gerne Ihre Fragen zum Thema.

Der Stern in der 12, rue de Buci (19)

In der 4, rue de Buci gleich nebenan befand sich einst die erste Pariser Freimaurerloge. Bei dem Stern an der 12, rue de Buci handelt es sich jedoch nicht um ein Symbol des Ordens: Er erinnert daran, dass hier im Jahr 1628 das „Jeu de Paume" (Vorläufer des Tennis) gespielt wurde, das auch Jeu de Paume de l'Étoile (Stern) genannt wurde.

Cour de Rohan (20)

Zugang über die Cour du Commerce-Saint-André oder die Rue du Jardinet (vor 20 Uhr)

Der Name der malerischen Cour de Rohan mit ihren drei aufeinanderfolgenden Innenhöfen geht auf das Hôtel des Évêques de Rouen (abgewandelt: „Rohan") zurück. Sie grenzt seit 1791 an die Cour du Commerce-Saint-André. An den Hausnummern 3 und 7 sind noch heute Überreste der Stadtmauer von Philipp August zu sehen (innerhalb des Katalanischen Hauses in der Cour du Commerce-Saint-André ist sogar ein heute privat bewohnter Turm erhalten). Im zweiten Hof befindet sich ein alter gusseiserner „pas de mule", ein Tritt, der Damen oder älteren Herrschaften beim Besteigen ihres Reittiers behilflich war. Im dritten Hof, der auf die Rue du Jardinet führt, liegt ein zauberhafter Ziehbrunnen, dessen Rand Wasserspeier zieren.

DIE STATUE DES TODES

㉑

Eine auffällige Darstellung von Schlafes Bruder

15, rue de l'École-de-Médecine
Métro: Odéon

In der medizinischen Fakultät René-Descartes thront hinter dem Kreuzgang in einem Winkel auf der linken Seite eine atemberaubend realistische Skulptur von Henri Allouard (1910). Sie weist einige klassische Attribute des Todes auf (z. B. die Sense) und tritt mit den Füßen die Symbole des Hochmuts und der Eitelkeit der Menschen: eine Krone, eine Schatztruhe, ein Schwert, Schmuck, ein Zepter.

IN DER UMGEBUNG

Das Refektorium des Couvent des Cordeliers ㉒

15, rue de l'École-de-Médecine
Keine Besichtigung, Vermietung für Privatveranstaltungen

Von dem berühmten Couvent des Cordeliers ist heute nur noch das gegen Ende des 15. Jahrhunderts erbaute Refektorium mit seiner schönen spätgotischen Bauweise vorhanden. Von 1790 bis 1794 war das Kloster Sitz des berühmten Club des Cordeliers, zu dessen führenden Köpfen Georges Danton und Jean-Paul Marat zählten, der nach seiner Ermordung durch Charlotte Corday im Garten des Klosters beigesetzt wurde. Der schöne, über spitzbogenförmigen Öffnungen erhellte und von einer fantastischen Holzkonstruktion überspannte Bau mit einer Fläche von über 900 m² ist heute Eigentum der Stadt Paris und steht unter Denkmalschutz. Er wird für Veranstaltungen und Sonderausstellungen genutzt.
Die Bezeichnung „Cordeliers" (Strickträger) geht auf die früher in dem Kloster ansässigen Franziskaner zurück, deren Ordenstracht einen Strick um den Bauch vorsah.

Maison d'Auguste Comte ㉓

10, rue Monsieur Le Prince
01 43 26 08 56 – augustecomte.org
Führungen mittwochs um 15:30 Uhr
Gruppenführungen (für Schulklassen und andere Besucher) nach Voranmeldung auch unter der Woche

Die in den 1960er-Jahren dank Paulo Carneiro, Ständiger Vertreter Brasiliens bei der UNESCO, restaurierte Wohnung von Auguste Comte ist noch heute in dem Zustand, in dem sie sich beim Tod des Begründers des Positivismus (s. S. 63) befand. Für die Besichtigung benötigt man kaum mehr als fünf bis zehn Minuten. Sie bietet vor allem Gelegenheit, sich näher mit dem Positivismus auseinanderzusetzen und einige Fragen an den diensthabenden Ausstellungsbetreuer zu richten. Wenig erstaunlich übrigens, dass die Wohnung von einem Brasilianer saniert wurde: Die Mehrzahl der Positivisten lebt heute in Brasilien, einem Land mit besonderer Vorliebe für Spiritualität und Esoterik.

DIE GEHEIMNISSE DER ÉCOLE DES BEAUX-ARTS

㉔

Die ganze Magie der Hauptstadt

14, rue Bonaparte
01 47 03 50 74
monuments-nationaux.fr – visites-conferences@monuments-nationaux.fr
Métro: Saint-Germain-des-Prés

Der zwei Hektar große Gebäudekomplex der École des Beaux-Arts im Herzen von Saint-Germain-des-Prés ist einer dieser ganz besonders magischen Orte von Paris. Inmitten von Gebäuden, von denen die ältesten bis in das 17. Jahrhundert zurückreichen, sorgen hier und da aufgestellte Arbeiten von Studierenden für ein unvergleichlich romantisches Ambiente. Der älteste Bau ist die Anfang des 17. Jahrhunderts für das Kloster der Kleinen Augustiner errichtete Kapelle mit ihren Anbauten, die von Königin Margot mit unrechtmäßig erworbenen Geldern finanziert worden sein soll – woraus sich der Name des nahen Quai Malaquais (frz. mal acquis = unrechtmäßig erworben) ableitet.
1795 verlor die Kapelle ihre ursprüngliche Bestimmung und Alexandre Lenoir (1761–1839) richtete in ihr das Museum der französischen Denkmäler ein. Erst 1816 wurde der Komplex nach Schließung des Museums der Kunsthochschule zugesprochen. Heute finden sich in der Kapelle zahlreiche Kopien von Werken der italienischen und französischen Renaissance wie die *Paradiespforte* (das Original von Ghiberti ziert das Baptisterium der Kathedrale von Florenz) oder Michelangelos *Das Jüngste Gericht* von Xavier Sigalon.
Wir setzen die Besichtigung fort mit dem überdachten Innenhof der Cour vitrée (1832), deren Bauweise Henri Labrouste für den Lesesaal der Kaiserlichen Bibliothek (der heutigen Bibliothek Richelieu) Modell stand. Der Hörsaal des Amphithéâtre d'Honneur ist für das große Wandfresko *Der Genius der Künste verteilt Lorbeerkränze* von Paul Delaroche berühmt, das den gesamten hinteren Bereich ausfüllt.
Das Bâtiment des Loges, der Palais des Études, das Bâtiment des Expositions und die Anordnung der Eingangshöfe der Kapelle sowie der Cour des Mûriers bilden einen prachtvollen Kreuzgang im Florentiner Stil. Für den Bau zeichneten zunächst der Architekt François Debret und später dessen Schüler und Schwager Félix Duban verantwortlich. 1883 wurde die Hochschule durch den Ankauf des Hôtel de Chimay samt Nebengebäuden (15 und 17, quai Malaquais) ein letztes Mal erweitert.

Für alle, die den Gebäudekomplex – einschließlich des wunderschönen Kreuzgangs gleich rechts hinter dem Eingang – gerne auf eigene Faust erkunden möchten: Der Pförtner an der Rue Bonaparte verwechselt bisweilen Studierende und Besucher …

IN DER UMGEBUNG

Der Sitzungssaal der Académie de Médecine (25)

16, rue Bonaparte
01 42 34 57 73 – Öffentliche Vorlesung am Dienstagnachmittag
Genaue Uhrzeit und Thema der Vorlesung unter academie-medecine.fr

Die Vorlesungen am Dienstagnachmittag widmen sich meist Themen der öffentlichen Gesundheit und bieten eine tolle Gelegenheit, die direkt neben der Kunsthochschule gelegene medizinische Hochschule zu besuchen. Der in zarten Farbtönen gestrichene Hörsaal, der in seiner Bauweise wie ein italienisches Theater anmutet, erstrahlt heute in alter Pracht. An den Pulten verweisen schlichte Schilder darauf, dass sich hier auf namentlich gekennzeichneten Plätzen die Größen der Medizin versammeln. Im Saal der Büsten (mit schönen Kunstschmiedearbeiten und Marmormosaik) reihen sich renommierte Persönlichkeiten der Geschichte der Medizin und der Akademie aneinander. Der vertrauliche Lesesaal ist Wissenschaftlern vorbehalten. Die Bibliothek ist eine der größten medizinischen Bibliotheken der Welt. Sie ist im Besitz einiger der wertvollsten Schätze der Medizingeschichte.

Die 1820 von Ludwig XVIII. offiziell als beratende Regierungseinrichtung gegründete Akademie gewinnt für den Schutz der öffentlichen Gesundheit und die wissenschaftliche Unterfütterung staatlicher Beschlüsse zunehmend an Bedeutung. Die Förderung medizinischer Forschungsarbeit durch die jährlich im Namen ihrer Gründer verliehenen Preise spielt ebenfalls eine bedeutende Rolle.

Überreste der Stadtmauer von Philipp August in einem Parkhaus (26)

27, rue Mazarine

Im ersten Untergeschoss des Parkhauses in der Rue Mazarine ist ein großes Teilstück der Stadtmauer von Philipp August (s. S. 81) erhalten. Auch als Fußgänger ist der Zugang möglich. Der Weg zur Mauer ist auf einer Hinweistafel verzeichnet.

Beton in Steinoptik: 1, rue Danton (27)

Das Gebäude in der 1, rue Danton, zur eigenen Nutzung erbaut von François Hennebique, besteht nicht wie man meinen könnte aus Mauersteinen, sondern vollständig aus Beton. Einmalig, wenngleich korrekterweise Joseph Lambot beim Bau eines Schiffs 1848 als Erster die Idee hatte, ein Eisengitter in Zementmörtel einzulassen.

Quebec in Saint-Germain-des-Près

Die Place du Québec, gelegen an der Kreuzung Boulevard Saint-Germain, Rue de Rennes und Rue Bonaparte, verdankt ihren Namen dem Umstand, dass Mgr. François de Montmorency-Laval 1674 in der direkt gegenüberliegenden Kirche Saint-Germain-des-Prés zum ersten Bischof von Québec geweiht wurde. Auf dem Platz steht ein interessanter Brunnen, dessen Bedeutung vermutlich den wenigsten Anwohnern bekannt ist: die überlappend verlegten Bodenplatten stellen die Eisversetzungen der kanadischen Flüsse dar. Das Café Le Québec rundet die Präsenz der kanadischen Provinz in diesem Stadtteil ab.

DER MITTAGSWEISER DES HÔTEL DES MONNAIES ㉘

Der im Da Vinci Code vergessen wurde

11, quai de Conti
Zu sehen während der Öffnungszeiten des Musée de la Monnaie
Métro: Pont Neuf, Louvre-Rivoli or Odéon

Der Mittagsweiser des Hôtel des Monnaies, der auf einer Höhe von 7,80 m in den Himmel ragt, weist nur eine Stundenlinie auf, die Mittagslinie: mit dem Gnomon-Obelisken von Saint-Sulpice (s. S. 120) und der Kanone im Palais Royal (wenn diese funktionierte) ist er eines von drei Instrumenten in Paris, die mithilfe des Sonnenlaufs die Mittagsstunde anzeigten.

IN DER UMGEBUNG

Die Bibliothek Mazarine (29)

23, quai de Conti
01 44 41 44 06 – bibliotheque-mazarine.fr
Montag bis Freitag von 10–18 Uhr, Sommerschließung vom 1. bis 15. August
Besichtigung nur mit Besucherausweis

Die atemberaubend schöne Bibliothèque Mazarine ist untrennbar mit ihrem Erbauer, dem Kardinal Mazarin, verbunden. Sein Wappen ist allgegenwärtig: im Giebeldreieck über dem Eingang, auf den Vertäfelungen des Lesesaals und auf dem roten Maroquinleder der Bucheinbände. Anders als vielleicht erwartet, ist die Bibliothek ganz einfach gegen Vorlage von Personalausweis und zwei Passbildern öffentlich zugänglich. Anfangs umfasste die Bibliothek nur die Privatsammlung des Kardinals, die er in seinem Stadtpalais zusammengetragen hatte. Ab 1643 stand sie Wissenschaftlern und Gelehrten offen und wurde so zur ältesten öffentlichen Bibliothek Frankreichs. Um zu verhindern, dass der Bestand sich nach seinem Tod in alle Winde zerstreut, richtete er seine Bibliothek – die zu diesem Zwecke samt Mobiliar vollständig umzog – im linken Flügel des Collège des Quatre-Nations ein. Die Bibliothek Mazarine ist seit 1945 an das Institut de France angeschlossen, das in den Gebäuden des früheren Collège des Quatre-Nations untergebracht ist. Sie verfügt neben ihrer einzigartigen Büchersammlung über eine schöne neoklassizistische Treppe, die in den 65 m langen und 8 m hohen Lesesaal führt. Dessen Dekor umfasst neben den 32 Regalreihen und 18 Fenstern verschiedene Kunstwerke, von denen die meisten während der Revolution beschlagnahmt wurden.

Warum die Metrolinie 4 die Académie Française umfährt

Die Linie 4 der Pariser Métro macht auf ihrem Weg von Saint-Germain-des-Prés nach Les Halles über die Île de la Cité einen großen Bogen nach Osten. Bei einer geraden Verbindung wären die Gleise direkt unter den Sitzungssälen der Académie Française (Institut de France) verlegt worden. Die Erschütterungen durch die Züge hätten deren Mitglieder bei der Arbeit gestört.

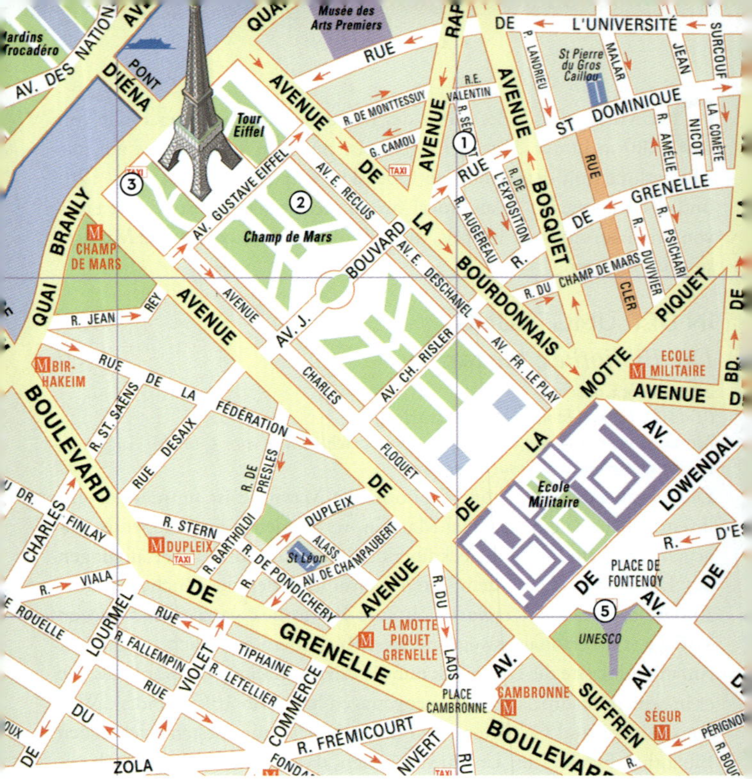

7. Arrondissement

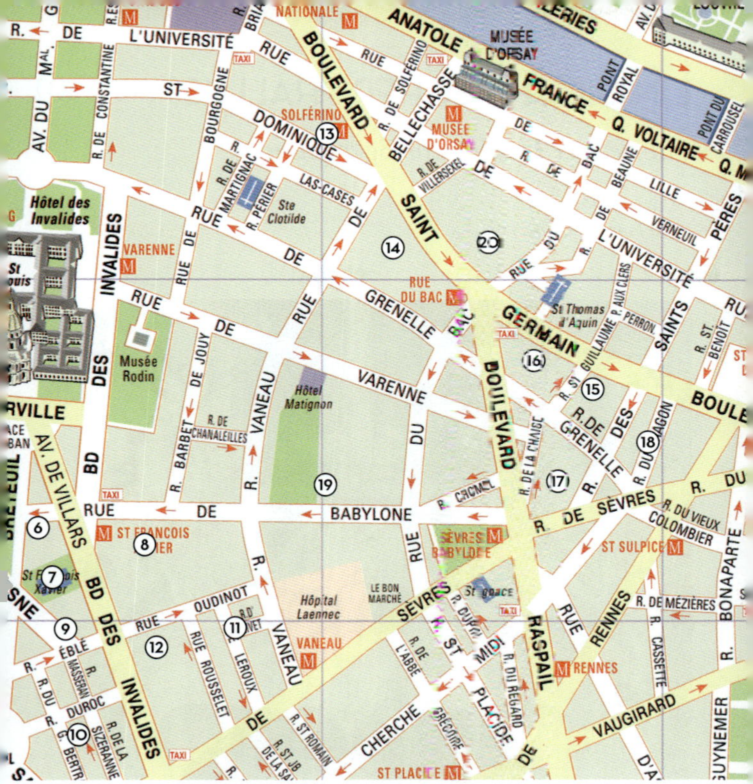
R. DE L'UNIVERSITÉ
NATIONALE
ANATOLE FRANCE
MUSÉE D'ORSAY
Q. VOLTAIRE
PONT ROYAL
PONT DU CARROUSEL
BOULEVARD SAINT GERMAIN
RUE ST DOMINIQUE
SOLFÉRINO
R. DE SOLFÉRINO
BELLECHASSE
MUSÉE D'ORSAY
R. DE VILLERSEXEL
R. DE LILLE
BEAUNE
VERNEUIL
BAC
PÈRES
AV. DU MAL
R. DE CONSTANTINE
BOURGOGNE
R. DE MARTIGNAC
R. PÉRIER
LAS-CASES
Ste Clotilde
Hôtel des Invalides
St Louis
VARENNE
BD DES INVALIDES
RUE DE GRENELLE
RUE DU BAC
St Thomas d'Aquin
R. ST GUILLAUME
R. AUX CLERS
PERRON
SAINTS
R. ST BENOIT
RUE DE VARENNE
Musée Rodin
R. DE JOUY
VANEAU
Hôtel Matignon
RUE DU BAC
BOULEVARD RASPAIL
R. DE LA CHAISE
R. DE GRENELLE
DES
R. DU DRAGON
R. BARBET DE JOUY
R. DE CHANALEILLES
R. CHOMEL
RUE DE BABYLONE
R. DE SÈVRES
R. DU VIEUX COLOMBIER
R. DU
AV. DE VILLARS
ST FRANCOIS XAVIER
St François Xavier
BD DES INVALIDES
SÈVRES BABYLONE
ST SULPICE
BONAPARTE
RUE OUDINOT
Hôpital Laennec
LE BON MARCHÉ
St Ignace
R. DE MÉZIÈRES
RUE DE RENNES
R. CASSETTE
RUE ÉBLÉ
R. MASSERAN
R. DU
DUROC
R. DE LA SIZERANNE
R. ROUSSELET
LEROUX
VANEAU
RUE DE SÈVRES
R. DE L'ABBÉ
R. DUPIN
MIDI
R. DU REGARD
PLACIDE
RENNES
VAUGIRARD
GUYNEMER
R. ST ROMAIN
R. ST JB DE LA SALLE
CHERCHE
GRÉGOIRE
ST PLACIDE
TAXI

EIN GIGANTISCHER PHALLUS

①

Ein riesiger Phallus zur Begrüßung

29, avenue Rapp
RER: Pont-de-l'Alma

Das beim Fassadenwettbewerb 1901 ausgezeichnete Gebäude in der 29, avenue Rapp gilt als Hauptwerk von Jules Lavirotte. Der Eingang ist weithin bekannt. Über diesem thronen ein Frauenhaupt (die Gattin des Architekten?) sowie das aus dem Paradies vertriebene erste Menschenpaar, Adam und Eva. Nur wenigen jedoch dürfte aufgefallen sein, dass die Tür selbst ein auf den Kopf gestellter Phallus ist. Wer die Form einmal im unteren mittleren Teil der Holztür (allein die Schnitzarbeit ist bezeichnend), dem Glas der Eingangstür und den beiden ovalen Verglasungen oberhalb davon erkannt hat, sieht nichts anderes mehr.

Lavirotte war ein glühender Anhänger des sexuellen Symbolismus. An den Balkonen der Fenster im Erdgeschoss stellte er so zudem einen Penis in einer Vulva dar ...

Entgegen einer recht weit verbreiteten Ansicht befand sich das Gebäude im Eigentum von Lavirotte selbst und einem gewissen Charles Combes. Der Keramiker Alexandre Bigot, der an der Fassade sein Können demonstriert haben soll, wohnte hingegen nie darin. Lavirotte wohnte im 5. Stock des Nachbargebäudes (3, square Rapp). Das Dekor der Fassade geht tatsächlich auf Bigot zurück, der für seine speziell geflammte und dadurch besonders für den Einsatz in der Architektur geeignete Keramik berühmt war.

Jules Lavirotte

Jules Lavirotte (1864–1929) zählt zu den berühmtesten Architekten der Pariser Art nouveau und war sicher der extravaganteste Vertreter dieses Baustils. Geraden und Kanten hatten bei ihm gegenüber geschwungenen Linien das Nachsehen. Zudem versah er seine Bauwerke gerne mit einer sexuellen Symbolik, die ihn jedoch nicht daran hinderte, dreimal den Fassadenwettbewerb der Stadt Paris zu gewinnen. Ab 1907 kehrte er der Art nouveau den Rücken, da er Nachahmungen seiner Werke als Verrat am Wesen der Bewegung empfand. Seine berühmtesten Bauten stehen in der 29, av. Rapp, am 3, square Rapp, in der 12, av. Sédillot und in der 34, av. de Wagram (Hotel Céramic, s. S. 163). Andere Gebäude in 134 und 151, rue de Grenelle, 23, avenue de Messine, 134, rue de Grenelle oder 169, boulevard Lefebvre sowie 2, rue Balzac in Franconville (Département Val-d'Oise, nördl. von Paris) (Villa Dupont) sind weniger spektakulär.

Weitere Phallusdarstellungen aus Keramik

Das Gebäude in der 12, avenue Sédillot ist der erste realisierte Entwurf Lavirottes. Das Gebäude in der 3, square Rapp weist eine recht eindeutige sexuelle Symbolik auf (mehrere Phallusdarstellungen aus Keramik an den Balkonen im 4. Stock).

MONUMENT DES DROITS DE L'HOMME

②

Ein Fest der Freimaurer zur 200-Jahrfeier der Revolution

Champ-de-Mars
Métro: École Militaire

Die Kinder, die hier Fußball spielen, werden kaum je bemerkt haben, dass sie sich zu Füßen eines der faszinierendsten Monumente von Paris befinden. Das Denkmal der Menschenrechte am Marsfeld wurde 1989 von der Stadt Paris zur Feier des 200. Jahrestages der Französischen Revolution in Auftrag gegeben. Es verdankt seine dicht gedrängte esoterische Symbolik Michel Baroni, dem ehemaligen Großmeister der Freimaurerloge Grand Orient, der mit der Organisation der Feierlichkeiten betraut war. Das Denkmal geht auf Entwürfe des Bildhauers Ivan Theimer zurück. Es besteht aus einem kleinen Steintempel, den ägyptische und freimaurerische Motive zieren: eine Sonnenuhr, dreiseitige Obelisken, Pyramiden, Sonnendarstellungen und andere astrologische und esoterische Symbole. Dazu gesellen sich zahlreiche Verweise auf die Erklärung der Menschen- und Bürgerrechte und verschiedene wissenschaftliche Zeichnungen. In Richtung Marsfeld stehen neben dem Monument vier mit Togen bekleidete Statuen. Besonders ins Auge fällt jene eines kleinen Jungen mit zylinderförmigem Hut, der vermutlich einen Wissenslehrling darstellen soll.

IN DER UMGEBUNG

Der Schornstein hinter dem Eiffelturm ③

RER: Champ de Mars

Kaum jemandem dürfte der gut im Gebüsch versteckte kleine Turm aus rotem Backstein hinter dem Westpfeiler des Eiffelturms je aufgefallen sein. Zu Zeiten der Grundsteinlegung des berühmten Turms (1887) soll dieser über einen Kanal mit dem alten Maschinenraum unter dem Südpfeiler verbunden gewesen sein und beim Bau des Eiffelturms als Schornstein gedient haben.

Der echte Grabstein von Napoleon ④

Westseite des Invalidendoms, Invalidendom
Métro: École Militaire, RER: Pont de l'Alma

An der linken Seite des Invalidendoms, vom Haupteingang in der Rue de Tourville aus gesehen, liegt ganz unscheinbar am Fuße eines Baumes hinter einem kleinen Wäldchen der echte Grabstein des großen Napoleon (in drei Teilen).

Er wurde im Jahr 1840 zusammen mit den sterblichen Überresten (nicht wie oft angenommen der Asche) des Herrschers an Bord der „La Belle Poule" von Sankt Helena nach Frankreich überführt. Sechs Tage, nachdem das Schiff am 30. November 1840 in Cherbourg angelegt hatte, gelangten die Gebeine Napoleons zunächst auf das Dampfschiff „Normandie", das seine wertvolle Fracht anschließend im Hafen von Valde-la-Haye nahe Rouen an die „La Dorade" übergab. Auf der „Dorade" (und nicht auf der „Belle Poule"!) gelangte der Leichnam schließlich nach Courbevoie. Von dort aus fuhr der Leichenzug über die Champs-Élysées bis zu seinem Zielort dem Invalidendom.

Vertikale Gärten

Die vertikalen Gärten des Botanikers Patrick Blanc besitzen in Paris inzwischen Kultstatus. Verschiedene Beispiele für Blancs Schaffen lassen sich hier bewundern: Musée du Quai Branly (7. Arr.); Bekleidungsgeschäft Marithé + François Girbaud (6. Arr); Innenhof des Hotels Pershing Hall (8. Arr.); Fondation Cartier (14. Arr.).

Seltsamerweise beginnt der Quai d'Orsay mit der Hausnummer 33. Die Erklärung ist einfach: Im Jahr 1947, als der Anfang der Straße den Namen Quai Anatole-France trug, stand es außer Frage, die Adresse des Außenministeriums zu ändern, die zum Synonym für das Amt geworden war.

KUNST IM UNESCO-HAUPTQUARTIER

5

Picasso, Miró, Calder, Giacometti, Tadao Ando ...

Organisation der Vereinten Nationen für Bildung, Wissenschaft und Kultur
7, place de Fontenoy
visits@unesco.org
Zutritt nur nach vorheriger Anmeldung
Führungen dienstags um 15 Uhr (Englisch) und mittwochs um 15 Uhr (Französisch)
Personalausweis erforderlich
Reservierung unter +33 1 45 68 03 59
Métro: La Motte-Piquet oder Ségur

Ein verborgener Zen-Garten, eine Terrasse mit Aussicht, Werke der größten zeitgenössischen Künstler, atemberaubende Baukunst des japanischen Architekten Tadao Ando, der beinahe auch das Pinault-Museum auf der Île Seguin gebaut hätte ... Die UNESCO geizt nicht mit Kunstwerken: Mehr als 500 Arbeiten dekorieren die Wände des Gebäudes.

Seit seinem Bau 1958 wurden immer wieder berühmte Künstler eingeladen, ihre Werke auszustellen. Pablo Picasso, Joan Miró, Henry Moore, Alexandre Calder, Jean Arp und Isamu Noguchi kamen dem Aufruf nach und stellten eigens angefertigte Werke zur Verfügung. Im Foyer der Konferenzräume befindet sich so das größte Gemälde von Picasso, ein 10 mal 9 m großes Wandbild mit dem Titel Der Sturz des *Ikarus*. Im Freien begann das vermutlich bekannteste Werk von Noguchi zunächst mit einigen Skulpturen für eine Terrasse. Später entwickelte sich der Ort zu einem echten „japanischen Garten", einer Oase der Ruhe und Natur.

Zu den genannten gesellen sich weitere klangvolle Namen wie Giacometti, Brassaï, Appel, Tàpies, Chillida oder Bazaine. Doch nicht nur Maler und Bildhauer kamen zum Zuge. Nicht weniger als zwölf Architekten waren an den Entwürfen des y-förmigen Gebäudes beteiligt, das auf 72 trapezförmigen Stahlbetonpfeilern ruht und dessen drei vollverglaste Fassaden sich in ihrer gebogenen Form wie ein Echo des Konferenzsaals an der Place de Fontenoy ausnehmen. Marcel Breuer, Pier Luigi Nervi und Bernard Zehrfuss zeichneten in erster Linie für den Bau verantwortlich, beraten durch den Vater des Bauhauses, Walter Gropius, sowie Le Corbusier, Lucio Costa, Sven Markelius, Ernesto Rogers und Eero Saarinen. Der amerikanische Architekt Philip Johnson beschrieb als einer der ersten den „internationalen Stil", der auch am UNESCO-Gebäude zu erkennen ist. Einer der Säle geht auf seine Entwürfe zurück.

In jüngerer Zeit (1995) entwarf der japanische Architekt Tadao Ando sein einziges Projekt in Frankreich, einen „Meditationsraum" in Form eines Betonzylinders, der auf einer schrägen Ebene steht, auf der das Wasser – wie die Gedanken – unendlich fließt.

DAS ABENDMAHL VON TINTORETTO

6

Ein unbekanntes Meisterwerk von Tintoretto

Église Saint-François-Xavier
Sacristie des Mariages (Hochzeitssakristei)
Geöffnet Sonntagvormittag von 9–12 Uhr oder auf Anfrage
sfx-paris.fr
Métro: Saint-François-Xavier

Die Sacristie des Mariages der Kirche Saint-François-Xavier beherbergt ein Meisterwerk von Jacopo Tintoretto (1518–1594), eines der großen Meister der venezianischen Renaissance.

Das letzte Abendmahl entstand 1559 für die Kapelle der Scuola del Santissimo Sacramento (Bruderschaft vom Heiligsten Sakrament) der Kirche von San Felice in Venedig. Die Inschrift unten rechts erinnert an die Männer, die zu Zeiten der Beauftragung des Werks an der Spitze dieser laizistischen Bruderschaft standen, die im Wesentlichen die Bewahrung der Hostie als ihre Aufgabe verstand: den gastaldo (Dekan) Girolamo Diletti, den vicario (Vikar) Salvador di Orsini und den scrivano (Sekretär) Marco de Marco. Sie wurden von dem Maler ebenfalls in Porträts verewigt, doch einzig die Abbilder des Vikars und des Sekretärs sind ganz rechts und links in der Szene noch erhalten. Die Darstellung des Dekans, der einer schlechten Führung der Bruderschaft beschuldigt worden war, wurde 1560 auf Beschluss seines Nachfolgers getilgt.

Tintoretto hat sich in zahlreichen Gemälden des Abendmahls angenommen. Nichtsdestoweniger handelt es sich nicht, wie von manchen Kunsthistorikern vertreten, um sein Lieblingsthema, sondern schlicht um ein Thema, das von Auftraggebern häufig nachgefragt wurde. Da er seinen Kunden keine Massenware vorsetzen wollte, arbeitete er beständig an seinen Darstellungen und wählte stets neue Erzählperspektiven. Beim Abendmahl von San Felice geht es allem voran um die Identifikation des Verräters. Jesus hat soeben verkündet, dass ihn einer seiner Jünger verraten wird. Die Szene ist sehr bewegt. Die Apostel beäugen sich gegenseitig und versuchen, den Urheber einer solch frevelhaften Tat zu ermitteln. Der Maler bezieht den Betrachter mit in das Geschehen ein und enthüllt ihm das Geheimnis, das den Protagonisten verborgen bleibt: der Verräter, Judas, ist jener Apostel, der uns den Rücken zuwendet und in seiner Hand einen Beutel mit Geld hält.

IN DER UMGEBUNG

Die geistlichen Pflanzen im Garten des Presbyteriums der Kirche Saint-François-Xavier ⑦

39, boulevard des Invalides

In dem schönen Garten des Presbyteriums der Kirche Saint-François-Xavier, der anlässlich der Fête des Jardins (Gartenfest) sowie im Sommer donnerstags abends geöffnet ist, gedeihen vor allem Pflanzen, die einen kirchlichen Bezug aufweisen wie das einjährige Silberblatt (auch Judaspfennig genannt), die Pastorenbirne, Pfaffenhütchen und Osterglocken.

DAS KINO LA PAGODE

⑧

Ein Kino in einer japanischen Pagode

57, rue de Babylone
+33 1 45 55 48 48
Métro: Saint-Francois-Xavier

Im ausgehenden 19. Jahrhundert war der Ferne Osten stark in Mode. Zu jener Zeit hatte der Leiter des Großwarenhauses Bon Marché, François-Émile Morin, die Idee, seiner Frau eine echte japanische Pagode zu schenken. Er beauftrage den Architekten Alexandre Marcel, ein Gebäude nach Vorbild des Toshogu-Schreins im nordjapanischen Nikko zu entwerfen. Nur kurze Zeit später jedoch verließ ihn seine Frau. Die Pagode wurde zum Verkauf angeboten. Schon bald wurde die chinesische Botschaft auf den Bau aufmerksam, die auf der Suche nach einem Standort in Paris war. Nur knapp konnte ein diplomatischer Zwischenfall vermieden werden: Die chinesischen Abgesandten stellten im letzten Moment fest, dass die Fresken im Inneren der Pagode eine Niederlage der chinesischen Armee gegen die Japaner zeigten.

1931 wurde in der Pagode ein Kino eingerichtet, seit 1986 steht sie unter Denkmalschutz. Hier fand 1960 die Filmpremiere von Jean Cocteaus Das Testament des Orpheus statt. Das schöne Teehaus mit Blick auf den kleinen Garten ist an sonnigen Tagen ein äußerst empfehlenswertes Plätzchen.

IN DER UMGEBUNG

Die Ablasstafel in der Kirche Saint-François-Xavier ⑨

In der nahe dem gleichnamigen Platz gelegenen Kirche findet sich ein Hinweis auf eine damals gängige religiöse Praxis. Gleich rechts nach Betreten des Raumes, der das Tintoretto-Gemälde beherbergt, ist eine Tafel mit folgender Inschrift angebracht: „Per Reskript vom 23. Dezember MDCCCXCVII (1897) erteilt seine Heiligkeit Leo XIII. Ablass ... für den Besuch von fünf Messfeiern der im Zeitraum vom 4. bis zum 12. März in der Kirche Saint-François-Xavier gefeierten Novene der Gnade und einen Ablass von einhundert Tagen für jede Messe.“

Das Musée Valentin Haüy ⑩

5, rue Duroc
+33 1 44 49 27 27 – museevalentinhauy@avh.asso.fr
Dienstag und Mittwoch von 14:30–17 Uhr, vom 1. Juli bis zum 15. September geschlossen (Eintritt frei)
Métro: Duroc

Das im Jahr 1886 eröffnete Musée Valentin Haüy trägt den Namen des Mannes, der 1785 eine Blindenschule eröffnete. Die Ausstellung zeichnet die Geschichte der Blindheit und der verschiedenen Systeme nach, die blinden Menschen Zugang zum Lesen und Schreiben boten. Von der Erfindung der Reliefschrift bis zur Perfektionierung der Brailleschrift sind hier Objekte, Maschinen und Kunstwerke aller Art von Blinden und für Blinde zu sehen. Ein Museum, das berührt.

Die Straßen der Blindheit

Das Museum Valentin Haüy liegt praktischerweise gleich neben dem Nationalen Institut für junge Blinde am Boulevard des Invalides. Die Rue Valentin-Haüy ist ebenfalls nur zwei Schritte entfernt, offiziell im 15. Arrondissement. Die Rue Maurice de la Sizeranne, die über die Rue Duroc verläuft, ehrt mit ihrem Namen den Gründer der Vereinigung Valentin Haüy, der selbst durch einen Unfall im Alter von 9 Jahren erblindete.

23, rue Oudinot und 50, rue Vaneau ⑪

Wenn Ihnen ein Bewohner die Tür öffnet, nutzen Sie die Gelegenheit und werfen einen Blick in diesen kleinen paradiesischen Winkel mit seinen niedrigen Häuschen und gepflasterten Gassen ...

Garten der Klinik Saint-Jean-de-Dieu ⑫

19, rue Oudinot

Auf freundliche Nachfrage erhält man bisweilen Zutritt zu dem prächtigen Privatgarten der Klinik.

EINSCHUSSLÖCHER

⑬

Spuren aus dem Ersten Weltkrieg

231, boulevard Saint-Germain
Métro: Solferino oder Assemblée Nationale

Das alte Kriegsministerium, das heute den Generalstab der französischen Armee beherbergt, trägt an seiner Fassade erschütternde Spuren des Ersten Weltkriegs: Der Putz ist übersät mit Löchern Tausender Projektile, die an die Bombardierung von Paris am 11. März 1918 erinnern. Ein in den Stein gemeißelter Text berichtet von den Ereignissen.

Falls Sie sich näher für derartige Zeitzeugnisse interessieren, es gibt einige davon in Paris, z. B. die Einschusslöcher an den Fassaden des Théâtre de l'Europe (6. Arr.) und des Tribunal correctionnel (Gerichtsgebäude, 4. Arr.) oder die kleine Kanonenkugel aus Zeiten der Revolution von 1830, die noch heute in der Mauer des Hôtel de Sens steckt (s. S. 85).

IN DER UMGEBUNG

Die Gärten des Lateinamerikanischen Hauses (14)

217, boulevard Saint-Germain
mal217.org/
Métro: Rue du Bac

Die von der Straße aus unsichtbaren französischen Gärten der Maison de l'Amérique latine sind im Rahmen von Ausstellungen in den Salons oder bei einem Mittagessen auf der fantastischen Terrasse des Restaurants öffentlich zugänglich. Der Besuch lohnt sich!

© Maison de l'Amérique latine

BIBLIOTHEK DES PROTESTANTISMUS

(15)

Eine Bibliothek der Religion

54, rue des Saints-Pères
+33 1 45 48 62 07 – shpf.fr – shpf2@wanadoo.fr
Geöffnet von Montag bis Mittwoch von 14–18 Uhr, Donnerstag von 10–18 Uhr, Freitag von 13:30–17:30 Uhr; im August und an Feiertagen geschlossen
Métro: Saint-Germain-des-Prés

Die schöne, 1885 eröffnete Bibliothek des Protestantismus steht auch Besuchern offen. In erster Linie handelt es sich schlicht um eine Bibliothek, in der regelmäßig kleinere Ausstellungen zu den Grundsätzen und der Geschichte des Protestantismus stattfinden. Der Standort der Bibliothek ist jedoch nicht zufällig gewählt: Nur 50 m entfernt befindet sich die Botschaft der Niederlande, in der die Pariser Protestanten während der religiösen Verfolgungen zum Gottesdienst zusammenkamen. In einem schönen, 21 m langen und 11 m breiten Saal im Stil der Zeit vor Baltard (des durch die Markthallen aus Metall berühmt gewordenen Pariser Stadtarchitekten) beherbergt sie heute mehr als 180.000 zum Teil sehr seltene Bände sowie Handschriften, Medaillen, Zeitschriften und andere Medien.

IN DER UMGEBUNG

Das Haus des Dr. Dalsace, genannt das „Glashaus“ ⑯

31, rue Saint-Guillaume
+33 1 45 44 91 21
mdv31@orange.fr
Besichtigung nach vorheriger Terminvereinbarung am Donnerstagnachmittag
Reservierung per E-Mail (Kontaktdaten und Grund der Besichtigung angeben)

Das gut am Ende eines Hofes versteckte Haus des Dr. Dalsace, erbaut zwischen 1928 und 1931 von den Architekten Pierre Chareau und Bernard Bijvoet, verkörperte seinerzeit eine echte Neuerung und steht folgerichtig seit 1982 unter Denkmalschutz.

Der Bau erstreckt sich über drei Stockwerke, ist jedoch als einziger Raum gedacht und spielt in seinem Aufbau mit der Transparenz seiner Hülle und einer flüssigen, für damalige Zeiten äußerst avantgardistischen Raumkomposition. Die hofseitige Fassade ist mittels eines Metallgerüsts vollständig verglast.

Die Privat- und Gemeinschaftsräume sind wahlweise durch Schiebe- oder Schwenktüren voneinander abgetrennt und die zentralen baulichen Elemente sind in ihrer Offenheit ebenso wie Rohre und Leitungen bewusst Teil des Dekors.

Anekdotisches Detail: Da der hochbetagte Mieter des obersten Stockwerks seine Wohnung nicht verkaufen wollte, wurde das Glashaus ganz originell einfach unter das frühere Hôtel particulier gesetzt.

Der Square Récamier ⑰

Am Ende der Rue Récamier liegt der Square Récamier, eine kleine Parkanlage, die aufgrund ihrer Lage in einer für den Verkehr gesperrten Sackgasse relativ unbekannt ist. In unmittelbarer Nähe jedoch empfängt einen die belebte Rue de Sèvres mit dem berühmten Großwarenhaus Bon Marché.

IN DER UMGEBUNG

Garten der École des Sciences Politiques ⑱

27, rue Saint-Guillaume

Führungen von Frühling bis Herbst immer samstags ab 15:30 Uhr, außer bei schlechtem Wetter und an Feiertagen

Ein Teil des renommierten Pariser Instituts für politische Studien, genannt Sciences-Po, ist in einem Hôtel particulier aus dem 17. Jahrhundert untergebracht, in dem einst Gabriel de Mortemart, Vater der Marquise de Montespan, Mätresse Ludwigs XIV., residierte. Der prächtige Garten ist theoretisch den Studierenden vorbehalten. Mit ein wenig Glück erhalten jedoch auf freundliche Nachfrage auch Außenstehende Zugang.

Der Garten der Société des Missions-Étrangères ⑲

128, rue du Bac – +33 1 44 39 92 01 – 128ruedubac@gmail.com

Geöffnet anlässlich der Journées du patrimoine im Rahmen von Führungen von 13–17 Uhr oder für Gruppen nach Vereinbarung

Die Anlage gehört zum Pariser Missionsseminar der im 17. Jahrhundert gegründeten Gesellschaft der ausländischen Missionen. Einige Besonderheiten, die an das Leben der Priester der Pariser Mission erinnern, die seit mehr als dreihundert Jahren in Südostasien und Ostasien tätig sind: seltene Pflanzen wie die von Jean-André Soulié (1858–1905) entdeckte Rose Souliena; die chinesische Glocke, ein Geschenk des Konteradmirals Rigault de Genouilly 1858 im Namen des französischen Expeditionskorps in Kanton; das in einer Ecke des Gartens um 1844 errichtete Oratorium, dessen Dach an einen chinesischen Hut erinnert ...

Eine Kugel aus massivem Gold im Palais Bourbon

Die zeitgenössische Skulptur im Zentrum des zentralen Hofes der Nationalversammlung, die von der Place du Palais Bourbon aus sichtbar ist, stammt von dem US-amerikanischen Künstler Walter de Maria. Die auf einem weißen Marmorsockel ruhende schwarze Granitkugel verbirgt in ihrem Inneren eine Kugel aus Gold.

Eine nicht ganz gerade Brücke: Pont Alexandre III

Ohne Blick auf den Stadtplan dürfte wohl kaum jemandem auffallen, dass der Pont Alexandre III nicht rechtwinklig zu der unter ihm fließenden Seine verläuft. Das war jedoch keine Fehlplanung. Nur so liegt die Brücke exakt auf einer Achse mit der Esplanade des Invalides und damit auf der „republikanischen Achse“, die in der Dritten Republik für die Weltausstellung von 1900 angelegt wurde. Benannt ist die Brücke nach Zar Alexander III., dessen Sohn Nikolaus II., letzter russischer Zar, während eines Besuchs in Paris 1896 den Grundstein legte. Die Avenue Franco-Russe erinnert an das Abkommen zwischen den beiden Nationen, das anlässlich dieses Besuchs geschlossen wurde.

DEYROLLE

⑳

Ein wahres Eldorado für Naturwissenschaftler

46, rue du Bac
+33 1 42 22 30 07
deyrolle.com
Montag von 10–13 Uhr und 14–19 Uhr, Dienstag bis Samstag von 10–19 Uhr
Métro: Rue du Bac

Streng genommen ist Deyrolle kein Geschäft und kein Museum, sondern ein wahres Kuriositätenkabinett und als letzte Taxidermie*-Werkstatt von Paris und eine der letzten ihrer Art in Frankreich absolut einzigartig. Das seit 1888 in diesem schönen Hôtel particulier im 7. Arrondissement ansässige Unternehmen Deyrolle wurde 1831 von Jean-Baptiste Deyrolle gegründet, der seine Leidenschaft für Naturkunde zum Beruf machte. Sein erster und wichtigster Kunde war der Staat: Die Farbtafeln und ausgestopften Tiere in den Hörsälen der naturwissenschaftlichen Fakultäten stammten aus seinem Atelier. Heute ist Deyrolle mit seiner breiten Auswahl an ausgestopften Tieren (Löwen, Elefanten, Zebras ...) und seiner fantastischen Insekten-, Schmetterlings- Fossilien- und Mineraliensammlung die erste Adresse für Sammler, Dekorateure und Set Designer. Wer will, findet hier auch Originalrepliken von Deyrolles berühmten Lernmaterialien (Tafeln, Illustrationen usw.). Erhältlich ist im Grunde genommen alles, doch die Extravaganz hat ihren Preis: Ein weißer Hase kostet 400 Euro, ein kanadischer Elch 13.000 Euro, ein prachtvoller Goldfasan oder ein Biber 480 Euro und der berühmte Tiger 30.000 Euro. Für den kleineren Geldbeutel tut es vielleicht auch ein Schmetterling oder Käfer, die, je nach Seltenheitsgrad, zwischen 5 und 300 Euro kosten. Man kann auch sein eigenes Haustier ausstopfen lassen. Für geschützte Arten oder Tiere, die nur mit Sondergenehmigung gejagt werden dürfen, wird diese Dienstleistung jedoch nicht angeboten. Nähere Auskunft gibt Yves, der freundliche Verkäufer, der das Geschäft seit 1980 führt.

Die Teleskopleuchten des Pont du Carrousel

Die vier Art-Déco-Straßenlaternen aus Bronze auf dem (1935 erbauten) Pont du Carrousel wurden 1938 von dem Kunstschmied Raymond Subes entworfen und gefertigt. Zur Aufstellung kam es jedoch erst 1946, da Bronze im Krieg für die Rüstungsindustrie von großer Bedeutung war und Subes die Geistesgegenwart besaß, die Leuchten in seinem Atelier zu verstecken. Damit die Laternen tagsüber nicht den Blick auf den Louvre verstellten, hatte sich der Künstler etwas ganz Besonderes einfallen lassen: Tagsüber eher unscheinbar, werden sie bei Einbruch der Nacht um 12 m ausgefahren und erleuchten dann mit einer Höhe von 22 m die gesamte Brücke.

* *Taxidermie: Kunst der Haltbarmachung von Tierkörpern. Der Begriff kommt von gr. „taxis" (Gestaltung) und „derma" (Haut).*

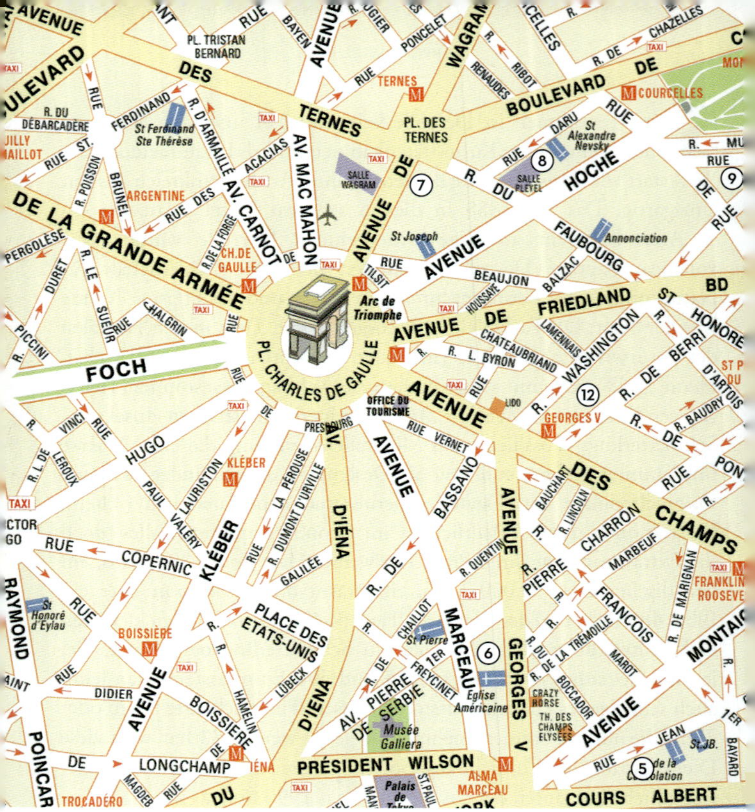

8. Arrondissement

R. DE NAPLES
R. DE CONSTANTINOPLE
R. D'EDIMBOURG
R. DE MADRID
R. DE LIÈGE
LIÈGE
EUROPE
R. DE MILAN
R. D'ATHÈNES
R. DE LONDRES
R. DE MONCEY
CASINO DE PARIS
Ste Trinité
TRINITÉ
GARE ST LAZARE
ST LAZARE
RUE SAINT LAZARE
HAVRE CAUMARTIN
R. JOUBERT
R. DE MOGADOR
R. DE LA CHAUSSÉE D'ANTIN
MONCEAU
VÉZELAY
LISBONNE
R. DE TÉHÉRAN
BD MALESHERBES
R. DE MESSINE
R. DE MIROMESNIL
R. DE LA BIENFAISANCE
St Augustin
R. DE LABORDE
PL. ST AUGUSTIN
R. DE LA PÉPINIÈRE
R. DE ROME
R. DU ROCHER
R. DE VIENNE
R. DU HAVRE
BD HAUSSMANN
R. DE LA BAUME
MIROMESNIL
AV. PERCIER
R. LA BOÉTIE
ST AUGUSTIN
PRINTEMPS
GALERIES LAFAYETTE
BOULEVARD HAUSSMANN
OPÉRA
SALLE GAVEAU
AV. DELCASSÉ
R. DE PENTHIÈVRE
R. CAMBACÉRÈS
R. ROQUÉPINE
R. D'ASTORG
RUE DES MATHURINS
RUE PASQUIER
R. D'ANJOU
R. DE L'ARCADE
CASTEL
R. TRONCHET
R. VIGNON
R. DE CAUMARTIN
RUE AUBER
AUBER
R. SCRIBE
R. D'ANTIN
OLYMPIA
BD DES CAPUCINES
R. JEAN MERMOZ
AV. MATIGNON
R. DU CIRQUE
PLACE BEAUVAU
RUE DES SAUSSAIES
R. MONTALIVET
R. DE LA V. L'ÉVÊQUE
R. DE SURÈNE
R. D'AGUESSEAU
FG ST HONORÉ
RUE D'ANGLAS
Ste Marie Madeleine
BD DE LA MADELEINE
MADELEINE
R. DES CAPUCINES
R. DAUNOU
R. DE LA PAIX
AVENUE DE L'OPÉRA
AV. GABRIEL
AV. DE MARIGNY
Palais de l'Elysée
CHAMPS ÉLYSÉES CLEMENCEAU
TH. MARIGNY
AV. GABRIEL
CONCORDE
R. BOISSY D'ANGLAS
RUE ROYALE
R. RICHEPANSE
R. CAMBON
PLACE VENDÔME
R. D. CASANOVA
R. ST FLORENTIN
R. DU MONT THABOR
R. DE CASTIGLIONE
RUE SAINT HONORÉ
R. DE LA SOURDIÈRE
R. ST ROCH
St Roch
DES PYRAMIDES
R. D'ALGER
TUILERIES
JEU DE PAUME
RUE DE RIVOLI
ELYSÉES
AV. W. CHURCHILL
COURS DE LA REINE
PLACE DE LA CONCORDE

DIE SONNENUHR AM OBELISKEN DER PLACE DE LA CONCORDE

①

Die größte Sonnenuhr der Welt

Place de la Concorde
Métro: Concorde

Der berühmte Obelisk der Place de la Concorde wurde am 25. Oktober 1836 im Beisein von König Louis-Philippe aufgestellt. Er war ein Geschenk von Mehmed Ali Pascha, von Ägypten an Frankreich. Er ist einer von zwei Obelisken, die zur Zeit Ramses II. (13. Jh.) gefertigt wurden und am Eingang des Tempels von Luxor standen. Seit 1999 ist er zugleich die größte Sonnenuhr der Welt. Im Jahr 1913 unterbreitete der Astronom Camille Flammarion, Gründer der Astronomischen Gesellschaft Frankreichs, der Stadt Paris den Vorschlag, die Place de la Concorde zur „größten Sonnenuhr der Welt" zu machen. Der Obelisk sollte als Gnomon (s. S. 121) dienen, die entsprechenden Markierungen sollten direkt auf dem Platz vorgenommen werden. Der Ausbruch des Ersten Weltkriegs setzte dem Vorhaben ein jähes Ende. Rund zwanzig Jahre später, 1938, griff Daniel Roguet, Architekt des Observatoriums von Juvisy, Flammarions Idee wieder auf. Die Arbeiten begannen im Frühjahr 1939, mussten jedoch erneut aufgrund der internationalen Ereignisse um den Ausbruch des Zweiten Weltkriegs unterbrochen werden. Einige Spuren sind noch heute sichtbar. Am Fuße des Obelisken aufseiten der Rue Royale kann man fünf Linien auf der Fahrbahn erkennen. Eine von ihnen weist noch immer ihre ursprüngliche metallische Struktur auf. Das Projekt wurde schließlich mehr als fünfzig Jahre später unter Federführung von Philippe de La Cotardière und Denis Savoie realisiert: Am 21. Juni 1999 wurde die riesige Sonnenuhr eingeweiht. Die bronze-gepunkteten Linien gehen vom Fuß des Obelisken aus und führen von dort aus über die Fahrbahn bis zu den Randstreifen des Platzes. Römische Zahlen von VII bis XVII an ihrer Spitze zeigen die Sonnenzeit an.

Die Steintafel der Place Louis XVI

Erstaunlicherweise ist an der Ecke Place de la Concorde und Rue Boissy-d'Anglas noch eine der ursprünglichen Steintafeln mit der Inschrift „Place Louis-XVI" erhalten. Sie erinnert an den einstigen Namen der Place de la Concorde, den diese zwischen 1826 und 1828 trug, an die Restauration und die Hinrichtung des Königs auf eben diesem Platz am 21. Juni 1793 durch die Guillotine.

Pont de la Concorde

Der Pont de la Concorde wurde 1792 mit Steinen des Gefängnisses der Bastille gebaut, auf dass „das Volk die alte Festung auf ewig mit Füßen trete".

DAS MUSÉE MAXIM'S

②

Das Art-nouveau-Museum von Pierre Cardin

Eingang in der 3, rue Royale über dem Eingang zum Restaurant
+33 1 42 65 30 47
lacollection1900@maxims-de-paris.com
maxims-musee-artnouveau.com
Besichtigung nur für Gruppen von mehr als 20 Personen. Anmeldung erforderlich

Über dem berühmten Restaurant Maxim's ist seit 2004 die Privatsammlung von Pierre Cardin mit Exponaten und Möbeln der Art nouveau zu sehen. Der 2020 verstorbene Modeschöpfer hat vor 65 Jahren damit begonnen, diese Sammlung aufzubauen. Das 1758 erbaute Hôtel particulier in der 3, rue Royale war für eine solche Sammlung perfekt geeignet, da die Räume des Maxim's samt seiner Salons 1899 im Stil der Art nouveau saniert worden waren.

Im dritten und vierten Stock hat der Modeschöpfer die Wohnung einer Kurtisane aus dem Jahr 1900 mit Wohn-, Ess- und Schlafzimmern rekonstruiert. Schöne Tiffany-Leuchten (New York) mit bunten Pâte-de-verre-Lampenschirmen dämpfen das Licht, das damals durch den Kohlenstoffdraht in den Glühbirnen recht grell war.

Die Nussbaum-Möbel des zentralen Raums aus geschnitztem Massivholz stammen von Majorelle, das Mobiliar des zweiten Zimmers zieren edle Intarsienarbeiten (Zitronenbaum, Rosenholz, Amaranth ...) aus der Schule von Lyon.

Mit zahlreichen Objekten wie Silberware, Bronzen, Geschirr und Wäsche zeichnet die Ausstellung ein realistisches, vielfältiges und interessantes Bild der „Belle Époque" (s. Text zur Art nouveau auf S. 303).

IN DER UMGEBUNG

Der Aufruf zur Generalmobilmachung vom 2. August 1914 ③

1, rue Royale
Métro: Concorde

An den Mauern von Paris finden sich immer wieder Spuren von Kriegen oder blutigen Ereignissen vergangener Zeiten. Links neben dem Restaurant Maxim's ist in einer etwas angestaubten Vitrine noch ein Aufruf zur Generalmobilmachung vom 2. August 1914 zu sehen. Hier steht zu lesen: „Der Bürgermeister (Dr. Philippe Maréchal) des 8. Arrondissements macht bekannt, dass eine Generalmobilmachung angeordnet wurde. Der erste Tag der Mobilmachung wird auf Sonntag, den 2. August (von Mitternacht bis Mitternacht) festgesetzt." Allem Anschein nach handelt es sich bei dem Plakat um eine Kopie aus den 1970er-Jahren.

Die Fassade des alten Hammam des Mathurins ④

18, rue des Mathurins

Die meisten Angestellten der Büros rund um die Opéra, die Tag für Tag an der 18, rue des Mathurins vorübergehen, bemerken die schöne Fassade dieses Gebäudes vermutlich nicht einmal mehr, auch wenn sie sich deutlich von der Haussmannschen Architektur des Viertels unterscheidet. Sie erinnert daran, dass sich hier einst ein Hammam befand, in den Frauen über einen separaten Eingang am 47, boulevard Haussmann gelangten.

40

IN DER UMGEBUNG

Die Fassade in der 40, cours Albert Ier ⑤

Die meisten bemerken das Haus mit der Nummer 40 am Cours Albert-Ier, ein Werk des berühmten Glasermeisters Lalique, kaum (die Straße wird eher von eiligen Autofahrern als von Flaneuren frequentiert). Es wurde im Jahr 1911 als Wohnhaus, aber auch als Atelier und Ausstellungsort erbaut. Besonders erwähnenswert ist die schöne Pflanzenornamentik der Fassade. Das Zweige-Dekor im Glas der Tür fällt erst bei genauerer Betrachtung auf.

Die Fassade in der 30, avenue Marceau ⑥

Das Gebäude in der 30, avenue Marceau, erbaut 1913–1914 von André Granet, Schwiegersohn von Gustave Eiffel, ist ein schönes Beispiel der Art nouveau. Beachten Sie besonders im oberen Teil der Fassade das Dekor mit Zweigen und Pinienzapfen.

Das Hôtel Céramic ⑦

34, avenue de Wagram

Das 1904 von Lavirotte erbaute Hôtel Céramic ist mit seiner Fassade aus von Bigot gestaltetem Sandstein ein schönes Beispiel der Pariser Art nouveau. Die geschwungene Form des schmalen Gebäudes ist ein erster Hinweis auf die nahende Moderne. Es beherbergt heute ein schönes Drei-Sterne-Hotel, für das seine Fassade die beste Werbung ist.

ALEXANDER-NEWSKI-KATHEDRALE ⑧

Der Ort, an dem Picasso die russische Tänzerin Olga Chochlowa ehelichte

12, rue Daru
Messe Samstag um 18 Uhr und Sonntag um 10 Uhr
Métro: Ternes

Unter all den orthodoxen Kirchen von Paris ist die seit 1983 unter Denkmalschutz gestellte Alexander-Newski-Kathedrale vermutlich die berühmteste. Sie wurde auf Initiative von Joseph Vasiliev, Kaplan der russischen Botschaft in Paris, erbaut.

Die Finanzierung erfolgte über Spenden aus Russland (Zar Alexander II. steuerte 150.000 Goldfranken bei) sowie der gesamten russischen Gemeinschaft in Europa, die sich für Paris eine orthodoxe Kirche wünschte, die ihres Namens würdig war. Die Weihe erfolgte am 12. September 1861. Der nach Entwürfen der Architekten Kusmin und Strohm errichtete Bau trägt den Namen des großen russischen Nationalhelden Großfürst Alexander Jaroslawitsch Newski (1219–1263), der von der orthodoxen Kirche für seine große Güte, seine militärischen Erfolge gegen Invasoren, seine Weisheit und seinen christlichen Eifer heiliggesprochen wurde.

Die im Moskauer neobyzantinischen Stil erbaute Kathedrale wurde 1931 dem Ökumenischen Patriarchat von Konstantinopel unterstellt. Sie ist Sitz des Erzbistums der russisch-orthodoxen Gemeinden in Westeuropa. Ihr Grundriss in Form eines griechischen Kreuzes, das Mosaik im Giebeldreieck, die fünf goldenen Zwiebeltürme, die für Jesus und die vier Evangelisten stehen, verleihen ihr inmitten der Pariser Stadtlandschaft einen ganz besonderen, fremdartigen Glanz. Im Inneren erwarten den Besucher eine Ikonostase, Ikonen und viel Gold. Die Messen, die seit 1600 Jahren demselben Ritus folgen, sind geprägt von den ausdauernden Gesängen der Popen, Weihrauch und der beinahe greifbaren Hingabe der russischen Gemeinde des Viertels.

Die Kathedrale ist für zwei Gemeinden zuständig, weshalb jeden Sonntag zwei Messen gelesen werden: eine auf Französisch (Unterkirche, Krypta) für die Dreifaltigkeitsgemeinde, eine in Kirchenslawisch für die Mitglieder der Alexander-Newski-Gemeinde. Pablo Picasso soll in dieser Kirche die russische Tänzerin Olga Chochlowa geheiratet haben. Als Trauzeugen waren Jean Cocteau, Max Jacob und Guillaume Apollinaire anwesend.

Wer einer Messe beiwohnen möchte, sollte dies am orthodoxen Osterfest tun oder an einem 12. September, dem Tag, an dem die russische Gemeinschaft das Fest zu Ehren ihres Schutzheiligen begeht. Ausgedehntes russisches Bankett (pir) im Anschluss inklusive.

DIE PAGODA – PARIS

9

Kunstgalerie und Museum in einer chinesischen Pagode

48, rue de Courcelles
+33 1 45 61 06 93 – ct.loo@hotmail.fr
Geöffnet Donnerstag und Samstag von 14–18 Uhr, an den übrigen Tagen nur mit Voranmeldung
Métro: Courcelles, Saint Philippe du Roule oder Monceau

Im Herzen der Gegend um die Plaine Monceau erhebt sich inmitten traditioneller Haussmannscher Gebäude eine chinesische Pagode. Sie wurde 1926 von dem französischen Architekten Fernand Bloch für den chinesischen Antiquar Ching-Tsai Loo errichtet, am Standort eines früheren Hôtel particulier Louis-Philippe, für die Galerie C.T. Loo & Cie. Das Gebäude trägt heute den Namen The Pagoda – Paris und ist noch immer die älteste asiatische Galerie und das einzige echt chinesische Gebäude der Stadt. Auf sechs Stockwerken mit insgesamt 600 m² bekommt man hier eine einzigartige Architektur und feines Dekor zu Gesicht: Vertäfelungen mit Chinalack aus dem 17. und 18. Jahrhundert, eine gläserne Art-déco-Decke, eine schön geschnitzte indische Holzgalerie aus dem 18. und 19. Jahrhundert, einen Aufzug aus Lack und Holz ... Außerdem ist die Atmosphäre unglaublich entspannt.

In der einzigartigen Galerie begegnet man Besuchern aus dem In- und Ausland (vor allem aus den USA). Zu den Kunden zählen nicht nur Sammler und Neugierige, sondern auch Innenausstatter, die sich für die zeitgenössischen lackierten Möbel aus galerieeigener Produktion interessieren. Das Sortiment ist breit gefächert: eine chinesische Elmwood-Bank aus dem 19. Jahrhundert (1.500 Euro), eine höfische Seidenmalerei aus dem 18. Jahrhundert (5.500 Euro), archäologische Fundstücke aus gebranntem Ton aus der Han- oder Wei-Dynastie oder Lehnstühle aus dem 18. Jahrhundert aus Hongmu, einer Art chinesisches Mahagoni (18.000 Euro). Wer über ein etwas geringeres Budget verfügt, wird ebenso fündig. Hier reicht das Angebot von feinen chinesischen Drucken aus dem 18. und 19. Jahrhundert (von 120 bis 180 Euro) bis hin zu modernen Objekten wie einer Vase aus lackierten Eierschalen (100 Euro).

©Pagoda-Paris

DIE PYRAMIDE IM PARC MONCEAU ⑩

Ein in Vergessenheit geratenes Freimaurersymbol

Parc Monceau
Métro: Monceau

Der Parc Monceau steckt voller Überraschungen: falsche romantische Ruinen, gestutzte Säulen ... Am erstaunlichsten ist jedoch vermutlich die Steinpyramide mit ihren zwei ägyptischen Büsten links und rechts des Eingangs. Louis-Philippe d'Orléans (1747–1793) ließ hier einen Freimaurergarten anlegen. Mit der Ausführung beauftragte er zwei Freimaurer: den Maler und Landschaftsgestalter Louis Carrogis de Carmontelle und den Architekten Bernard Poyet.

Der Parc Monceau: ein Initiationsgarten für Freimaurer

Der von Carmontelle ab 1778 für den Herzog von Orléans, Philippe Égalité, gestaltete Parc Monceau ist der letzte der „englisch-chinesischen“ Parks der Stadt, die in jener Zeit angelegt wurden. Im Parc Monceau sollten entlang eines Initiationsweges das gesamte menschliche Wissen und die brillantesten zivilisatorischen Errungenschaften an einem Ort in einer Art utopischem Garten zusammengeführt werden. Dargestellt waren unter anderem Venedig mit einer (erhaltenen) venezianischen Brücke, Italien mit einem Weinberg (Venedig war zu jener Zeit noch unabhängig, Italien nicht geeint), Griechenland mit seinen Ruinen (ebenfalls erhalten), Ägypten mit einer Pyramide (s. Gegenteil), China mit einer steinernen Laterne (noch zu sehen), Rom mit einer im nördlichen Teil des Parks erhaltenen Naumachie (röm. Anlage, in der Seeschlachten nachgestellt wurden), Holland mit einer (nicht mehr vorhandenen) Mühle.

IN DER UMGEBUNG

Musée Nissim-de-Camondo (11)

63, rue de Monceau

Mittwoch bis Sonntag von 10–17:30 Uhr, Montag und Dienstag geschlossen

Ein tolles Museum in einem von 1911 bis 1913 von dem Architekten René Sergent erbauten Palais, das überraschenderweise nur wenige Besucher anlockt. Die Sammlung umfasst viele schöne Möbel und „Objets d'art“ aus dem 18. Jahrhundert.

Die Cité Odiot (12)

26, rue de Washington

Die Cité Odiot ist ein Hafen des Friedens in unmittelbarer Nähe zu den Champs-Élysées. Erbaut wurde sie am Standort des früheren Hôtel particulier des Feinschmieds Jean-Baptiste Odiot, dem wir den Schrein der Kirche Saint-Vincent-de-Paul sowie das Schwert und das Zepter von Napoleon I. verdanken. Das Fleckchen Grün mit seinen Bäumen und den erhabenen umliegenden Gebäuden aus dem Jahr 1847 sind bei all dem Trubel eine Wohltat.

DIE METRO-STATION LIÈGE

⑬

Eine der schönsten Stationen der Pariser Metro

Métro: Liège

Die Metro-Station Liège ist mit ihren wunderschönen Keramikkacheln neben der Station Arts-et-Métiers (s. S. 58). vermutlich

die schönste des gesamten öffentlichen Bahnnetzes von Paris. Die Station trug ehemals den Namen „Berlin“. Kurz vor dem Ersten Weltkrieg wurde sie umgetauft und trägt seither ihren heutigen Namen. Nachdem sie lange Zeit geschlossen war, wurde sie 1968, neu mit Keramiken von Welkenraedt dekoriert, wieder eröffnet. Seither zieren schöne Darstellungen von Landschaften und Baudenkmälern aus der belgischen Provinz Lüttich die Wände. Seit dem 4. Dezember 2006 ist die Station infolge von Modernisierungsarbeiten nicht mehr ab 20 Uhr geschlossen.

IN DER UMGEBUNG

Die Grenztafel in der 4, rue de Laborde: die Stadtgrenzen im 13. Jahrhundert (14)

Auf einer unauffälligen Tafel im Hof der 4, rue de Laborde, steht: „1729. Unter der Herrschaft von König Ludwig XV. ergeht unter Androhung der von Seiner Majestät in den Jahren 1724 bis 1726 verabschiedeten Erklärungen ein ausdrückliches Verbot, in dieser Straße außerhalb der vorhandenen Markierung zu bauen.“

Anfangs zur Kontrolle der Bevölkerung und der Versorgung neben der Rue de l’Arcade aufgestellt, erinnerte der Stein die Bewohner so an das Verbot, außerhalb dieser Grenze zu bauen. Ein Verbot, das freilich kaum respektiert wurde. Doch interessant daran ist, dass wir anhand des Steins heute erkennen können, wo einst die Stadtgrenze verlief. Insgesamt hingen im 18. Jahrhundert 294 solcher Tafeln an den Hauswänden. Eine weitere von ihnen ist in der 304, rue de Charenton im 12. Arrondissement erhalten.

Was ist mit der Rue de Berlin und der Rue de Hambourg im Europaviertel geschehen?

Die Straßen des Europaviertels oberhalb von Saint-Lazare sind nach großen europäischen Städten benannt. Der Erste Weltkrieg blieb jedoch auch in Sachen Straßennamen nicht folgenlos. Die Rue de Berlin wurde zur Rue de Liège, die Rue de Hambourg zur Rue de Bucarest. Auf dieselbe Weise wurde nach dem Zweiten Weltkrieg die Avenue de Tokyo im 16. Arrondissement zur Avenue de New York.

DIE SÜHNEKAPELLE

15

Im Gedenken an den König

Square Louis-XVI
Anmeldung zu Besichtigungen und Vorträgen +33 1 44 54 19 30
Geöffnet Donnerstag, Freitag und Samstag von 13–17 Uhr. Führungen um 13:30 Uhr und um 15:30 Uhr
Métro: Saint-Augustin

Die Chapelle expiatoire (Sühnekapelle) in der reizvollen Anlage des Square Louis-XVI an der Ecke Boulevard Haussmann/Rue d'Anjou wurde von 1816 bis 1826 zum Gedenken an König Ludwig XVI. erbaut. Nachdem dieser auf der Place de la Concorde mit der Guillotine hingerichtet worden war, wurde sein Leichnam hier beigesetzt. Der Ort, an dem sich einst der Cimetière (Friedhof) de la Madeleine befand, überrascht mit seiner Stille und wirft ein interessantes, ja bewegendes Bild auf dieses Kapitel der Geschichte Frankreichs.

Auf dem 1721 eröffneten Friedhof wurden zunächst die Leichen der 133 Menschen beigesetzt, die an der Rue Royale und der Place Royale (der heutigen Place de la Concorde) bei einem Unglück während eines Feuerwerks ihr Leben verloren, das anlässlich der Heirat des Thronfolgers und künftigen Königs Ludwig XVI. und der Erzherzogin von Österreich, Marie-Antoinette, am 30. April 1770 stattfand. Auch die 900 Schweizergardisten, die zum Schutz der Königsfamilie abgestellt und beim Sturm auf die Tuilerien am 20. August 1792 getötet wurden, sowie all jene, die zwischen dem 26. August 1792 und dem 24. März 1794 auf der Guillotine ihr Leben ließen, fanden hier ihre letzte Ruhestätte. Nachdem sich Anwohner über den Gestank beschwerten, wurde der Friedhof geschlossen.

König Ludwig XVI. wurde am 21. Januar 1793 hingerichtet und, wie in solchen Fällen üblich, den Kopf zwischen den Füßen und mit Branntkalk bedeckt, beigesetzt. Als König stand ihm jedoch ein Sarg zu, der nicht in einem Sammelgrab, sondern neben der Mauer an der Rue d'Anjou seinen Platz fand. Königin Marie-Antoinette folgte ihrem Gemahl am 25. Oktober 1793 nach.

Während der Restauration ließ König Ludwig XVIII. die sterblichen Überreste seines Bruders und der Königin suchen und am 21. Januar 1815 in die Königsgruft von Saint-Denis bringen. Er erwarb die zwischenzeitlich an Privatleute verkauften Grundstücke aus eigenen Mitteln und ließ die heutige Gedenkkapelle errichten.

Dieser Bau im Stil einer griechisch-römischen Nekropole bedeckt mit seinen 900 m² exakt die Fläche des einstigen Friedhofs. Der Weg zur Kapelle wird im Norden und Süden durch Bogenhallen mit jeweils neun Arkaden und neun leeren Gräbern begrenzt, zum Gedenken an die 900 gefallenen Schweizergardisten. Der grabförmige Altar der Krypta steht genau an der Stelle, an der der Leichnam Ludwigs XVI. gefunden wurde.

Jedes Jahr am 21. Januar findet hier eine Gedenkmesse statt.

SUEZ
DJIBOUT

IN DER UMGEBUNG

Die Reliefs in der 34, rue Pasquier (16)

1927 erbauten Alexandre und Pierre Fournier das Gebäude für die Bank Société financière, française et coloniale. An der Fassade sind schöne Tierreliefs zu sehen.

Spuren der Monarchie in den Pariser Straßennamen

Frankreich ist heute eine stolze Republik. In Paris gibt es jedoch noch zahlreiche Spuren der monarchistischen Vergangenheit, die sich vor allem in Straßennamen, unzähligen Statuen, Büsten oder Monogrammen an den Fassaden vieler Gebäude finden. So hat König Chlodwig I. eine eigene Straße nahe dem Ort, den er als letzte Ruhestätte wählte, Karl der Große eine Straße und eine Schule, Heinrich IV. einen Boulevard, einen Quai, eine Passerelle, einen Hafen und eine Schule und Louis-Philippe eine eigene Brücke. Der Verweis auf Ludwig XIII. ist weniger direkt: Die Rue Dauphine ehrt ihn als Thronfolger, der er 1607 noch war. Die Rue Louis-le-Grand und die gleichnamige Schule verweisen auf Ludwig XIV.

Die Rue François-Ier hingegen ist nicht direkt dem König gewidmet, sondern geht auf eine im gleichnamigen Baustil errichtete Fassade zurück. Auch die weiblichen Vertreterinnen des Königshauses kommen zu Ehren: Der Cours-la-Reine verdankt seinen Namen Maria de' Medici, die Rue Sainte-Anne erinnert an Anna von Österreich und die Rue Thérèse an Königin Maria Teresa.

Die Rues de Berry, de Provence, Monsieur, Madame, Mademoiselle, d'Artois und Monsieur-le-Prince sowie die Rues Mazarin, Richelieu und Colbert erinnern zwar nicht an Herrscher, jedoch an Mitglieder der Königsfamilien oder deren Minister.

Und auch Ludwig XVI. bekommt seine Ehrung: Neben der Sühnekapelle verdanken die Rues Tronchet und de Sèze sowie der Boulevard Malesherbes in der Nähe der Kapelle ihre Namen den drei Personen, die beim Prozess gegen den König als dessen Verteidiger auftraten. An der Ecke Place de la Concorde und Rue Boissy-d'Anglas erinnert eine Steintafel mit der Inschrift: „Place Louis-XVI" an den früheren Namen des berühmten Platzes.

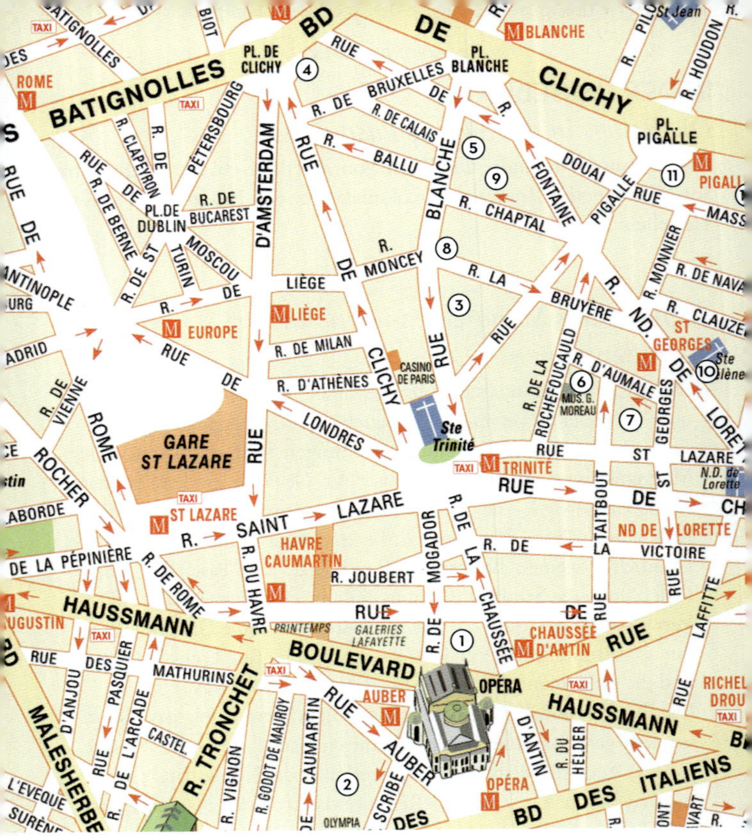

9. Arrondissement

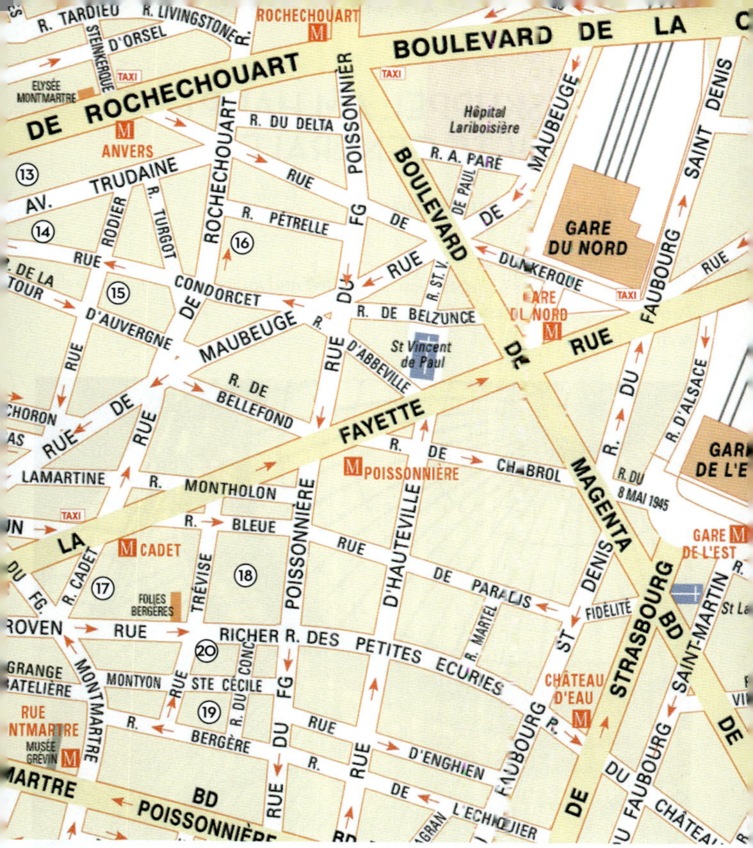
R. TARDIEU
R. LIVINGSTONE
STEINKERQUE
D'ORSEL
ROCHECHOUART
BOULEVARD DE LA C
ELYSÉE MONTMARTRE
TAXI
DE ROCHECHOUART
ANVERS
R. DU DELTA
POISSONNIÈR
Hôpital Lariboisière
MAUBEUGE
SAINT DENIS
R. A. PARÉ
AV. TRUDAINE
RODIER
TURGOT
ROCHECHOUART
RUE
R. PÉTRELLE
FG
DE
BOULEVARD
DE PAUL
GARE DU NORD
RUE
R. DE LA TOUR
CONDORCET
RUE
DU
R. ST. V.
DUNKERQUE
FAUBOURG
D'AUVERGNE
DE
MAUBEUGE
R. DE BELZUNCE
GARE DU NORD
St Vincent de Paul
RUE
D'ABBEVILLE
DE
RUE
CHORON
R. DE BELLEFOND
FAYETTE
DU
R. D'ALSACE
RUE DE
RUE
R. DE CHABROL
POISSONNIÈRE
MAGENTA
R. DU 8 MAI 1945
GARE DE L'E
LAMARTINE
R. MONTHOLON
R. BLEUE
LA
CADET
R. CADET
TRÉVISE
POISSONNIÈRE
D'HAUTEVILLE
RUE DE PARADIS
DENIS
GARE DE L'EST
FOLIES BERGÈRES
FIDÉLITÉ
STRASBOURG BD
SAINT-MARTIN
ROVEN
RUE RICHER
R. DES PETITES ECURIES
R. MARTEL
ST
GRANGE BATELIÈRE
MONTMARTRE
MONTYON
STE CÉCILE
R. DU CONS
FG
CHÂTEAU D'EAU
FAUBOURG
RUE MONTMARTRE
MUSÉE GRÉVIN
R. BERGÈRE
RUE
RUE D'ENGHIEN
R. DE L'ECHIQUIER
DU FAUBOURG
CHÂTEAU
BD POISSONNIÈRE
RUE DU
DE

DIE GLASKUPPEL AM HAUPTSITZ DER SOCIÉTÉ GÉNÉRALE ①

Ein prächtiges Bankgebäude

29, boulevard Haussmann
Geöffnet während der üblichen Geschäftszeiten und anlässlich der Journées du Patrimoine (Tag des offenen Denkmals)
Métro: Opéra

Der Hauptsitz der 1864 gegründeten Société Générale befindet sich in einem prachtvollen Komplex aus sieben Gebäuden im Second-Empire-Stil, den die Gesellschaft 1905 käuflich erwarb.

Der Architekt Jacques Hermant legte bei seiner Neugestaltung des Ensembles ein Gespür für die Moderne an den Tag. Nur die Fassade blieb erhalten, das Gebäude wurde entkernt und komplett erneuert; in vier zusätzlichen Untergeschossen wurden Tresorräume eingerichtet. Die Eröffnung fand 1912 statt.

Über den Hauptsaal mit seinem langen, kreisförmig angelegten Schaltertresen (genannt „fromage" – „Käse") spannt sich eine gigantische, von Jacques Galland entworfene und von einem Metallgerüst getragene Glaskuppel mit einem Durchmesser von 24 m auf.

Der Mosaikboden ist eine Arbeit von Gentil et Bourdet aus Boulogne-Billancourt. Zahlreiche architektonische Elemente (Fassaden, Dach, Glaskuppel, große Treppe, Tresorräume) stehen heute unter Denkmalschutz. Besondere Aufmerksamkeit verdienen die mit Mosaiken ausgelegten Tresorräume und die zentrale Tresortür mit ihren 18 t Gewicht und ihrer 40 cm starken Panzerung.

Besucher werden gebeten, sich unauffällig zu verhalten, um die Mitarbeiter nicht bei der Arbeit zu stören.

Weitere Glasdächer rund um die Opéra

Grand Hôtel. 2, rue Scribe

Galeries Lafayette, 40, boulevard Haussmann
Montag bis Samstag von 9:30–19:30 Uhr, Donnerstag bis 21 Uhr

Printemps, 64, boulevard Haussmann
Montag bis Samstag von 9:35–19 Uhr, Donnerstag bis 22 Uhr

In der Umgebung gibt es drei weitere schöne Glasdächer zu bewundern, die noch bekannter sind als jenes der Société Générale: Die „Grands travaux“ (große Arbeiten) des Präfekten Haussmann in der zweiten Hälfte des 19. Jahrhunderts brachten eine luxuriöse Architektur ganz im Stil jener Zeit hervor.
Die große Eingangshalle des 1861 erbauten Grand Hôtel kündigt die farbige Pracht bereits an. Das wahre Meisterwerk jedoch ist der Empfangssaal mit seinem Glasdach (eine Blüte aus Gold und Kristallglas, getragen von zwei Reihen korinthischer Säulen). Sollte der Saal geschlossen sein, fragen Sie an der Hotelrezeption nach.
Ganz in der Nähe warten auch die Kaufhäuser Printemps und Galeries Lafayette mit schönen Glasdächern auf. Jenes der Galeries Lafayette ruht auf zehn Metallpfeilern. Die 1911 von Binet entworfene Kuppel von Printemps, in der sechsten Etage des Gebäudes, ist ein Meisterwerk der Art nouveau. Hier befinden sich heute ein Teesalon und Empfangsräume.

IN DER UMGEBUNG

Das Museum der Parfümerie Fragonard ②

9, rue Scribe
+33 1 47 42 93 40
Montag bis Samstag von 9–17:30 Uhr
Besichtigung im Rahmen einer kostenlosen Führung
Métro: Havre-Caumartin, Opéra oder Chaussée d'Antin

Das auf Initiative des Parfümherstellers Fragonard 1983 eingerichtete Museum zeichnet die Geschichte der Parfümerie von den Ägyptern bis ins 19. Jahrhundert nach. Anhand eines Miniaturmodells einer Fabrik werden die verschiedenen Verfahren der Rohstoffgewinnung erläutert. Leider endet der Rundgang mit einem kommerziellen Museumsshop, in dem willige Touristen in die Konsumfalle gelockt werden sollen.

Ein kurzer Ausflug in die Pariser Oper

Die Straßennamen der Rues Auber, Meyerbeer, Halévy und Gluck rund um die Opéra Garnier sind kein Zufall: Bei allen handelt es sich um Opernkomponisten des 19. Jahrhunderts. Eine weitere Straße ist dem Librettisten Augustin Eugène Scribe gewidmet. Der russische Impresario, Mäzen und Begründer des Ballets Russes, Sergej Djagilew, hat gar einen eigenen Platz, direkt hinter der Oper.

DIE WEINBERGE DER FEUERWEHR IN DER RUE BLANCHE

③

Feuer löschende Winzer

22–28, rue Blanche
Daten der Lese ab Anfang September vor Ort in der Kaserne erfragen
Métro: Trinité

Die Feuerwehr in der Rue du Vieux-Colombier im 6. Arrondissement ist für ihr großes Fest anlässlich des französischen Nationalfeiertags am 14. Juli bekannt. Auch die Feuerwehr in der Rue Blanche feiert – allerdings auf sehr besondere Weise: Sie wird jedes Jahr im Herbst zu einem Weingut! Entlang der Fassade ranken die Gutedel-Reben empor, aus denen ein feiner (alkoholfreier!) „Wein" gekeltert und als Château-blanche abgefüllt wird. Über die Qualität lässt sich streiten, doch aus dieser seit 1926 bestehenden Tradition heraus ist zur Weinlese ein bezauberndes Fest entstanden. Seit dreißig Jahren krempeln Feuerwehr, Anwohner, Jung und Alt, Groß und Klein gemeinsam die Ärmel hoch und ernten die Trauben. Mehr als 150 kg kommen dabei in wenigen Tagen zusammen, die am Ende für rund fünfzig nummerierte Flaschen sowie 150 Fläschchen als Reserve für die Feuerwache reichen.

Das Weinfest in der Rue Blanche ist im Vergleich zu dem vom Montmartre weniger touristisch, dafür viel authentischer. Nicht ohne Stolz wird verkündet, dass sich die Flasche mit der Nummer 24 aus dem Jahr 1997 im Besitz von Gérard Depardieu befinden soll.

Das Fest der Feuerwehrwinzer ist also eine ziemlich gesellige Angelegenheit, und der Kommandant klärt die Besucher auch gerne über alte Traditionen auf: So soll – für einen reichen Kindersegen – der Feuerwehrmann, der zuletzt geheiratet hat, zusammen mit seiner Frau die Trauben stampfen. Das Flaschenetikett wird entsprechend den Ereignissen des vergangenen Jahres gestaltet und die Jahrgänge tragen unweigerlich den Namen des diensthabenden Kommandanten.

Die Ursprünge der Rue Blanche – Gips in Paris

Die Rue Blanche verdankt ihren Namen den nahe gelegenen alten Steinbrüchen vom Montmartre. Beim Transport des Gipssteins, der am Montmartre weiterverarbeitet und zum Verladen hinunter zur Seine gebracht wurde, fielen oft kleine Stücke vom Wagen. Die Straße wurde nach und nach mit weißem Staub bedeckt. Den feuerfesten und thermischen Eigenschaften dieses Gipses ist es im Übrigen zu verdanken, dass Paris anders als zum Beispiel London nicht mehrmals durch Brände verwüstet wurde. Auch die von Paris-Besuchern so geliebte Material- und Farbeinheit der Gebäude geht auf eine Anordnung Philipps des Schönen zurück, wonach alle in Paris neu errichteten Häuser mit Gips zu verputzen waren.

DER SPIELCLUB CLICHY-MONTMARTRE

④

Wie ein echter Pariser Jung'

84, rue de Clichy
+33 1 48 78 32 85
Ganzjährig geöffnet
Billard von 11–6 Uhr
Spielhalle von 16–6 Uhr (Minderjährigen ist der Zutritt verboten)
Métro: Place de Clichy

Bis 1947 befand sich in dem Gebäude das Restaurant „Bouillon Duval" – eines der sogenannten Bouillon-Restaurants, in denen man im 19. und 20. Jahrhundert ein gutes Essen zu einem günstigen Preis bekam (das nahe gelegene „Bouillon Chartier" existiert noch heute). Nun hat hier die „Billardakademie" des Spielclubs (cercle de jeu) Clichy-Montmartre ihre Heimat gefunden. An 16 Tischen (8 amerikanische, 5 französische, 1 Snooker und 2 Pool-Billard-Tische) spielen Profis und Amateure jeden Alters. Wahrscheinlich haben sie wenig Zeit, das schöne, von einigen Lampen und großen Fenstern erhellte Dekor aus der Zwischenkriegszeit zu bewundern.

IN DER UMGEBUNG

Die Hände in der 82, rue Blanche ⑤

Die Hausnummer der Rue Blanche 82 wird von zwei Händen gehalten.

Die Zahl 3: Symbol der Dreifaltigkeitskirche

Wie der Name schon sagt, steht die Dreifaltigkeitskirche ganz im Zeichen der Zahl 3. Von ihrem Architekten Théodore Ballu wurde sie an verschiedenen Stellen aufgegriffen. Das Eingangsportal besteht aus drei Bögen. Das große Wasserbecken ist mit drei dreistufigen Springbrunnen versehen. Oberhalb des mittleren Springbrunnens thront als weibliche Skulptur die Hoffnung, die drei Kinder in ihren Armen hält, zu deren Füßen je drei Bronzekrüge stehen.

Der Siegeszug der Aufzüge

Bis 1895, dem Jahr, in dem die Aufzüge in Pariser Wohnhäusern Einzug hielten, war die erste Etage die begehrteste.
Denn die Raumhöhe in den einzelnen Stockwerken nahm nach oben hin ab. Nach 1895 veränderte sich diese Logik jedoch: Weiter oben war es ruhiger und heller, sodass schon bald die oberen Stockwerke als Bestlage galten.

DAS MUSÉE GUSTAVE MOREAU

⑥

Die eigene Wohnung zum Museum umbauen

14, rue de La Rochefoucauld
+33 1 48 74 38 50
musee-moreau.fr
Täglich von 10–12:45 Uhr und von 14–17:15 Uhr; Dienstag geschlossen
Erster Sonntag im Monat freier Eintritt
Métro: Saint-Georges oder Trinité

Nur wenige Pariser kennen das Musée Gustave Moreau. Der Maler hat seine Wohnung auf eigene Kosten zu einem Museum umbauen lassen. Gustave Moreau hat sich schon früh die Frage gestellt, was nach seinem Ableben mit seinem Werk geschehen würde. Drei Jahre vor seinem Tod begann der Künstler, zusammen mit dem Architekten Albert Lafon, mit dem Umbau seines Wohnhauses in der 14, rue de La Rochefoucauld. Der Künstler beschloss, die Wohnung im ersten Stock zu erhalten, in der er mit seinen Eltern lebte, um dort in einer Art Familienmuseum persönliche Erinnerungsstücke zu sammeln. In dem großen, um eine wunderschöne Wendeltreppe herum angelegten Atelier sind seine Meisterwerke zu sehen sowie die dazugehörigen Skizzen und Tausende von Zeichnungen in der dritten Etage. Das als „Hauptwerk" des Künstlers entworfene Museum bietet Einblicke in das Privatleben des Malers und die Möglichkeit, seinem künstlerischen Schaffensprozess Schritt für Schritt zu folgen. In seiner Art einzigartig geht von den Räumen noch heute ein der Kunst Gustave Moreaus eigener, ganz besonderer Zauber aus.

Das Werk von Moreau zeigt das unglaublich weite Universum eines 1826 geborenen Malers, in dem sich mythologische, literarische und biblische Themen begegnen und in Austausch miteinander treten. In der Fülle von Zeichnungen, Formen und Farben lässt sich der Werdegang eines zunächst akademischen, später symbolistischen, modernen und in seiner letzten Lebensphase beinahe abstrakten Künstlers nachvollziehen.

IN DER UMGEBUNG

Der Square d'Orléans ⑦

Zugang über 80, rue Taitbout

Der von der Straße aus nicht einsehbare Square d'Orléans ist einer der zentralen Orte des romantischen Bauvorhabens „Nouvelle Athènes". Es ist ein einzigartiger, stiller Ort. Nicht weniger als zwölf Jahre (von 1830 bis 1842) benötigte der englische Architekt Edward Cresy für die Fertigstellung der 46 Wohnungen und sechs Künstlerateliers des nach Vorbild der Londoner Squares angelegten Bauensembles. Der Springbrunnen, der zentrale Garten, die vier quadratischen Gebäudekorpusse und die englischen Höfe fanden sogleich Anklang unter namhaften Persönlichkeiten und Künstlern, die sich hier niederließen und eine Art Phalansterium bildeten. Zu den berühmtesten Bewohnern zählten die Ballerina Marie Taglioni, der Musiker Marmontel sowie insbesondere das Künstlerpaar George Sand (erster Stock, Nr. 5) und Fredéric Chopin (Nr. 9).

DIE BIBLIOTHÈQUE CHAPTAL

⑧

Ein unbekanntes Juwel

26, rue Chaptal
+33 1 49 70 92 80
bibliotheque.chaptal@paris.fr
Métro: Pigalle oder Blanche

Die Bibliothèque Chaptal befindet sich in einem 1780 erbauten Hôtel particulier, einem Stadtpalais, das einst die École de prévention et de lutte contre l'incendie (Schule für Brandschutz- und -bekämpfung) beherbergte. Der Lesesaal ist in dem ehemaligen Empfangssalon mit prachtvollen Wandgemälden, Holzvertäfelungen, einem Kamin und schönen Fenstern untergebracht.

IN DER UMGEBUNG

Musée du romantisme ⑨

16, rue Chaptal
+33 1 55 31 95 67
museevieromantique.paris.fr
Täglich von 10–18 Uhr, montags und an Feiertagen geschlossen
Métro: Blanche oder Trinité

Das für die Restaurationszeit typische italienische Dach, das Spalier, die Glyzinien, der gepflasterte Innenhof, die Baumallee, die Gewächshäuser, der Springbrunnen – alles steht ganz im Zeichen der Romantik. Das Hôtel particulier des Malers Ary Scheffer und seines Neffen, der Schriftsteller Ernest Renan, in der 16, rue Chaptal war einst als Salon ein wahrer Quell der Inspiration für zahlreiche namhafte Persönlichkeiten der Pariser Romantik wie Lamartine, Chopin, George Sand und Delacroix. Zum Austausch traf man sich in einem der beiden von Ary Scheffer beiderseits des gepflasterten Innenhofs eingerichteten Ateliers. Heute ist das gut verborgene, am Ende einer kleinen Sackgasse gelegene Gebäude Eigentum der Stadt Paris und ein Museum der Romantik.

Im Hauptpavillon finden sich Erinnerungen aus dem Alltag der Schriftstellerin George Sand sowie Gemälde von Ary Scheffer und seinen Zeitgenossen. Auf der anderen Seite des Hofes wurde der Atelier-Salon des Malers rekonstruiert.

Von Mai bis Oktober öffnet im Gewächshaus und auf der Terrasse ein schönes Café seine Türen.

Hôtel de la Païva ⑩

28, place Saint-Georges

Das Hôtel de la Païva wurde nach Pauline Reichsgräfin Henckel von Donnersmarck benannt, geborene Esther Lachmann und bekannt als Marquise de Païva. Sie lebte in diesem Gebäude, das sicher eines der schönsten des Viertels ist, in den Jahren 1850/51. Der 1840 errichtete Bau weist Elemente aus Neogotik und Neo-Renaissance auf, deren reiches Dekor beinahe vergessen lässt, wie schmal die Fassade ist.

AVENUE FROCHOT

11

Eine Unheil bringende Villa

Mit einem Gittertor verschlossen, gelegentlich geöffnet
Métro: Pigalle

©marionbarat

Der Eingang zu dem kleinen privaten Paradies in der Avenue Frochot ist durch einen Digitalcode gesichert. Durch das schmiedeeiserne Tor aus dem Jahr 1830 lässt sich jedoch ein kurzer Blick darauf erhaschen.

Es umschließt mehrere, hinter üppigem Grün verborgene Prachtbauten aus dem 19. Jahrhundert. Die unterschiedlichen Baustile (neogotisch, flämisch, mittelalterlich, palladianisch oder neoantik), die hier zu sehen sind, ließen die Künstler jener Zeit nicht unberührt: Neben anderen erlagen Victor Hugo, Alexandre Dumas der Ältere, Henri de Toulouse-Lautrec und Victor Massé dem Charme dieses Ortes. Der Musiker Django Reinhardt soll seine Möbel im Kamin eines der Häuser verbrannt haben, der Regisseur François Truffaut ließ eine Szene des Films *Sie küssten und sie schlugen ihn* hier drehen. Über die Nummer 1 kursieren seit dem Tod des an Multipler Sklerose erkrankten Komponisten Victor Massé, der in dem Haus seine letzten Lebensjahre verbrachte, kuriose Geschichten. Alle seitherigen Eigentümer und Bewohner des Hauses scheinen vom Unglück verfolgt. Der Leiter des Theaters Folies-Bergère kaufte es und vermachte es nach seinem Tod seiner Haushälterin – die dort mit dem Schürhaken erschlagen wurde. Nachdem das Haus 30 Jahre lang unbewohnt war, kaufte es Sylvie Vartan, die jedoch kurz nach ihrem Einzug wieder auszog. Der Theaterkritiker Mathieu Galev erwarb es und starb eigenartigerweise ebenfalls an Multipler Sklerose. Wahrheit oder Legende? Werfen Sie der linken Seite der Avenue im Vorbeigehen auch einen Blick zu: Das schöne Art-déco-Fenster des alten Théâtre en Rond (1837) mit seinen Meeresmotiven ist es wert.

IN DER UMGEBUNG

Die Cité Malesherbes ⑫

Privatgelände, Zugang über 59, rue des Martyrs

Der Name geht auf den Rechtsanwalt Lamoignon de Malesherbes zurück, der 1794 mit der Guillotine hingerichtet wurde. Die Straße wurde auf dem Gelände eines ehemaligen Hôtel particulier angelegt, in dem Malesherbes einst lebte. Hier gibt es einige interessante Gebäude zu entdecken: Die Fassade der Nummer 11 ist wunderschön mit Keramik, emailliertem Lavastein und Terrakotta dekoriert, ein Werk des Architekten Jal im Auftrag des Malers Jollivet. In der Nummer 17 lohnt die Rotonde des Hotels des Architekten Amoudru einen Blick sowie, entlang des Balkons, das Gesims mit einer weiblichen Maske und zwei in Medaillons eingefassten Profilen.

Der Garten in der 41–47, rue des Martyrs ⑬

Der Garten liegt etwas abseits der Straße. Sein gepflegter Rasen und die Rosenrabatten bieten Besuchern ein wenig Landleben in der Stadt. Nutzen Sie die Gelegenheit für eine kurze Pause.

DIE SPRECHENDEN MASCHINEN DER PHONOGALERIE (14)

Ein museales Paradies für Musikliebhaber

10, rue Lallier
+33 1 45 26 45 80 – +33 6 80 61 59 37
aro@phonogalerie.com – phonogalerie.com
Montag bis Samstag von 10–13 Uhr und von 14–19 Uhr
Führungen für Gruppen von 3–4 Personen ohne Reservierung
Größere Gruppen nur mit Voranmeldung
Métro: Anvers

Jalal Aro ist mehr als bloß ein Sammler: Er pflegt, repariert und haucht verschiedensten Tongeräten neues Leben ein. Nachdem Jalal Aro zunächst viele Jahre damit zubrachte, alle möglichen „sprechenden Maschinen“ zu sammeln, die ab 1877 gebaut wurden (Zylindergeräte, Trichtergrammophone, Jukeboxen), eröffnete er schließlich sein eigenes Geschäft, in dem alles zu finden ist, was irgendwie mit Ton zu tun hat: Werbeplakate, Musik-Postkarten, alte Platten und eben seltene und extravagante Geräte. Objekte der letzten dreißig Jahre hingegen sucht man vergebens – Ästhetik verpflichtet. Der Inhaber unterstützt Sie gerne bei der Wahl eines passenden Geschenks (5 bis 15.000 €). Vor allem jedoch wird er Sie mit seinem Wissen und seinen Anekdoten begeistern. Die malerisch zwischen den Kabaretts am Montmartre und den Künstlern des Nouvelle-Athènes gelegene Phonogalerie bewegt sich damit irgendwo in der Mitte zwischen Geschäft und Museum.

IN DER UMGEBUNG

Die Eule aus der 68, rue Condorcet (15)

68, rue Condorcet – Métro: Anvers

Auf einer Säule unter dem Balkon an der Fassade der 68, rue Condorcet sitzt ein Uhu. Dieser auch als „Großherzog“ (grand-duc) bezeichnete Vogel ist an dieser Stelle als Symbol für den Architekten des Gebäudes, den berühmten Viollet-le-Duc, zu verstehen. Dieser hatte das Gebäude 1862/63 für sich selbst errichten lassen und den Uhu unter den Fenstern seines Ateliers platziert.

Die Cité Napoléon ⑯

58, rue Rochechouart

Die Cité Napoléon ist von der Straße aus unsichtbar und ein seltenes und schönes Beispiel eines Familistère. Der 1853 fertiggestellte Gebäudekomplex wurde ursprünglich als bescheidene Wohnanlage für 400 Arbeiter und ihre Familien erbaut. Neben der günstigen Miete hatten die dortigen Bewohnern regelmäßig Zugang zu einer kostenlosen ärztlichen Versorgung. Als Gegenleistung für diese Vergünstigungen verpflichteten sich die Familien zu strenger Disziplin: Ein Inspektor wachte über ihr moralisches Verhalten.

Familisterien und Phalansterien

Ein Familistère ist die praktische Umsetzung der Phalansterien aus der Theorie des utopischen Sozialismus nach Charles Fourier. Ein Phalansterium ist darin ein Ort für das Leben in der Gemeinschaft. Die zugehörigen Wohnanlagen sind um einen zentralen, überdachten Hof herum angeordnet. Etymologisch geht der Begriff auf gr. „phalanx" zurück, womit in der Antike eine militärische Kampfformation bezeichnet wurde. Wie der Name schon sagt, standen die Familistères ausschließlich Familien offen.

Musée du Grand Orient de France ⑰

16, rue Cadet
+33 1 45 23 20 92
Dienstag bis Freitag von 14–18 Uhr, Samstag von 13–17 Uhr

Der Grand Orient de France ist eine der ältesten freimaurerischen Großlogen Europas. Das seit 1889 im Hôtel Cadet untergebrachte Musée du Grand Orient de France zeichnet mit seiner über 10.000 Exponate umfassenden Sammlung die Geschichte des Ordens in Frankreich nach.

Cité de Trévise ⑱

Zwischen Rue Richer und Rue Bleue

Die 1840 für eine wohlhabende Klientel errichtete Cité de Trévise hat mit ihren schönen Gebäuden im Stil der Neo-Renaissance trotz des Straßenverkehrs nichts von ihrem ruhigen Charme eingebüßt. Im Zentrum befindet sich ein kleiner Platz mit Bäumen und einem hübschen Springbrunnen, an dem sich drei Karyatiden die Hände reichen.

Bankfiliale der BNP ⑲

14–20, rue Bergère

Dieses schöne, 1881 von Édouard-Jules Corroyer errichtete Gebäude beherbergte lange die Bank Comptoir national d'escompte. Der Treppenaufgang sowie die Schalterhalle mit ihrem reich verzierten Glasdach verdienen eine genauere Betrachtung. Die Fassade zieren drei Statuen von Aimé Millet. Sie symbolisieren die Klugheit, den Handel und die Finanzen.

DIE KIRCHE SAINT-EUGÈNE-SAINTE-CÉCILE

20

Zwei Schutzheilige, zwei Riten, zwei Baustile ...

6, rue Sainte-Cécile
Geöffnet Montag und Samstag von 10–20 Uhr, Dienstag bis Freitag von 7:30–20 Uhr und Sonntag von 9–20 Uhr
Messe am Sonntag: um 9:30 Uhr nach Paul VI. und um 11 Uhr nach Pius V.

Die sehr schöne (und wenig bekannte) Kirche Saint-Eugène-Sainte-Cécile ist interessanterweise zwei Patronen geweiht: dem heiligen Eugen, zu Ehren von Eugénie, Frau von Napoleon III. und Stifterin der Kirche, und der heiligen Cäcilia (Schutzpatronin der Kirchenmusik) aufgrund der Nähe zum früheren Konservatorium. Ebenfalls interessant ist, dass die Kirche über keinen Glockenturm verfügt, um die Musiker nicht durch den Klang der Glocken zu stören.

Die Architektur des 1854/55 nach Plänen von Lusson und Boileau für die Bewohner der neuen Pariser Vororte errichteten Baus ist von der Baukunst des 13. Jahrhunderts inspiriert. Im Innern erfasst das Auge stets, von egal welchem Standpunkt aus, den gesamten Raum. Die Farbenpracht und die Wirkung des einfallenden Lichts sind, unterstrichen von schönen Leuchtern im Second-Empire-Stil, schlicht atemberaubend. Die gesamte Struktur der Kirche ist aus bunt gestrichenem Gusseisen gefertigt. Die Säulen erstrahlen in Stahlblau und Florentiner Bronze, die Gewölbe sind mit Sternen übersät und die Bögen und Gewölberippen sind ebenfalls leuchtend bunt.

Eine weitere Besonderheit der Kirche liegt in dem Umstand, dass sie dem Biritualismus folgt und die Messen seit 1989 sowohl nach dem Ritus von Paul VI. als auch nach dem Ritus des Heiligen Pius V. (lateinische Liturgie) gelesen werden.

Bis 1998 übernahmen zwei verschiedene Kleriker diese Aufgabe. Heute werden beide Messen von einem Pfarrer gefeiert. So kann man hier bisweilen an einem Vormittag zunächst einer französischen Messe beiwohnen, bei der der Pfarrer mit dem Gesicht zu seiner Gemeinde spricht, und 1,5 h später einer lateinischen Messe, bei der derselbe Pfarrer den Gläubigen in prächtigen gold-purpurnen Gewändern und begleitet von gregorianischen Gesängen den Rücken zuwendet.

Als (paulinischer) **Ritus nach Paul VI.** wird der traditionelle römische Ritus nach der Reform von Papst Paul VI. infolge des Zweiten Vatikanischen Konzils (1962–1965) bezeichnet.
Der tridentinische Ritus nach Pius V. galt in der Zeit zwischen dem Trienter Konzil (1563) und dem Zweiten Vatikanischen Konzil.
Trotz verschiedener Einwände (in Frankreich insbesondere durch Mgr. Lefèvre) gilt der Ritus nach Paul VI. als Modernisierung und Anpassung der Kirche an das 20. Jahrhundert.

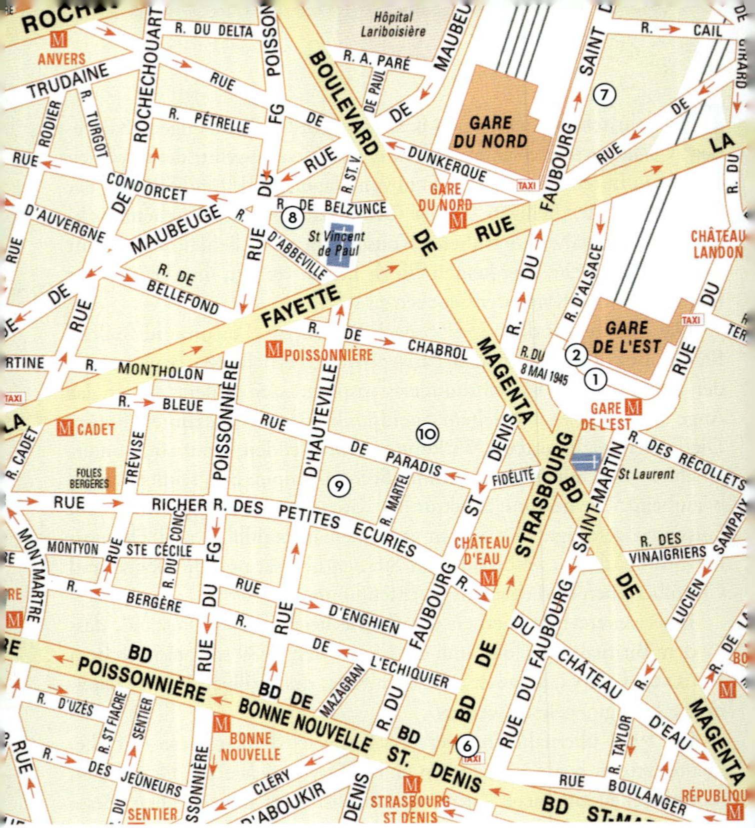

10. Arrondissement

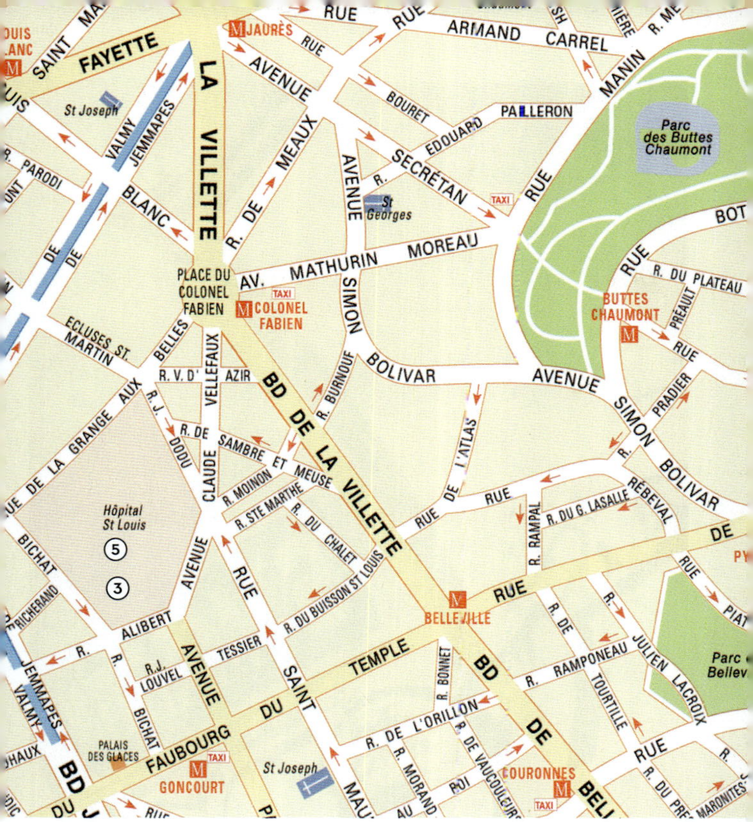
FAYETTE
SAINT
LA VILLETTE
JAURÈS
RUE
AVENUE
ARMAND CARREL
MANIN
BOURET
PAILLERON
EDOUARD
SECRÉTAN
Parc des Buttes Chaumont
St Joseph
VALMY
JEMMAPES
PARODI
BLANC
R. DE MEAUX
AVENUE
St Georges
TAXI
BOT
AV. MATHURIN MOREAU
PLACE DU COLONEL FABIEN
COLONEL FABIEN
SIMON
R. DU PLATEAU
BUTTES CHAUMONT
PRÉAULT
ECLUSES ST. MARTIN
BELLES
VELLEFAUX
R. V. D' AZIR
BD DE LA VILLETTE
R. BURNOUF
BOLIVAR
AVENUE SIMON BOLIVAR
PRADIER
R. DE L'ATLAS
RUE DE LA GRANGE AUX
R. J. DODU
R. DE SAMBRE ET MEUSE
CLAUDE
R. MOINON
R. STE MARTHE
R. DU CHALET
RUE DE
R. RAMPAL
R. DU G. LASALLE
RÉBEVAL
Hôpital St Louis
5
3
BICHAT
RICHERAND
AVENUE
RUE
R. DU BUISSON ST LOUIS
BELLEVILLE
RUE
R. DE
JULIEN LACROIX
Parc de Bellev
ALIBERT
R.
R.J. LOUVEL
TESSIER
AVENUE
SAINT
TEMPLE
R. BONNET
R. RAMPONEAU
TOURTILLE
BD DE BEL
JEMMAPES
VALMY
BD
PALAIS DES GLACES
BICHAT
FAUBOURG DU
GONCOURT
St Joseph
R. DE L'ORILLON
R. MORAND
R. DE VAUCOULEURS
ROI
COURONNES
RUE
R. DU PRE
MARONITES

ST MARTIN

Geisterbahnhöfe der Pariser Métro

Einige Stationen der Pariser Métro tauchen nicht auf dem Übersichtsplan der RATP auf. Nichtsdestoweniger gibt es einige davon, die zum Teil auf ganz andere Weise als ursprünglich geplant genutzt werden.

Die meisten dieser heute als Geisterbahnhöfe bezeichneten Stationen wurden mit dem Eintritt Frankreichs in den Zweiten Weltkrieg 1939 geschlossen. Da die Mitarbeiter zum Teil mobilisiert wurden, konnte die Métro nur eingeschränkt betrieben werden, und Stationen, die wenig genutzt wurden oder zu nah an Nachbarstationen lagen, wurden nach Kriegsende gar nicht erst wieder eröffnet. So verschwanden die Stationen Arsenal, Croix-Rouge, Champ-de-Mars, Saint-Martin, Martin-Nadaud und Porte des Lilas von den Plänen. Die meisten von ihnen haben heute eine neue Bestimmung gefunden: Eigens eingerichtete Räume in der Station Arsenal werden zur Ausbildung von Elektrotechnikern und -ingenieuren genutzt.

Die Station Saint-Martin, in deren Gängen noch schöne Werbekeramiken erhalten sind, war lange eine Notunterkunft für Obdachlose. 1999 wurde die Station saniert und zu einem von der Heilsarmee betriebenen Solidaritäts- und Integrationsraum umgebaut. Die Station Croix-Rouge wurde ganz unterschiedlich genutzt: Anfang der 1980er-Jahre wurde sie künstlerisch zu einem Strand mit Liegestühlen und Sonnenschirmen umgestaltet, aber es fanden auch schon Modenschauen dort statt. Die Station Porte des Lilas dient als Filmkulisse. Hinter den Bahnsteigen (die Station wird heute wieder angefahren) verbergen sich Räume. Die Station kann je nach Bedarf vom Regisseur umgestaltet und umbenannt werden (Pont-Neuf, Pigalle ...). Dieser Abschnitt der Station mit dem Namen „Porte des Lilas – Cinéma“ war Teil der 1921 eröffneten und 1939 wieder geschlossenen Strecke von Pré-Saint-Gervais zur Porte des Lilas. Diese Nebenstrecke dient als Betriebsgleis zu Ausbildungszwecken oder für den Betrieb von Testfahrzeugen.

Wer genau hinsieht, kann vier dieser Geisterbahnhöfe im Vorbeifahren durch die Fenster der Métro erkennen: Arsenal, Saint-Martin, Croix-Rouge und Champ-de-Mars. Die Station Haxo (die als Verbindung zwischen Porte-des-Lilas und Pré-Saint-Gervais vorgesehen war) und die Station Porte-Molitor (zwischen den Linien 9 und 10) ereilte ein anderes Schicksal: Kaum gebaut, wurden sie aufgrund von Änderungen der ursprünglichen Pläne wieder aufgegeben und sind heute nicht einmal mehr von außen zugänglich.

Was Sie nicht über die Pariser Bahnhöfe wussten

Die eindrucksvolle Größe der meisten Pariser Bahnhöfe hat rein praktische Gründe: Zum Zeitpunkt ihres Baus waren auf den Gleisen noch Dampflokomotiven unterwegs und die hohen Dächer sorgten schlicht dafür, dass die Fahrgäste nicht im Qualm erstickten. Der Einzug der Eisenbahn in der Hauptstadt vollzog sich nicht ganz ohne Schwierigkeiten und nicht wenige Ingenieure standen der ganzen Sache ablehnend gegenüber. Der französische Wissenschaftler und Politiker François Arago prophezeite allen, die sich in den Tunnel von Saint-Cloud wagten, schlimmste Gesundheitsprobleme. Zudem standen die Eisenbahngesellschaften in dem Verdacht, sich in die Angelegenheiten der Stadt einmischen zu wollen, sodass man beschloss, die Métrotunnel in einer Höhe zu bauen, die einen Zusammenschluss mit den Zugstrecken unmöglich machte. Auch fuhren die Züge nach englischem Brauch links – für die Métro wurde der Rechtsverkehr eingeführt. Es ist also kein Zufall, dass es keine Métrolinie gibt, die alle Pariser Bahnhöfe miteinander verbindet. Das nimmt zuweilen absurde Züge an: Fahrgäste, die von der Gare d'Austerlitz zur Gare de Lyon möchten, müssen sich mitsamt Gepäck zu Fuß auf den etwa einen Kilometer weiten Weg machen, denn es gibt keine Verbindung zwischen den beiden Bahnhöfen.

Die hohlen Säulen der Gare du Nord

Die Metallsäulen, die das Gerüst der Gare du Nord bilden, sind innen hohl, damit Regenwasser durch sie hindurch direkt in die Kanalisation abfließen kann.

Nur vier weitere Städte in Frankreich besitzen wie Paris Kopfbahnhöfe, die damit gleichzeitig die Endhaltepunkte der Züge sind: Marseille, Lyon, Tours und Orléans.

Der Einfluss von Napoleon III. auf die Pariser Toponymie

Die Feldzüge von Napoleon III. haben in den Straßennamen der französischen Hauptstadt ihre Spuren hinterlassen: 31 Pariser Straßen sind nach Städten oder Generälen benannt, die in Zusammenhang mit den französischen Interventionen auf der Krim, in Mexiko oder in Italien stehen, darunter die Avenues Bugeaud, Malakoff, Magenta, Alma und Mac-Mahon. Die Glocke der Kirche Notre-Dame-du-Travail im 14. Arrondissement (s. S. 263) ist Kriegsbeute aus dem Krimfeldzug.

DER BUNKER AN DER GARE DE L'EST

①

Ein Schutzraum unter den Gleisen

Gare de l'Est – Place du 11 Novembre 1918
Besichtigungstermine: Fragen Sie direkt bei der Abteilung für Öffentlichkeitsarbeit des Bahnhofs nach
Métro: Gare de l'Est

Unter den Gleisen 2 und 3 der Gare de l'Est liegt ein alter Luftschutzbunker aus dem Zweiten Weltkrieg, der bis in die heutige Zeit erhalten geblieben ist. Die Besichtigung lässt einen nicht kalt. Zugfahrpläne liegen am Boden verstreut, als hatte man sie eben dort abgelegt, die vorhandenen Anlagen und Geräte scheinen funktionstüchtig und vermitteln den Eindruck, als stünde hier noch immer alles unter Kontrolle des Verteidigungsministeriums. Notausgang-Schilder und andere Inschriften an den Wänden zeugen von der einstigen Anwesenheit der Wehrmacht an diesem Ort. Doch eine Frage bleibt: War dieser Kommandoposten (KP) tatsächlich funktionstüchtig?

Mit dem Bau des Bunkers, der als Logistikbasis für den KP dienen sollte, wurde am 20. Juli 1939 begonnen, also kurz bevor Frankreich dem Deutschen Reich im September 1939 den Krieg erklärte. Fertiggestellt wurde er 1941 unter deutscher Besatzung. Der Betonbunker bot auf 120 m² Platz für 72 Personen. Die drei Haupträume, die Telefonzentrale, der Maschinenraum und der Regulierungsposten sind durch drei imposante, dicht gegen die Außenluft abgeschlossene Schutztüren voneinander getrennt. Ein ausgeklügeltes System mit Sauerstoffflaschen sollte vor eventuell eindringenden giftigen Gasen schützen. Bei einem Stromausfall konnten die elektrischen Anlagen über ein Fahrrad mit Muskelkraft angetrieben werden.

DER FRANZÖSISCHE VEREIN DER FREUNDE DER EISENBAHN

②

Große Leidenschaft für Züge

Gare de l'Est – Place du 11 novembre 1918
+33 1 40 38 20 92
afac.asso.fr
Samstag von 14–19 Uhr
Zugang über die „Rampe Parking Alsace" neben dem Bahnhof aufseiten der Rue d'Alsace
Métro: Gare de l'Est

Der 1929 gegründete Eisenbahnerverein AFAC (Association Française des Amis des Chemins de Fer) hat seinen Sitz unter der Gare de l'Est. Besucher werden von den Mitgliedern des Vereins, die hier ihre Modelleisenbahnen fahren lassen, freundlich empfangen. Wahrscheinlich können Sie sogar einen Blick hinter die Kulissen werfen und die technische Komplexität der in unzähligen Stunden originalgetreu nachgebauten Signale, Bahnübergänge, Rangierbahnhöfe und Bahnsteige bestaunen.

Es gibt zwei Räume: In einem befindet sich eine Anlage im Maßstab 1:87, in dem anderen zwei Anlagen im Maßstab 1:43,5 und 1:32.

Die Anlagen werden so professionell betrieben, wie man es eigentlich von „echten" Eisenbahnern erwarten würde. Das bemerkte auch Louis Armand, ein früherer Präsident der französischen Bahngesellschaft SNCF, der bei seinem Besuch ganz begeistert war. Der Verein sei der echten SNCF um eine Nasenlänge voraus! Auf allen drei Anlagen können die Mitglieder des Vereins ihre eigenen Züge fahren lassen, technische Kompatibilität vorausgesetzt.

Als Mitglied haben auch Sie dieses Privileg und vielleicht zeigen Ihnen Ihre künftigen Mitstreiter sogar, wie Sie Ihre eigenen Waggons und Lokomotiven bauen können. Tipp: Bringen Sie unbedingt Ihre Kinder mit!

DAS MUSEUM DER DERMATOLOGISCHEN MOULAGEN ③

Ein Museum für Hautkrankheiten

1, avenue Claude-Vellefaux
Hôpital Saint-Louis
+33 1 42 49 99 15
biblio.dermato@sls.aphp.fr
Montag bis Freitag von 9–17 Uhr (nach vorheriger Terminvereinbarung)

Das bis vor Kurzem (aus heute hinfälligen Gründen der Vertraulichkeit) Medizinern vorbehaltene Museum der dermatologischen Moulagen ist im wahrsten Sinne des Wortes außergewöhnlich. 1865 von dem Arzt Alphonse Devergie als Museum für Hautkrankheiten gegründet, wurde 1867 die erste, von Jules Baretta im selben Jahr angefertigte Wachs-Moulage in die Sammlung aufgenommen. Dieses Krankenhaus gilt als die Geburtsstunde der Dermatologie. Seit dem 19. Jahrhundert wurden hier knapp 5.000 Moulagen von Köpfen oder Gliedmaßen mit verschiedenen Hauterkrankungen zu Lehrzwecken zusammengetragen. Diese zwischen 1867 und 1958 angefertigten Modelle, die Erkrankungen wie Lepra, Syphilis, Muttermale, Krätze, Dermatitis, Ekzeme, Gürtelrose oder Warzen zeigen, sind in den Vitrinen vor schwarzem Hintergrund zu sehen.

IN DER UMGEBUNG

Die bemalten Glastafeln in der 34, rue Yves Toudic (4)

Die Bäckerei in diesem Gebäude gibt es seit 1870. Sie steht heute mit ihren schönen „unter Glas fixierten" Gemälden außen an der Fassade und innen an der Decke unter Denkmalschutz.

DER INNENHOF DES HÔPITAL SAINT-LOUIS

⑤

Wie die Place des Vosges ohne Autos

40, rue Bichat und 1, avenue Claude Vellefaux
+33 1 42 49 49 49
Geöffnet von 8–18 Uhr
Métro: Goncourt

Der Innenhof des Hôpital Saint-Louis erinnert in seiner Gestaltung ein wenig an die Place des Vosges – nur ohne Autos. Man sollte dem Krankenhaus, das heute unter Denkmalschutz steht, auf jeden Fall einen Besuch abstatten. Gebaut wurde es einst zur Entlastung des überfüllten Hôtel-Dieu während der großen Pestepidemie von 1562, die allein in Paris mehr als 68.000 Menschenleben forderte. Angesichts der extremen Ansteckungsgefahr war schnell klar, dass die Patienten unbedingt isoliert werden mussten und somit ein neues „Gesundheitshaus" benötigt wurde.

Heinrich IV. entschied sich für die Pläne des Architekten und Baumeisters Claude Vellefaux, der innerhalb weniger Jahre das spätere Hôpital Saint-Louis erbaute: Um einen rechteckigen Innenhof gruppieren sich vier 120 m lange Gebäude mit turmartig gemauerten Aufbauten an den Ecken sowie vier weitere geschlossene Gebäudegruppen. Alle Gebäude waren voneinander getrennt, um die Ausbreitung ansteckender Krankheiten zu verhindern und die Patienten von der Außenwelt abzuschirmen.

Die in die Rasenfläche eingelassenen Beete zeigen in ihrer Form ein Malteserkreuz. Der Malteserorden (heute ein Hospitalorden) ist in einem der Pavillons des Krankenhauses untergebracht.

Das System der Pariser Hausnummern

An der Hausnummer einer Pariser Adresse kann man erkennen, ob sich das gesuchte Gebäude am Anfang oder am Ende bzw. auf der rechten oder linken Seite einer Straße befindet. Dazu muss man wissen, dass die Nummerierung der Flussrichtung der Seine folgt: von rechts nach links, also von Ost nach West. In Straßen, die mehr oder weniger parallel zur Seine liegen, befindet sich die Hausnummer 1 folglich meist im Osten, wo die Straße theoretisch beginnt. Blickt man von dort aus die Straße hinunter, findet man die geraden Hausnummern auf der rechten, die ungeraden auf der linken Straßenseite.

Straßen, die in etwa rechtwinklig zur Seine verlaufen, „beginnen" am Fluss.

Dieses System wurde 1805 von dem damaligen Stadtpräfekten Nicolas Frochot eingeführt, dessen Name eine sehr schöne Privatstraße ziert (s. S. 193).

ATELIER HOGUET – FÄCHERMUSEUM ⑥

Ein anachronistisches Museum

2, boulevard de Strasbourg
+33 1 42 08 90 20 – annehoguet.fr/musee.htm
Montag bis Mittwoch von 14–18 Uhr, in den Schulferien Montag bis Freitag ebenfalls von 14–18 Uhr; im August geschlossen
Gruppen nach Vereinbarung
Métro: Strasbourg-Saint-Denis

Das nahe Barbès-Rochechouart gelegene private Musée de l'Éventail (Fächermuseum) ist auf jeden Fall einen Besuch wert, nicht zuletzt auch wegen der schönen Räume.

Alles fing damit an, dass Joseph Hoguet Duroyaume 1872 eine Fächerwerkstatt eröffnete. Seit vier Generationen hat sich die Familie Hoguet auf die Fertigung von Fächern spezialisiert. Doch im Laufe der Zeit wurden Fächer weniger nachgefragt. Um das Atelier Hoguet zu retten, wurde 1933 daraus ein Museum. Es beherbergt rund eintausend ausgewählte Objekte aus dem 18., 19. und 20 Jahrhundert. Der Ausstellungsraum wurde ursprünglich 1893 von den Fächerwerkstätten Lepault & Deberghe gestaltet und steht unter Denkmalschutz; die Besucher finden heute darin eine Einrichtung aus der Zeit Heinrichs III.: Nussbaummöbel, Kassettendecken mit drei Kronleuchtern, mit Goldfäden bestickte blaue Wandtapisserien, einen monumentalen Kamin. In diesem Raum befinden sich die schönsten Stücke der Sammlung. Ein zweiter Raum widmet sich der Fächerherstellung.

Anne Hoguet ist die Letzte in Frankreich, die dieses Handwerk beherrscht. Sie führt die Familientradition mit neuen Kreationen fort.

IN DER UMGEBUNG

Der Garten des Hôpital Fernand-Widal ⑦

200, rue du Faubourg-Saint-Denis

Die Grünanlagen dieser geriatrischen Einrichtung erstrecken sich über eine Fläche von rund 1.000 m². Sie bieten eine willkommene Abwechslung zum bunten Treiben der Stadt – und Ruhe.

14 und 16, rue d'Abbeville – Art nouveau vom Feinsten ⑧

Métro: Poissonnière

Zwei Gebäude mit wunderbaren Art-nouveau-Fassaden. Das Haus mit der Nummer 14 wurde 1901 von den Architekten Alexandre und Édouard Autant entworfen, die Zierkeramik stammt von Alexandre Bigot. Die extravaganten Pflanzenmotive im mittleren Fassadenband – Weinranken aus grüner Keramik – sind absolut sehenswert. Die Loggia im fünften Stock ist mit Blättern, Schimären und schmalen Säulen ebenfalls aus grüner Keramik dekoriert.

DAS PETIT HÔTEL DE BOURRIENNE ⑨

Die prachtvollen Villen der Schönen und Reichen

58, rue d'Hauteville
Besichtigung ganzjährig nach Terminvereinbarung unter +33 1 47 70 51 14
Besichtigung ohne Termin: von September bis April Samstag von 12–18 Uhr und von April bis Juli Samstag und Sonntag von 12–18 Uhr. Außerdem geöffnet am 1. Mai, im Rahmen der Journées du Patrimoine und am 14. Juli
Vermietung bis Mitternacht für Empfänge von bis zu 100 Personen
Métro: Bonne-Nouvelle, Poissonnière oder Château-d'Eau

Im Viertel des Faubourg Poissonnière entstanden gegen Ende des 18. Jahrhunderts zahlreiche neoklassizistische Hôtels particuliers. Dieses kulturelle Erbe hier ist im Gegensatz zu den Häusern im Faubourg Saint-Germain oft hinter schweren Einfahrtstoren oder Investorenprojekten verborgen und daher nicht so bekannt.

Ein sehr gutes Beispiel dafür ist das prachtvolle Hôtel de Bourrienne. Es wurde 1787 gebaut und schmiegt sich an einen rustikal anmutenden Garten an. Die Inneneinrichtung (die vom selben Architekten stammt, der auch für das Château de Bagatelle verantwortlich zeichnete) spiegelt den jeweiligen Geschmack zweier aufeinanderfolgender Eigentümer wider: Madame Hamelin, eine der berühmtesten „Merveilleuses" (eleganten Damen) des Direktoriums und des Konsulats, sowie Louis Antoine Fauvelet de Bourrienne, Privatsekretär von Napoleon Bonaparte.

Die unverändert gebliebenen Wohnräume im Erdgeschoss, mit Blick auf den Garten, sind ein seltenes Beispiel des Pariser Stils zuzeiten des Direktoriums und des Konsulats. Die bemalten Holzvertäfelungen und schillernden Fresken zeigen seinerzeit beliebte antike oder ägyptische Motive.

Wohnzimmer, Esszimmer, Toilette, Schlafzimmer und Wintergärten sind heute nur nach vorheriger Terminvereinbarung und Genehmigung durch die Eigentümer zu sehen, die die private Atmosphäre des Ortes bewahren möchten. Ein außergewöhnlicher Ort, der für Empfänge angemietet werden kann.

IN DER UMGEBUNG

Die alte Keramikhandlung von Hippolyte Boulenger in Choisy-le-Roi ⑩

18, rue de Paradis

Um die Wende vom 19. zum 20. Jahrhundert galt die Rue de Paradies als Zentrum der Kristall-, Porzellan- und Keramikfertigung. Zugleich war sie eine der letzten Straßen der Stadt, die ganz im Zeichen einer bestimmten Branche stand.

Das zwischen 1889 und 1892 von den Architekten Georges Jacotin und Ernest Brunnarius errichtete Gebäude in der Nummer 18 beherbergte den Sitz und das Geschäft der Faïenceries Boulenger aus Choisy-le-Roi. Mit dem Auftrag für die Ausgestaltung der Pariser Métro, für die es zwei Drittel der Wandverkleidungen lieferte, hatte das Unternehmen einen großen Coup gelandet. Das Gebäude, das seit 1981 unter Denkmalschutz steht, zieren noch heute innen wie außen große Keramiktafeln. Es beherbergt heute das „Manoir de Paris", das seinen Besuchern in einem von Schauspielern begleiteten Showrundgang verschiedene Legenden der Stadt näherbringt.

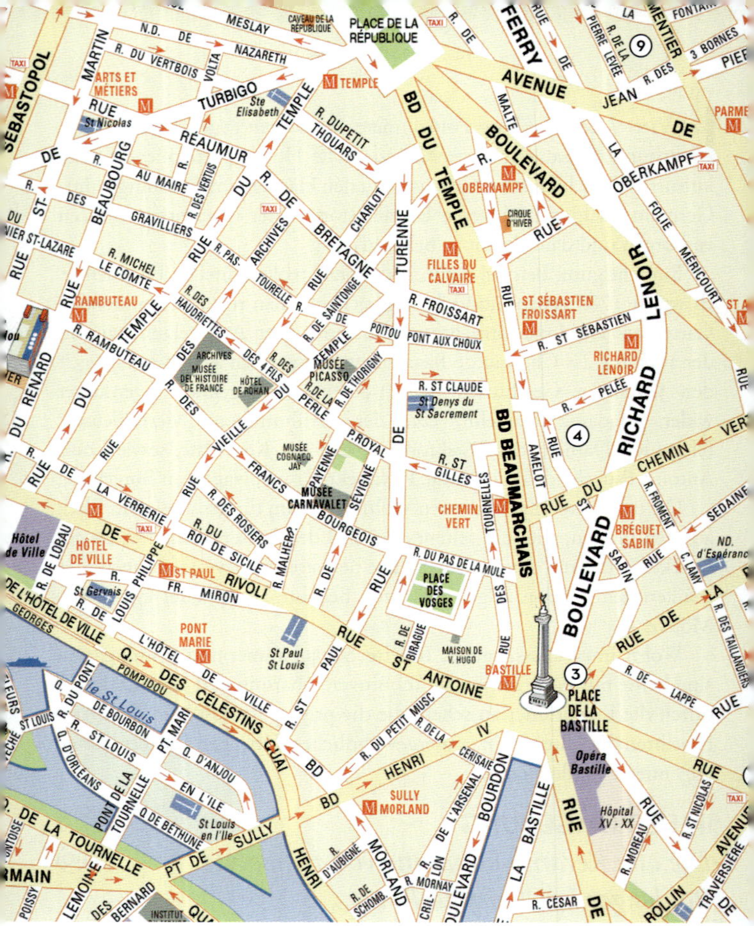

11. Arrondissement

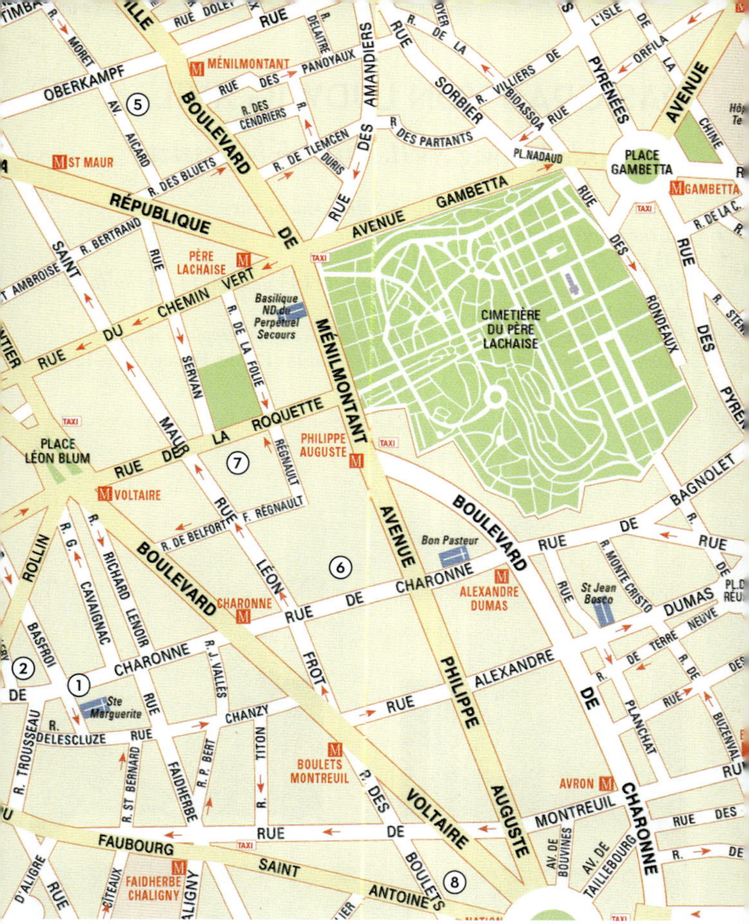

OBERKAMPF
RUE DES PANOYAUX
MÉNILMONTANT
R. DES CENDRIERS
R. DE TLEMCEN
DURIS
RUE DES AMANDIERS
R. DES PARTANTS
RUE SORBIER
R. VILLIERS DE L'ISLE
BIDASSOA
RUE ORFILA
PL. NADAUD
RUE DES PYRÉNÉES
AVENUE
PLACE GAMBETTA
GAMBETTA
AVENUE GAMBETTA
ST MAUR
AV. AICARD
R. DES BLUETS
BOULEVARD DE MÉNILMONTANT
RÉPUBLIQUE
R. BERTRAND
AMBROISE
PÈRE LACHAISE
RUE DU CHEMIN VERT
Basilique ND du Perpétuel Secours
R. DE LA FOLIE
SERVAN
CIMETIÈRE DU PÈRE LACHAISE
RUE DES RONDEAUX
PLACE LÉON BLUM
RUE DE LA ROQUETTE
PHILIPPE AUGUSTE
RÉGNAULT
VOLTAIRE
RUE SAINT MAUR
R. DE BELFORT
F. RÉGNAULT
BOULEVARD DE BAGNOLET
ROLLIN
R. G. CAVAIGNAC
R. RICHARD LENOIR
BOULEVARD VOLTAIRE
RUE LÉON FROT
Bon Pasteur
RUE DE CHARONNE
CHARONNE
ALEXANDRE DUMAS
R. MONTE CRISTO
St Jean Bosco
RUE DE TERRE NEUVE
BASFROI
R. J. VALLÈS
RUE CHANZY
RUE ALEXANDRE
AVENUE PHILIPPE AUGUSTE
R. PLANCHAT
R. BUZENVAL
Ste Marguerite
R. DELESCLUZE
R. TROUSSEAU
R. ST BERNARD
FAIDHERBE
R. P. BERT
R. TITON
BOULETS MONTREUIL
R. DES BOULETS
AVRON
RUE DE MONTREUIL
AV. DE BOUVINES
AV. DE TAILLEBOURG
FAUBOURG SAINT ANTOINE
FAIDHERBE CHALIGNY
D'ALIGRE
CÎTEAUX
TAXI

DAS GRAB VON LUDWIG XVII.

①

Wo wurde Ludwig XVII. wirklich beigesetzt?

Cimetière Sainte-Marguerite – Église Sainte-Marguerite
36, rue Saint-Bernard
+33 1 43 71 34 24
Kirche geöffnet Montag bis Samstag von 8–12 Uhr und von 14–19 Uhr (außer in den Schulferien)
Zur Besichtigung des Grabes von Ludwig XVII. an den Empfang wenden:
Montag bis Donnerstag von 9–12 Uhr und von 14–17 Uhr, Freitag von 9–12 Uhr
Métro: Ledru-Rollin

Auf dem 1804 geschlossenen Friedhof neben der Kirche Sainte-Marguerite liegt ein kleines Grab, auf dessen Stein zu lesen steht: „L XVII – 1785–1795“. Die Geschichte dieses Grabes ist mysteriös, denn lange Zeit dachte man, dass hier Ludwig XVII. ruhe.

Dieser wurde am 13. August 1792 als Sohn von Ludwig XVI. und Marie-Antoinette im Alter von sieben Jahren im Gefängnis der Templer (Temple) inhaftiert. Nach der Hinrichtung seines Vaters am 21. Januar 1793 vertraute man das Kind bis Januar 1794 dem Kerkermeister Simon an. Anschließend verliert sich die Spur des Kindes. Die offizielle Version gibt an, der Thronfolger sei am 8. Juni 1795 im Gefängnis verstorben und im Stillen beigesetzt worden. Diese geheime Beisetzung rief in den Folgejahren nicht weniger als 43 falsche Thronfolger (darunter der berühmte Naundorff) auf den Plan ... Recherchen auf dem Friedhof Sainte-Marguerite, auf dem die Verstorbenen des Templerviertels ihre letzte Ruhestätte fanden, zeigten jedoch, dass am 10. Juni 1795, also zwei Tage nach dem vermeintlichen Tod von Ludwig XVII., tatsächlich ein Kind bestattet wurde. Eine erste Exhumierung wurde 1846 durchgeführt, doch der Leichnam, den man dabei in dem Bleisarg vorfand, war der eines jungen Mannes von 15 bis 18 Jahren. Verschiedene Gerüchte kamen auf: Manche gaben an, der Thronfolger sei von den Royalisten aus dem Gefängnis befreit und sein Leichnam ausgetauscht worden, andere glaubten, der junge König sei zwar im Temple gestorben, jedoch gänzlich unbemerkt im Jahre 1794, und 1795 sei, um einen Skandal zu vermeiden, ein anderer Leichnam bestattet worden. Wieder andere waren der Ansicht, Ludwig XVII. sei tatsächlich im Bergfried des Temple gestorben, sein Herz jedoch entwendet worden. Sein Leichnam sei daraufhin angeblich auf dem Friedhof Sainte-Marguerite bestattet, später jedoch auf Befehl der Regierung exhumiert und auf den Friedhof von Clamart verbracht worden. 1975 wurde sein Herz nach mehreren Besitzerwechseln in der Krypta der Kathedrale von Saint-Denis zur Ruhe gebettet, wo ein Großteil der Könige Frankreichs ruht.

Am 20. April 2000 setzte die Veröffentlichung der Ergebnisse der DNA-Untersuchung dem Mythos um das Überleben des Thronfolgers ein Ende: Das nur ein Gramm schwere Stück des Herzens, das in der Urne von Saint-Denis aufbewahrt wurde, gehörte eindeutig Ludwig XVII.

IN DER UMGEBUNG

Die Mosaiken in der 1, passage Rauch ②

Ganz in der Nähe des Friedhofs Cimetière de Sainte-Marguerite erinnern schöne Tiermosaiken oberhalb der Türen (Löwe, Dromedar, Bär ...) daran, dass hier einst eine Mosaikwerkstatt ihren Sitz hatte. Die Tiermosaiken wurden 1990 von der Künstlerin Léonor Rieti angefertigt.

SPAZIERGANG DURCH DIE PASSAGEN UND HÖFE DES FAUBOURG SAINT-ANTOINE

③

Ausgangspunkt: Métro Bastille oder Métro Ledru-Rollin (je nachdem, ob Sie die Rue du Faubourg Saint-Antoine hinunter- oder hinaufgehen wollen)

Die **Passage du Cheval-Blanc** (weißes Pferd) in der **2, rue de la Roquette** dient als Ausgangspunkt für unseren Spaziergang. Ihre sechs hintereinanderliegenden gepflasterten Höfe tragen die Namen der sechs ersten Monate des Jahres und führen zur **Cité Parchappe** direkt an der Rue du Faubourg Saint-Antoine. Werfen Sie einen Blick in den Innenhof der **Nr. 33**, der tagsüber für gewöhnlich offensteht. Hier hat der Radiosender Radio Nova seinen Sitz. In der **Nr. 50** auf der gegenüberliegenden Seite (und damit seit der Aufteilung des Viertels durch Baron Haussmann im 12. Arr.) befindet sich, in der **Passage de la Boule Blanche** (weiße Kugel) Nr. 9 hinter wildem Grün, die Redaktion der Filmzeitschrift *Cahiers du Cinéma*. Durch die Passage gelangt man (außer am Wochenende) in die Rue de Charenton. Etwas weiter befindet sich in der Nr. 56 die pittoreske **Cour de Bel-Air**, deren hübsch sanierte Fassaden teilweise mit Wein überwuchert sind. Der Eingang zu der berühmten Buchhandlung Arbre à Lettres (Buchstabenbaum) befindet sich in der **Nr. 62**. In einem der Gebäude dieses Hofes liegt die schöne Holztreppe der „Schwarzen Musketiere" (mousquetaires noirs). Gehen Sie in der **Nr. 66** in die Passage du Chantier, die sich mit ihren großen Pflastersteinen, ihren schmalen Gehwegen und ihren Tischlerwerkstätten und Möbelgeschäften den Charme des 19. Jahrhunderts bewahrt hat. Die **Cour des Shadoks** (inoffizieller Name) in der Nr. 71 gegenüber (11. Arr.) wurde ebenfalls schön saniert und ist mit ihrer besonderen Atmosphäre einen Abstecher wert. Der Name der **Cour de l'Étoile d'Or** (goldener Stern) in der **Nr. 75** geht auf ein Schild mit der Aufschrift *À l'Étoile d'Or* zurück. Das kleine

Stadthaus, das im 17. Jahrhundert den Hof und den (im 18. Jahrhundert gepflasterten und in einen zweiten Hof verwandelten) Garten miteinander verband, ist noch erhalten. Häufig wird auf eine Sonnenuhr aus dem Jahr 1751 rechts an der Fassade verwiesen, die jedoch nicht zu sehen ist. Wenn Sie es zum fünften Mal unbeschadet über die Straße geschafft haben, gehen Sie weiter zur **Nr. 74** in die **Cour des Bourguignons**, in deren Werkstätten große Marken und zahlreiche Künstler untergekommen sind. Sie verfügt über ein schönes Portal mit Skulpturen und Medaillons sowie einen gemauerten Schornstein, der über einem denkmalgeschützten Glasvorbau emporragt. Überqueren Sie die Straße ein letztes Mal (!) und setzen Sie Ihren Weg fort. Werfen Sie dabei in der **Nr. 81–83** einen Blick in die (geschäftige) **Cour des Trois-Frères** (drei Brüder), in die **Cour de la Maison-Brûlée** (verbranntes Haus) in der **Nr. 89** (mit schönen Maskaronen am Eingang) und in die **Cour de l'Ours** (Bärenhof) in der **Nr. 95**, deren Fassade ein Bär ziert. Zum Abschluss des Spaziergangs entfernen Sie sich ein wenig von der Rue du Faubourg Saint-Antoine und folgen Sie der Rue Ledru-Rollin (aufseiten des 11. Arr.) in Richtung **Passage de Lhomme**. Diese gepflasterte und begrünte Passage beherbergt zahlreiche Galerien und allerlei Kunsthandwerksläden und dient als Verbindungsweg zur Rue de Charonne, wo Sie in der **Nr. 37** einen letzten Hof, die **Cour Delépine**, bewundern können.

Hinweis: Einige Höfe sind am Wochenende geschlossen. Die Gebäude auf der Seite der Rue du Faubourg Saint-Antoine mit den geraden Hausnummern gehören eigentlich zum 12. Arrondissement.

IN DER UMGEBUNG

Cour du Coq (4)

60, rue Saint-Sabin – Métro: Chemin Vert

Die Cour du Coq (Hof des Hahnes) ist in der Regel mit einem schmiedeeisernen, mit einem Hahn verzierten Gitter verschlossen. Seinen Namen verdankt der Hof dem Auftreten seines früheren Eigentümers, der auf seine ländlich anmutende, gepflasterte Passage mitten in der Hauptstadt „stolz wie ein Hahn" war. Wenn das Tor verschlossen ist, genießen Sie die Ruhe, die von diesem Ort ausgeht, einfach für einen Moment durch das Gitter hindurch.

Warum ließ sich das Holzgewerbe im Faubourg Saint-Antoine nieder?

Die Ansiedlung des Holzgewerbes im Faubourg Saint-Antoine geht auf den Umstand zurück, dass das über das Wasser transportierte Holz über den nahe gelegenen Hafen Port de la Rapée nach Paris gelangte. Bau- und Brennholz wurde im Faubourg zwischengelagert, die direkte Weiterverarbeitung vor Ort war die logische Folge.

ÉDITH-PIAF-MUSEUM

⑤

Eine Hymne auf den kleinen Spatzen

5, rue Crespin-du-Gast
+33 1 43 55 52 72
Kostenlose Besichtigung nach Voranmeldung
Métro: Ménilmontant

Das kleine Museum, das unzählige, von der Familie oder Freunden zur Verfügung gestellte Erinnerungsstücke zeigt (Boxhandschuhe von Marcel Cerdan, Briefe, Schuhe oder das berühmte schwarze Bühnenkleid der Künstlerin), ist das Lebenswerk eines bedingungslosen Fans der französischen Sängerin. Der ruhige, wenig gesprächige Mann pflegt mithilfe weiterer Fans das Grab der großen Piaf auf dem Cimetière du Père Lachaise und öffnet auf telefonische Anfrage zwei Zimmer ihrer Privatwohnung für Besucher. Eine erstaunliche Sammlung bunt zusammengewürfelter Objekte an einem Ort, an dem der „Spatz von Paris" einige Zeit lebte. Berührend.

IN DER UMGEBUNG

Der Garten des Docteur Belhomme ⑥

159, rue de Charonne

Dieser wohltuende Garten ist zwischen mehreren hohen Gebäuden versteckt und wird auf einer Seite von drei schönen Gebäuden begrenzt. Sie sind die letzten Zeugen der früheren Pension Belhomme, einer Klinik, die 1769 gegründet wurde. Bei Ausbruch der Revolution befanden sich noch 37 geistig kranke Menschen in der Klinik. Belhomme bot an, wohlhabende Gefangene der Terrorherrschaft (Terreur) gegen Bezahlung aufzunehmen, die dadurch auf diskrete Weise dem Schafott entkamen.

Ägyptische Mumien unter der Bastille?

Neben dem Obelisken von der Place de la Concorde und einer Giraffe namens Zarafa schenkte der ägyptische Vizekönig dem französischen König Karl X. Anfang des 19. Jahrhunderts auch rund zehn sorgfältig verpackte Mumien. Nachdem diese eine Zeit lang im Louvre ausgestellt worden waren, stellte man aufgrund strenger Gerüche fest, dass ihnen das Pariser Klima wohl nicht recht bekam. 1827 beschloss man daher, sie in den Gärten des Louvre zu bestatten.

Drei Jahre später wurden an selber Stelle 32 vor Ort gefallene Opfer der Julirevolution von 1830 beigesetzt. Nach Ende der revolutionären Tage beschloss Louis-Philippe, den Aufständischen ein würdigeres Begräbnis zuteilwerden zu lassen, und ließ ihre sterblichen Überreste unter die Bastille verbringen. Dass einige Leichname besser erhalten waren als andere, störte dabei niemanden. Erst 1940 stellte man im Zuge der Instandsetzung der Gruft fest, dass zwei Leichen mehr darin lagen, als offiziell Aufständische bestattet wurden. Was aus den übrigen Mumien wurde, ist nicht bekannt.

Die fragliche Gruft ist von der Uferpromenade aus, die unter dem Boulevard Richard-Lenoir über den Canal Saint-Martin führt, zu sehen.

DER STANDORT DER GUILLOTINE ⑦

Blut auf dem Pflaster

Ecke Rue de la Roquette / Rue de la Croix-Faubin
Métro: Voltaire oder Philippe-Auguste

Vier unscheinbare Granitsteine im Pariser Asphalt erinnern an ein düsteres Kapitel in der Geschichte der französischen Hauptstadt. Von 1792 bis 1832 stand die Guillotine auf der Place de Grève (Hôtel-de-Ville), zwischen 1832 und 1851 an der Barrière d'Arcueil (an der heutigen Métro-Station Saint-Jacques). Sie lag somit fünf Kilometer vom Gefängnis Grande Roquette entfernt, in der die zum Tode Verurteilten inhaftiert waren. Der Transport war mühselig, woraufhin am 29. November 1851 per Dekret angeordnet wurde, die Guillotinierung direkt auf der Straße vor dem Gefängnis durchzuführen. In das Pflaster wurden für einen festen Stand des Schafotts kurzerhand fünf Steine aus schwarzem Granit in Form eines klassischen Kreuzes eingelassen. Schon bald erhielt der Ort im Volksmund den Namen „Abbaye de cinq pierres" (Abtei der fünf Steine). 69 Verurteilte fanden hier den Tod. Nach der Aufgabe des Gefängnisses und seinem Abriss im Jahr 1900 wurde die Guillotine zunächst vor, später in das Gefängnis Prison de la Santé verlagert. Der frühere Gefängnisdirektor der Prison de la Roquette ließ die Pflastersteine ausheben und wollte sie dem Musée Carnavalet schenken, das jedoch nicht interessiert war. Als sie daraufhin wieder eingesetzt wurden, unterlief den Arbeitern ein Fehler, sodass heute kein klassisches Kreuz mehr zu sehen ist, sondern ein Andreaskreuz.

Die Erfindung der Guillotine

Es gibt drei Personen, die die Erfindung der Guillotine für sich beanspruchen können. Als Urvater der Idee gilt Doktor Joseph-Ignace Guillotin, der die Enthauptung mithilfe einer Maschine anregte, über die er sagte: „Die Guillotine ist eine Maschine, die den Kopf im Handumdrehen entfernt und das Opfer nichts anderes spüren lässt als ein Gefühl erfrischender Kühle." 1791 wurde die Einführung des Fallbeils beschlossen. Mit der Lösung der verschiedenen technischen Probleme wurde der Chirurg und Leibarzt des Königs Antoine Louis beauftragt. Er entwarf die Ursprungsversion des Tötungsinstruments nach Guillotin und startete eine Ausschreibung. Der Klavierbauer Tobias Schmidt gewann das Verfahren und entwickelte einen ersten Prototypen, den er in der Cour de Rohan an Strohballen und Schafen testete. Er erhielt ein Patent auf seine Konstruktion und brachte es mit 83 Bestellungen für das gesamte französische Staatsgebiet zu beachtlichem Wohlstand. Die Hinrichtungsmaschine erhielt dennoch den Namen ihres geistigen Urhebers und wahren Erfinders Guillotin.

IN DER UMGEBUNG

Rue des Immeubles Industriels ⑧

Métro: Nation

Die neunzehn Häuser der Rue des Immeubles Industriels wurden von dem Architekten Leménil auf Initiative des Industriellen Jean-François Cail entworfen und innerhalb eines Jahres 1872/73 nach Vorbild der Phalansterien nach Fourier gebaut. Sie boten ein zu jener Zeit revolutionäres Wohnkonzept für Arbeiter. Alle Gebäude umfassten Werkstätten (Hochparterre und erster Stock) und Familienwohnungen (obere Etagen). Beim Bau wurde besonderen Wert auf Modernität und Komfort gelegt. Eine 200 PS starke Dampfmaschine versorgte die Werkstätten der (vor allem im Holzgewerbe tätigen) Handwerker mit der nötigen Energie. Das Konzept, das in der Hauptstadt leider einmalig blieb, erwies sich als sehr erfolgreich, sodass gegen Ende des 19. Jahrhunderts knapp 2.000 Menschen dort lebten. Noch heute lassen sich in einer mehr eleganten als monotonen Wiederholung die 19 Fassaden mit ihren bunt gestrichenen gusseisernen Säulen sowie ihren schönen Rundbogenfenstern in den ersten Stockwerken bewundern. Bei der Weltausstellung von 1878 erhielt das Ensemble die Goldmedaille.

Nach Faubourg benannte Straßen

Rue du Faubourg-Saint-Antoine, Rue du Faubourg-Saint-Honoré, Rue du Faubourg-du-Temple, Rue du Faubourg-Montmartre, Rue du Faubourg-Poissonnière, Rue du Faubourg-Saint-Denis, Rue du Faubourg-Saint-Martin. All diese Namen bezeichnen Straßen, die außerhalb der Stadtmauer von Karl V. und der sogenannten Mur des Fossés-Jaunes (gelbe Gräben) lagen.

Keramikdekor in der 4, rue Pierre-Levée ⑨

Das zwischen 1880 und 1884 erbaute Gebäude beherbergte einst die berühmte Keramikfabrik von Jules Loebnitz. Noch heute zieren die Fassade feine Keramiken aus jener Zeit.

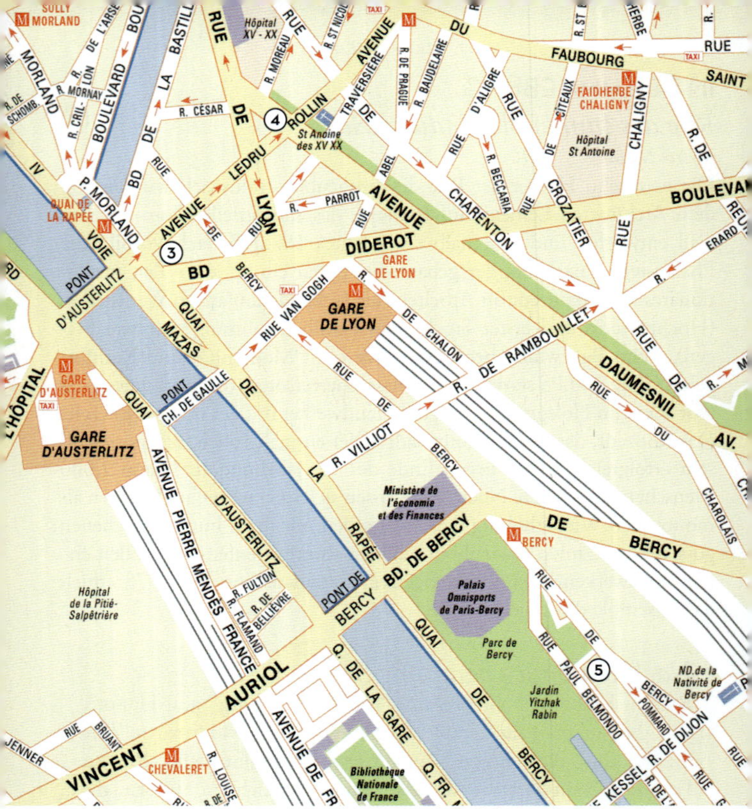

12. Arrondissement

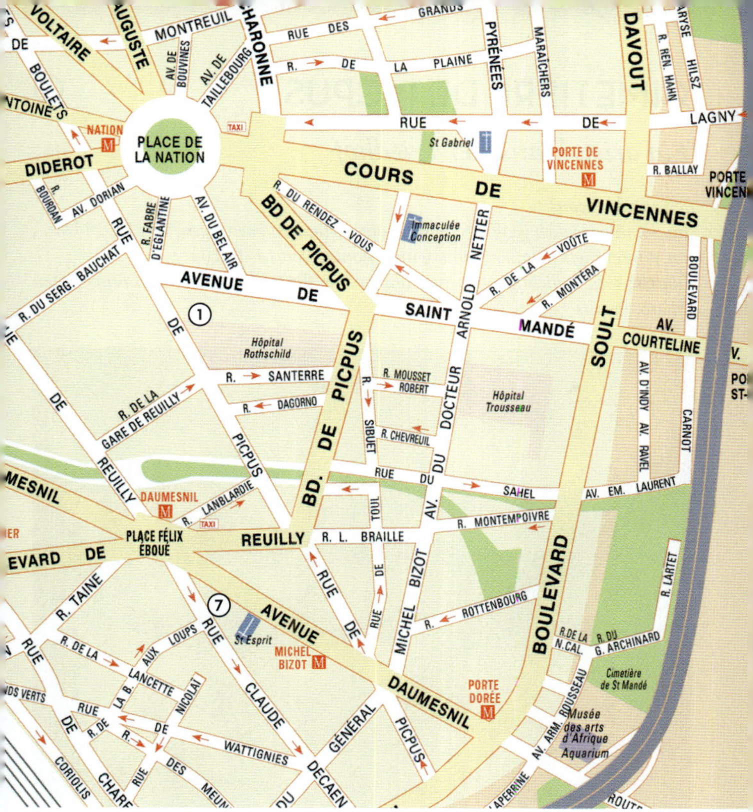
VOLTAIRE
MONTREUIL
AV. DE BOUVINES
AV. DE TAILLEBOURG
CHARONNE
RUE DES GRANDS
R. DE LA PLAINE
PYRÉNÉES
MARAÎCHERS
DAVOUT
R. REN. HAHN
HILSZ
BOULETS
NATION
PLACE DE LA NATION
TAXI
RUE DE LAGNY
St Gabriel
PORTE DE VINCENNES
R. BALLAY
PORTE VINCENNES
DIDEROT
R. BOURDAN
AV. DORIAN
COURS DE VINCENNES
R. DU RENDEZ-VOUS
BD DE PICPUS
Immaculée Conception
NETTER
R. DE LA VOÛTE
R. MONTERA
BOULEVARD
R. FABRE D'EGLANTINE
AV. DU BEL AIR
R. DU SERG. BAUCHAT
AVENUE DE SAINT MANDÉ
ARNOLD
SOULT
AV. COURTELINE
Hôpital Rothschild
R. SANTERRE
R. MOUSSET ROBERT
DOCTEUR
Hôpital Trousseau
R. DE LA GARE DE REUILLY
R. DAGORNO
BD. DE PICPUS
R. SIBUET
R. CHEVREUIL
AV. D'INDY
AV. RAVEL
CARNOT
RUE DE REUILLY
PICPUS
RUE DU SAHEL
AV. EM. LAURENT
MESNIL
DAUMESNIL
R. LANBLARDIE
TOUL
R. MONTEMPOIVRE
PLACE FÉLIX ÉBOUÉ
REUILLY
R. L. BRAILLE
AV. DU DOCTEUR ARNOLD NETTER
R. LARTET
BOULEVARD DE
R. TAINE
RUE DE TOUL
MICHEL BIZOT
R. ROTTENBOURG
RUE DE PICPUS
AVENUE DAUMESNIL
R. DE LA N. CAL.
R. DU G. ARCHINARD
St Esprit
MICHEL BIZOT
R. DE LA LANCETTE
AUX LOUPS
RUE CLAUDE DECAEN
Cimetière de St Mandé
NICOLAÏ
PORTE DORÉE
AV. ARM. ROUSSEAU
Musée des arts d'Afrique Aquarium
RUE DE WATTIGNIES
GÉNÉRAL
CORIOLIS
CHARENTON
RUE DES MEUNIERS
AV. LAPERRINE
ROUTE

CIMETIÈRE DE PICPUS

①

Ein aristokratischer Friedhof

35, rue de Picpus
Im Sommer täglich geöffnet, außer montags und an Feiertagen, von 14–18 Uhr, im Winter täglich außer Sonntag und Montag von 14–16 Uhr
Eintritt kostenpflichtig außer im Rahmen der Tage der offenen Parks und Gärten
Métro: Picpus

Der Cimetière de Picpus ist ein weihevoller und ergreifender Ort. Er untersteht heute der Pflege der Priester und Nonnen von Sacré-Coeur de Picpus, die sich der ewigen Anbetung des heiligen Sakraments verschrieben haben und über den Seelenfrieden der rund 1.306 Opfer der Terreur wachen, die hier beigesetzt sind.

Die Verstorbenen wurden zwischen dem 14. Juni und dem 27. Juli 1794 auf der Place du Trône (der heutigen Place de la Nation) mit dem Fallbeil hingerichtet und in zweien der drei Massengräber im früheren Park des Klosters der Augustiner-Chorfrauen (Kanonissen) bestattet. Nach dem Sturz von Robespierre wurde der Friedhof 1795 geschlossen und aufgelassen. 1797 erwarb Prinzessin Amalie von Salm-Kyrburg, deren Bruder sich unter den Hingerichteten befand, den Friedhof heimlich. 1803 wurde das gesamte Gelände des früheren Klosters auf Bestreben von Anne-Paule-Dominique von Noailles, Marquise de Montagu, von einer Hinterbliebenenvereinigung aufgekauft. Auf einem Teil wurde ein Privatfriedhof für die Eltern der Guillotinierten eingerichtet. Anders als die Massengräber, die zwar eingeebnet, aber dennoch durch das Gitter sichtbar sind, kann der Friedhof, auf dem das Who is Who der französischen Aristokratie ruht, besichtigt werden. Eine der berühmtesten Grabstätten ist jene des Marquis de La Fayette, Gatte der Marquise de Noailles und Held im amerikanischen Unabhängigkeitskrieg, was die amerikanische Flagge auf dem Friedhof erklärt. Der gebürtige Franzose La Fayette war seiner amerikanischen Wahlheimat übrigens so verbunden, dass die Erde auf seinem Grab eigens aus Übersee nach Europa gebracht wurde.

„Bitte um Erlaubnis zu sterben, Mutter“

Sechzehn Karmeliterinnen aus Compiègne, deren tragisches Schicksal den Schriftsteller Georges Bernanos zu seinem Stück *Die begnadete Angst* inspirierte, ruhen ebenfalls in einem der Massengräber auf dem Cimetière de Picpus. Sie wurden während der Revolution zum Tode durch Enthauptung verurteilt und gingen durch die Psalmen und Lobgesänge, die sie auf ihrem letzten Gang erhobenen Hauptes anstimmten, in die Geschichte ein. Als sie aufs Schafott stiegen, richteten sie, eine nach der anderen, kniend das Wort an die Priorin (die das traurige Privileg erhalten hatte, als letzte zu sterben): „Bitte um Erlaubnis zu sterben, Mutter“. Die Antwort: „Geh hin, mein Kind.“ Schließlich stieg die Priorin, Mutter Lidoine, selbst aufs Schafott, das Laudate Dominum auf den Lippen.

IN DER UMGEBUNG

Die Atlanten der 199–201, rue de Charenton ②

Die Fassade des schönen 1911 preisgekrönten Gebäudes der Architekten Brandon und Morlon zieren originelle Atlanten, die jeweils ein Gewerbe repräsentieren: ein Bergarbeiter, ein Bauer, ein Handwerker und ein Seemann.

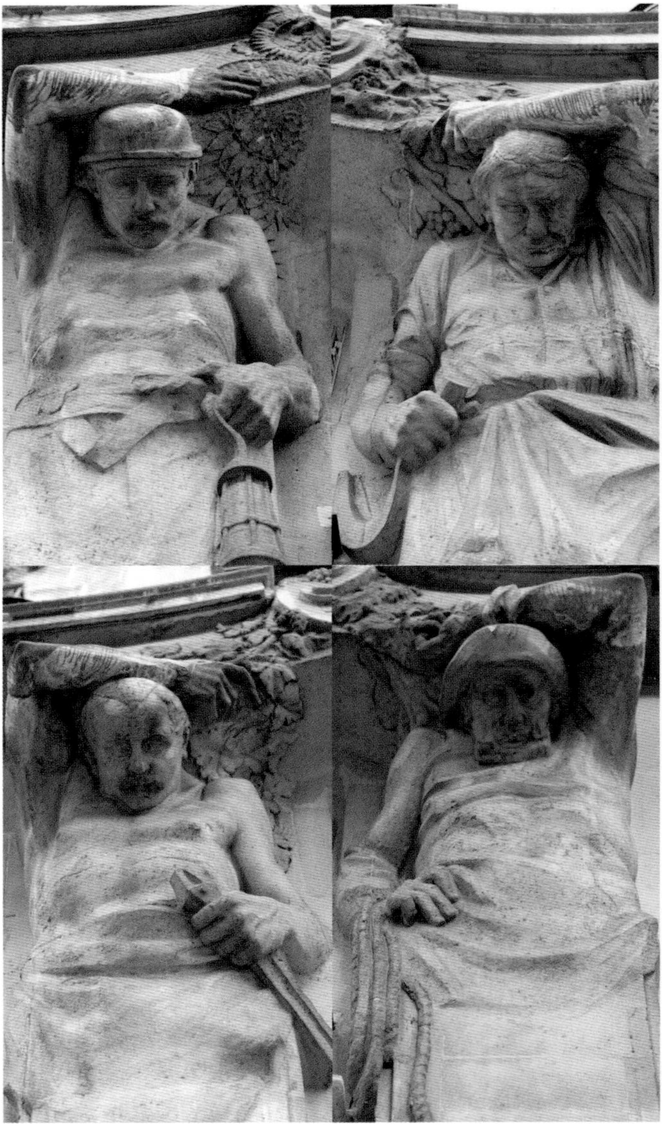

La Fayette

Marie-Joseph-Paul-Yves-Roch-Gilbert du Motier, Marquis de La Fayette, wurde 1757 in der Auvergne geboren. An der Seite von George Washington machte er sich in Amerika für die Demokratie stark. Neben dem Comte de Rochambeau gilt er als einer der Protagonisten der siegreichen Schlacht von Yorktown (1781) im amerikanischen Unabhängigkeitskrieg. Gemeinsam mit Condorcet und Sieyès formulierte er die am 26. August 1789 von der französischen Nationalversammlung verabschiedete Erklärung der Menschen- und Bürgerrechte.

Die französische Flagge

Die Tricolore – Rot und Blau aus dem Wappen der Stadt Paris und Weiß als die Farbe des Königs – geht ebenfalls auf La Fayette zurück. Er befahl seinen Truppen am 17. Juli 1789, die Tricolore-Kokarde zu tragen.

Die Natur als Vorbild

Der Bau, der den Hauptsitz des Nationalen Forstbüros (2, avenue de Saint-Mandé) beherbergt, ist vielleicht kein Meisterwerk der Architektur, besticht jedoch durch seine Form, die an einen Baumstamm erinnert.

Die riesige Schiebetür in der 94–96, quai de la Rapée ③

Das von Aymeric Zublena 1992 erbaute Gebäude in der 94–96, quai de la Rapée, verfügt über eine unfassbar große Tür (84 t schwer, 25 m hoch, 33 m breit), die sich über die gesamte Fassade erstreckt und zweimal am Tag bewegt wird: bei der Öffnung morgens gegen 7 Uhr und abends bei der Schließung gegen 19 Uhr. Der Zugang zu dem Gebäude erfolgt jedoch seit mehreren Jahren aus Sicherheitsgründen über den Eingang in der Avenue Ledru-Rollin.

Die ägyptischen Pfeiler des Daumesnil-Viadukts ④

An der Stelle, an der das Daumesnil-Viadukt die Avenue Ledru-Rollin überquert, ruht die Konstruktion auf außergewöhnlichen Pfeilern mit lotusblütenförmigen Kapitellen. Das Viadukt ist ein Relikt aus dem 19. Jahrhundert. Zu dieser Zeit herrschte eine große Begeisterung für Ägypten (s. S. 47). Ursprünglich war das Viadukt für die 1859 eröffnete Eisenbahnstrecke von Vincennes gebaut worden.

CINÉMATHÈQUE FRANÇAISE

⑤

„Eine Tänzerin, die ihr Tutu hebt"

(früheres American Center)
51, rue de Bercy
Film-Bibliothek: Montag sowie Mittwoch bis Freitag von 10–19 Uhr, Samstag von 13–18:30 Uhr, Dienstag und Sonntag geschlossen
Informationen und Veranstaltungen unter cinematheque.fr/bibliotheque.html
Métro: Bercy

Die Cinémathèque Française bezog das seit 1996 leer stehende Gebäude gemeinsam mit der Bibliothèque du film im Jahr 2005.

Ursprünglich war der Bau von Frank O. Gehry 1994 für das American Center errichtet worden, das sich der damalige US-Präsident als „kulturelle Erklärung“ zwischen der Neuen und der Alten Welt vorgestellt hatte.

Der renommierte kalifornische Architekt ist bekannt für seine verschachtelten Bauwerke im Stil des Dekonstruktivismus. Er entwarf ein Gebäude mit zwei unterschiedlichen Fassaden: eine schlichte zur Straßenseite hin, aus weißem Stein, die sich perfekt in das sie umgebende Stadtbild einfügt. Die andere Fassade in Richtung Jardins de Bercy ist eine Komposition, mit der der Architekt seine Virtuosität im Spiel mit Licht und Raum meisterhaft unter Beweis stellt.

Frank O. Gehry hat für das Gebäude zwei Eingänge vorgesehen: Der Eingang in Richtung Park gibt einen weiten Blick in das Gebäudeinnere frei, mit all seinen Stockwerken und Ebenen oberhalb des Atriums. Die New York Times bejubelte das Gebäude als „Liebesgedicht über die Beziehung zwischen Freiheit und Tradition“; der Architekt selbst formulierte den lakonischen Vergleich mit „einer Tänzerin, die ihr Tutu hebt“.

Frank O. Gehry

Frank O. Gehry wurde 1929 in Toronto als Sohn einer jüdisch-polnischen Familie geboren (sein eigentlicher Name lautete Frank Owen Goldberg). Seine Mutter liebte die Musik, sein Vater handelte mit Baumaterialien. Nach Jugendjahren in Ontario nahm Gehry in Kalifornien ein Architektur- und Designstudium auf und arbeitete für verschiedene namhafte Büros, vor allem in Paris. 1962 gründete Gehry in Los Angeles sein eigenes Büro. Für seine Arbeit wurde er unter anderem mit dem Pritzker Prize ausgezeichnet, eine Art Nobelpreis für Architektur.

Kennzeichnend für Gehrys Baukunst sind eine dekonstruierte Form und die Verwendung von stark kontrastierenden Materialien. In seinen Worten: „Ich versuche, meine Entwürfe positiv zu gestalten, indem ich Bautechniken und Materialien einsetze wie ein Maler seine Pinselstriche.“ Die zwei Türme (Ginger und Fred) des Tanzenden Hauses in Prag und das Guggenheim Museum in Bilbao, die weltweit viel Beifall ernteten, zählen neben vielen anderen zu seinen berühmtesten Arbeiten.

2014 wurde mit der Fondation Louis Vuitton im Bois de Boulogne ein weiteres Gehry-Gebäude in Paris eröffnet.

Die Thiers'sche Stadtbefestigung

Nach der Niederlage Napoleons, der Invasion der „alliierten" Kräfte Österreichs, Russlands und Preußens und der anschließenden Besetzung von Paris durch ausländische Truppen in den Jahren 1814/15 prüften mehrere französische Regierungen, wie die Hauptstadt am besten zu befestigen sei. 1840 wurde schließlich ein Kompromiss gefunden, als Adolphe Thiers den Bau eines 34 km langen Bastionärsystems beschloss, das eine Fläche von 7.800 ha umschließen und rund 2,5 Millionen Menschen schützen sollte. Die durchschnittliche Breite lag, einschließlich der Pflasterstraße, die später zu den „Boulevards des Maréchaux" werden sollte, bei 140 m. Der Hauptwall bestand aus einem äußeren Graben und aufgeschütteter Erde. Vor dem Graben lag ein 250 m breites Glacis, auf dem keine Gebäude stehen oder errichtet werden durften. Rund 1,5 bis 5 km vor dieser Verteidigungslinie, in den Pariser Vororten, lagen Festungsanlagen nach dem Vorbild jener von Vauban. 1860 wurden die Gebiete zwischen der Mur des Fermiers Généraux (Mauer der Generalpächter zur Eintreibung von Steuern für den König) und der neuen Thiers'schen Stadtbefestigung und die darin liegenden Ortschaften Teil von Paris. Die Akzise wurde von da an an den Toren der äußeren Befestigung erhoben. Die imposanten, modernen Verteidigungsanlagen hielten der preußischen Belagerung von Paris stand und bewahrten die Stadt trotz der späteren Niederlage vor Plünderungen. In dem dahinter liegenden Bereich, in dem das Bauen eigentlich verboten worden war, entstanden Hütten aller Art. Nach 1945 wurden die Befestigungsanlagen nach und nach abgerissen, um sozialen Wohnungsbauprojekten, Sportstadien, Hochschulen oder Parkanlagen Platz zu machen. Überreste des Hauptwalls sind: Bastion No. 1 (s. oben) – Ein Stück Mauer im Garten von Les Hauts-de-Malesherbes (Bastion No. 44) (s. S. 325) – Der Verlauf der Thiers'schen Stadtbefestigung lässt sich heute anhand der Boulevards des Maréchaux nachverfolgen.

Pariser Stadtmauern

Paris war während seiner gesamten Geschichte zu Handels- und Verteidigungszwecken von Stadtmauern umgeben. Insgesamt gab es über die Jahrhunderte sieben Befestigungsringe. Von einigen sind noch vereinzelte Überreste vorhanden, andere können nur anhand der Straßenverläufe auf dem Stadtplan nachvollzogen werden.

- Galloromanische Stadtmauer (4. Jh.) (s. S. 71)
- Stadtmauer aus dem 10./11. Jh. (s. S. 75)
- Stadtmauer von Philipp August (1190–1215) (s. S. 80–81)
- Stadtmauer von Karl V. (1356–1420) (s. S. 42–43)
- Mur des Fossés-Jaunes (1543–1640) (s. S. 42)
- Mur des Fermiers Généraux (1785–1790) (s. S. 321)
- Thiers'sche Stadtbefestigung (1840) (s. nebenstehend)

BASTION NR. 1 ⑥

Überreste der Thiers'schen Stadtbefestigung (1840–1845)

Boulevard Poniatowski, aufseiten der Seine auf Höhe der Rue Robert-Etlin
Métro: Porte de Charenton

Am Rande der Ringautobahn ist noch heute die alte Bastion Nr. 1 der Thiers'schen Stadtbefestigung in Form eines unscheinbaren, rund einhundert Meter langen Erdwalls zu erkennen.

Der Wall ist eines der letzten Zeugnisse dieser ab 1841 errichteten Befestigungsanlagen.

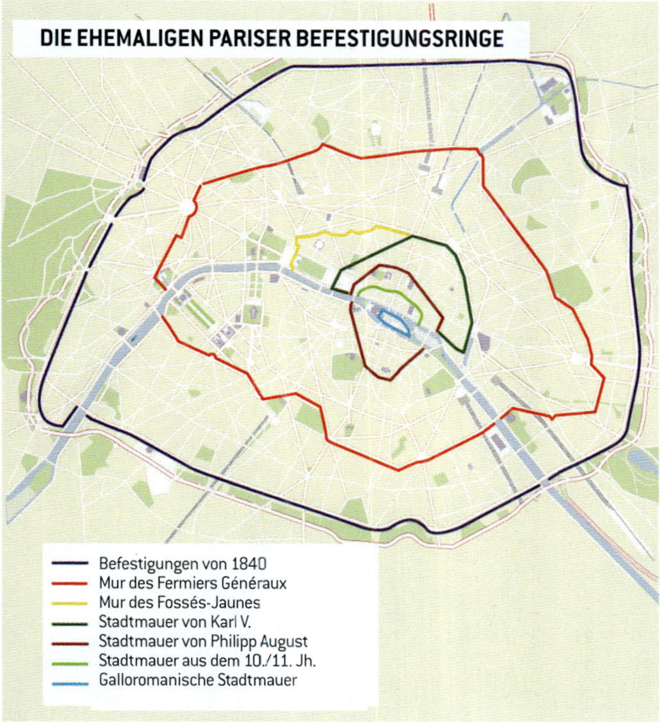

ÉGLISE DU SAINT-ESPRIT

7

Replik der berühmten Hagia Sophia in Istanbul

186, avenue Daumesnil
+33 1 44 75 77 50
Geöffnet täglich von 9:30–19 Uhr
Métro: Daumesnil

Die Église du Saint-Esprit (Heilig-Geist-Kirche), erbaut von 1928 bis 1935 von dem Architekten Paul Tournon, beeindruckt durch ihre schieren Ausmaße. Der von François Hennebique aus Stahlbeton errichtete und außen mit Ziegelsteinen aus dem Burgund verkleidete Bau ist der berühmten Hagia Sophia in Istanbul nachempfunden.

Der Einsatz von Stahlbeton war seinerzeit insbesondere für die Kuppel mit ihren 33 m Höhe (ein Verweis auf das Alter Jesu bei seinem Tod) eine technische Meisterleistung. Die Krypta ist 33 m lang und 27 m breit.

Mehr als 70 Künstler aus den Anfängen des 20. Jahrhunderts waren an der Ausschmückung der denkmalgeschützten Kirche beteiligt, die damit eines der bedeutendsten christlichen Bauwerke der Zwischenkriegsjahre ist.

Weitere Beispiele byzantinischer Architektur in Paris

Kardinal Verdier verfolgte in den Jahren zwischen den beiden Weltkriegen das große Projekt, die Region Paris zu rechristianisieren. Die meisten der rund zehn Kirchen, die er erbauen ließ, waren an die byzantinische Baukunst angelehnt, die seinerzeit als „christlicher“ Baustil schlechthin galt.

Neben der Église du Saint-Esprit sind in dem Zusammenhang auch die Église Sainte-Odile (2, avenue Stéphane-Mallarmé, 17. Arr.) und die Église Sainte-Jeanne-de-Chantal (16. Arr.) sowie ein Umspannwerk der Métro (1, rue de la Cerisaie, 4. Arr.) und die Kapelle des Klosters der Helferinnen zu nennen.

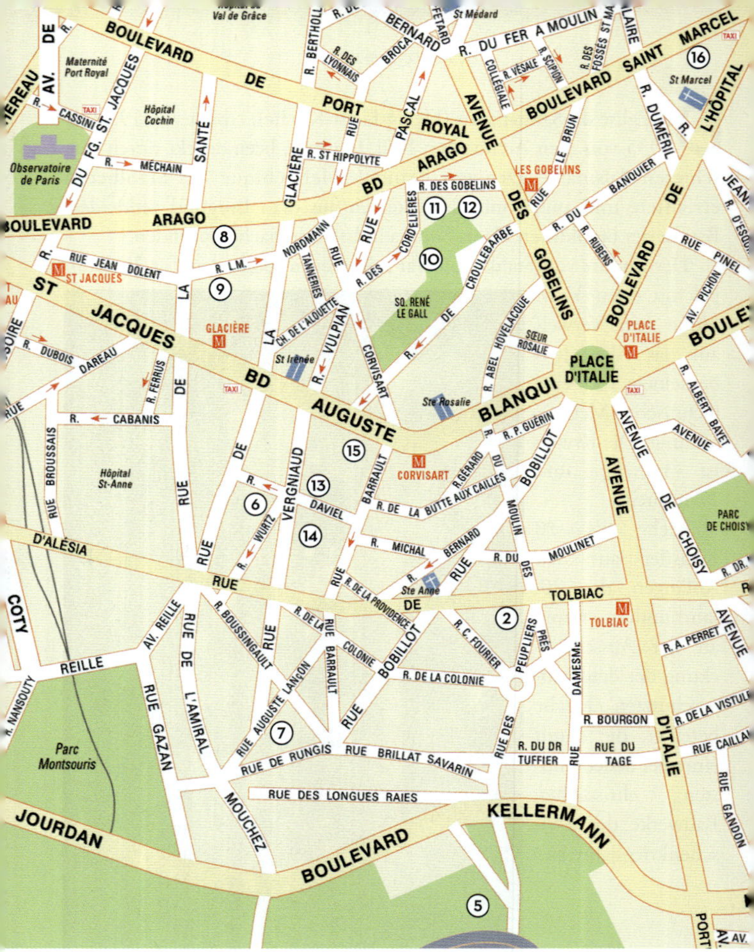

13. Arrondissement

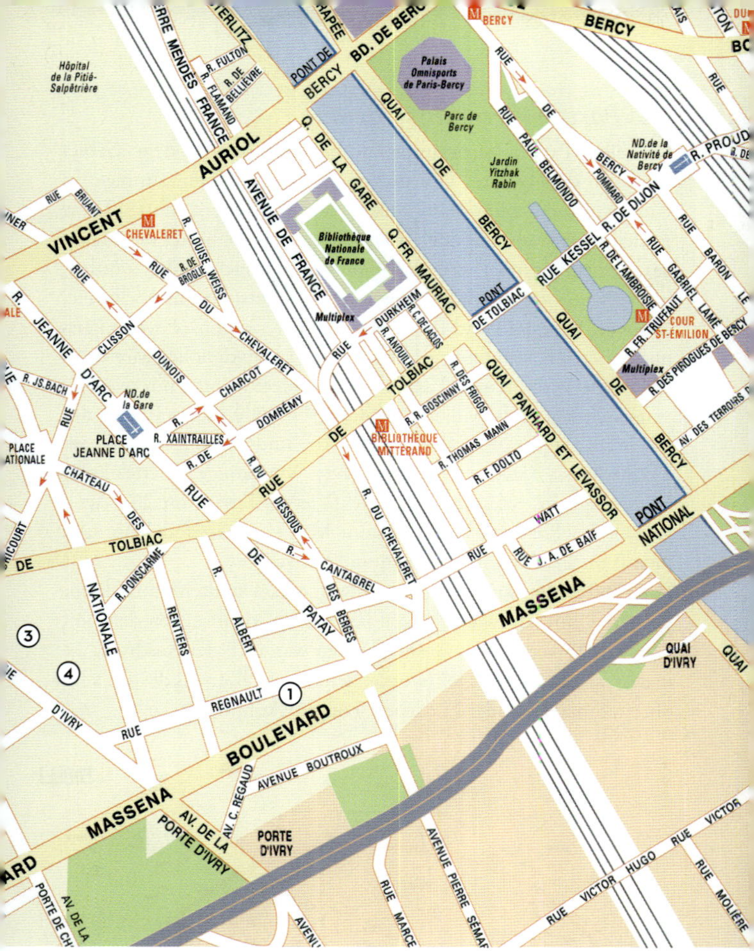
Hôpital de la Pitié-Salpêtrière
BERCY
BD. DE BERCY
PONT DE BERCY
Palais Omnisports de Paris-Bercy
Parc de Bercy
Jardin Yitzhak Rabin
ND.de la Nativité de Bercy
R. PROUDHON
RUE PAUL BELMONDO
RUE DE POMMARD
R. DE DIJON
RUE KESSEL
R. DE L'AMBROISIE
RUE GABRIEL LAMÉ
RUE BARON LE ROY
COUR ST-ÉMILION
R. FR. TRUFFAUT
R. DES PIROGUES DE BERCY
Multiplex
AV. DES TERROIRS DE FRANCE
QUAI DE BERCY
PONT DE TOLBIAC
PONT NATIONAL
QUAI PANHARD ET LEVASSOR
Q. DE LA GARE
Q. FR. MAURIAC
Bibliothèque Nationale de France
AVENUE DE FRANCE
R. FULTON
R. FLAMAND
R. DE BELLIÈVRE
FRANCE
AURIOL
VINCENT
RUE BRUANT
CHEVALERET
R. LOUISE WEISS
R. DE BROGLIE
RUE DU CHEVALERET
RUE CLISSON
R. JEANNE D'ARC
R. JS.BACH
DUNOIS
CHARCOT
ND.de la Gare
PLACE JEANNE D'ARC
PLACE NATIONALE
R. XAINTRAILLES
DOMRÉMY
R. DE
RUE DE TOLBIAC
DURKHEIM
R. C. DE LACLOS
R. ANOUILH
R. DES FRIGOS
R. R. GOSCINNY
BIBLIOTHÈQUE MITTERAND
R. THOMAS MANN
R. F. DOLTO
R. DU DESSOUS DES BERGES
R. DU CHEVALERET
CHÂTEAU DES RENTIERS
TOLBIAC
R. PONSCARME
R. ALBERT
RUE DE PATAY
R. CANTAGREL
WATT
RUE J. A. DE BAÏF
MASSENA
NATIONALE
RENTIERS
QUAI D'IVRY
REGNAULT
RUE D'IVRY
BOULEVARD MASSENA
AVENUE BOUTROUX
AV. C. REGAUD
AV. DE LA PORTE D'IVRY
PORTE D'IVRY
AVENUE PIERRE SÉMARD
RUE MARCEL
RUE VICTOR HUGO
RUE MOLIÈRE
3
4
1

Die Pariser Arrondissements

Das erste Pariser Arrondissement befindet sich in dem Gebiet rund um den Louvre. Von dort aus wird die Nummernfolge im Uhrzeigersinn spiralförmig nach außen weitergeführt. Diese Aufteilung stammt aus den 1860er-Jahren, als die hinter der Mauer der Generalpächter liegenden Faubourgs eingemeindet wurden. Einige Orte gingen vollständig in der Hauptstadt auf (Belleville, Grenelle, Vaugirard und La Villette), andere wurden zwischen Paris und anderen Kommunen geteilt (Auteuil, Les Batignolles-Monceau, Charonne, Montmartre, Passy); wieder andere wurden nur teilweise eingemeindet: Aubervilliers, Bagnolet, Gentilly (Viertel rund um die Métro-Station Glacière im 14. Arr. und Maison-Blanche im 13. Arr.), Issy (Javel im 15. Arr.), Ivry, Montrouge (Viertel Petit-Montrouge im 14. Arr.), Neuilly (Viertel Ternes im 17. Arr.), Pantin, Le Pré-Saint-Gervais, Saint-Mandé (Viertel Bel-Air und Picpus im 12. Arr.), Saint-Ouen und Vanves.
Vor 1860 zählte Paris zwölf Arrondissements. Das dreizehnte akzeptierte die ihm zugewiesene Zahl lange nicht, denn neben dem mit der Zahl 13 verbundenen Aberglauben war auch der Ausdruck „se marier à la mairie du 13e“ (wörtl. „heiraten im Rathaus des 13.“, im übertr. Sinn „in wilder Ehe leben“) negativ konnotiert.

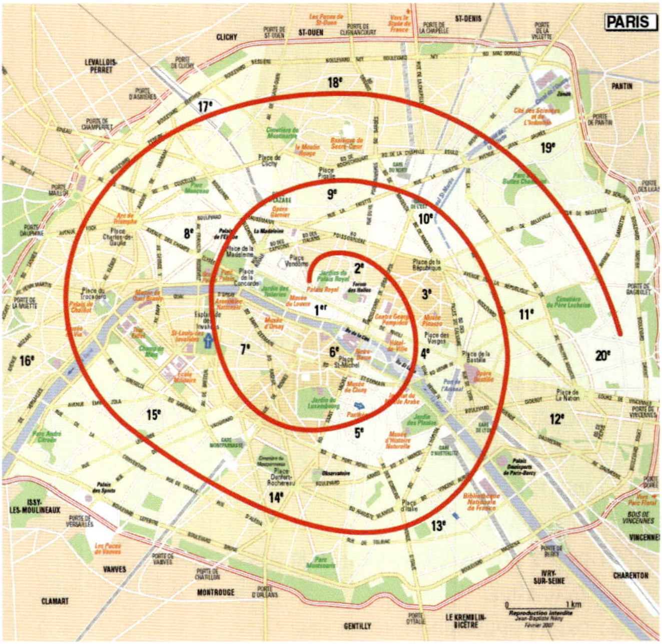

DIE VILLA PLANEIX

①

Kleine Stilübung für Le Corbusier

26, boulevard Masséna
Besichtigung nach Vereinbarung nur am Wochenende
Kontakt: Hélène Planeix, +33 9 79 28 02 41

Die Villa Planeix ist vermutlich der, volumetrisch betrachtet, komplexeste Bau des berühmten Architekten. Das Haus wurde im Privatauftrag des Künstlers Antonin Planeix zwischen 1924 und 1928 erbaut. Damals befand sich hier, am Ausgang der Stadt, das Viertel der Gemüsehändler. „Die Grundstückspreise waren noch niedrig", erinnert sich die Enkelin von Antonin, Hélène Planeix, die heute in der Villa lebt. Auf einem Grundstück in schwieriger abschüssiger Lage, mit Häusern links und rechts, baute Le Corbusier das Haus zunächst auf 4,50 m hohen Pfählen, auf denen die Wohnung und das lichtdurchflutete Atelier auflagen. „Mein Großvater hatte sein Budget jedoch schon weit überzogen und bat den Meister deshalb, das Erdgeschoss miteinzubeziehen und dort zwei Ateliers einzurichten, die er würde vermieten können." Trotz dieser Änderungen weist die Hauptwohnung noch immer die charakteristischen Merkmale eines Le-Corbusier-Baus auf, mit einem über 8 m verglasten Wohnzimmer und (nicht tragenden) Regalwänden. Die Badewanne schmiegt sich in eine gebogene Wandnische, die eigens zu diesem Zweck angelegt wurde.

Le Corbusier (1887–1965)

Le Corbusier wurde als Charles-Édouard Jeanneret-Gris in der französischen Schweiz geboren. Er nahm später die französische Staatsbürgerschaft an und gilt als einer der bedeutendsten Architekten des 20. Jahrhunderts. Einen Namen machte er sich mit seinem Architekturmanifest *Fünf Punkte zu einer neuen Architektur*, in dem er eine freie Grundriss- und Fassadengestaltung, Pfosten (Pilotis), Langfenster und Dachgärten proklamierte. Ebenfalls berühmt wurde er durch sein auf menschlichen Maßen beruhendes Proportionssystem *Modulor*. Zu seinen bekanntesten Arbeiten zählen die Stadt Chandigarh (Indien), der Wohnblock Cité Radieuse in Marseille, die Kapelle von Notre-Dame-du-Haut in Ronchamp (Franche-Comté) und die Villa Savoye in Poissy. Neben der Villa Planeix finden sich in Paris folgende Bauten von Le Corbusier: die Gebäude der Heilsarmee in 12, rue Cantagrel und 29, rue des Cordelières (13. Arr.), die Villa La Roche (s. S. 309) und die Villa Jeanneret, sein eigenes Apartment-Studio in 24, rue Nungesser-et-Coli (an der Grenze des 16. Arr. zum Bois de Boulogne), der Pavillon du Brésil und die Maison de la Suisse in der Cité Internationale (14. Arr.).

Spaziergang rund um die Porte d'Ivry

Métro: Porte d'Ivry

Wenn Sie nicht das Glück (!) haben, in einem der Hochhäuser von Les Olympiades zu wohnen (Es ist wie bei den beiden Wolkenkratzern Tour Montparnasse oder Tour de Jussieu: Ist man drinnen, sieht man sie nicht ...), freuen Sie sich auf die kleinen ländlich anmutenden Fleckchen, die bisweilen mitten aus dem Chaos auftauchen.

Geht man von der Métro-Station Porte d'Ivry aus die Rue Nationale in Richtung Rue de Tolbiac hinauf, gelangt man schon bald zur Passage National, einer kleinen, unscheinbaren Straße, die man gerne entlangschlendert. Neugierige gehen etwas weiter oben durch die charmante Passage Bourgoin. Ein Haus weiter, in der 36, rue Nationale, liegt ein weiterer hübscher Durchgang. Neben der 56 bis, rue Nationale, befindet sich der Eingang zu der kurzen Sackgasse Impasse Nationale. Gehen Sie anschließend aufseiten der geraden Hausnummern die Rue Nationale wieder hinunter bis zur Passage Bourgoin. Hier finden Sie nette kleine Häuschen mit Garten und sogar einen Bouleplatz – mitten in der Stadt! Am anderen Ende der Passage folgen Sie der Rue du Château des Rentiers bis zur Hausnummer 70: Mit ein wenig Glück gelangen Sie mit einem der Anwohner in den schönen Innenhof des durch einen Digitalcode geschützten Gebäudes.

IN DER UMGEBUNG

Square des Peupliers ②

74, rue du Moulin-des-Prés

Der nette Platz aus dem Jahr 1926 ist umringt von hübschen Häusern und niedrigen Gebäuden in einem verwirrenden Geflecht kleiner Gassen. Die schöne Place de l'Abbé Hénocque ganz in der Nähe liegt inmitten ruhiger Straßen mit pastellfarbig gestrichenen Häusern, die Anfang des 20. Jahrhunderts für Arbeiterfamilien gebaut wurden.

TEMPEL DER EINWOHNER KANTONESISCHER HERKUNFT

③

Ein Tempel in einem Parkhaus

37, rue du Disque
Einfacherer Zugang über die Avenue d'Ivry, gegenüber der Nr. 66
+33 1 45 86 80 99
Täglich von 9–18 Uhr
Eintritt frei
Métro: Porte d'Ivry

Der buddhistische Tempel der Freunde der Teochew (sprich: Tiutchiu) befindet sich auf der „Dalle“ (Bodenplatte) des Viertels von Les Olympiades. Doch der Tempel der Einwohner kantonesischer Herkunft liegt noch mal eine Etage tiefer ... Die Rue du Disque, in der sich dieser andere buddhistische Tempel befindet, verläuft unterirdisch und erinnert mit ihrem Müllgestank mehr an ein Parkhaus als an eine Straße.

Im Inneren herrscht jedoch eine ganz andere Atmosphäre. Man wird herzlich empfangen und lässt sich gerne für einen Moment der Andacht oder eine Einführung in die buddhistische und chinesische Kultur nieder.

IN DER UMGEBUNG

Der Tempel der Freunde der Teochew ④

44, avenue d'Ivry
Täglich von 9–18 Uhr
Messe von 15–16 Uhr
Eintritt frei

Um das Jahr 1975 flohen mehrere Hunderttausend Chinesen aus Vietnam in die ganze Welt. Unter ihnen waren etwa 80.000 Chinesen aus der Provinz Guangdong, die sogenannten Teochew, die sich im 13. Arrondissement von Paris niederließen und sich hier ein neues Leben aufbauten.

1985 gründeten sie das Teochew-Zentrum für buddhistische Meditation der Freunde der Teochew in Frankreich, dessen Ziel „ein Miteinander [ist], das die soziale Integration seiner Mitglieder in Frankreich und die kulturelle Identität der Teochew fördert“. In diesem Sinne steht der chinesische und thailändische buddhistische Tempel Angehörigen aller Religionen und Glaubensrichtungen offen.

Der Zugang erfolgt durch die Markthalle (wo man angesichts der Auslagen bereits in eine andere Kultur eintaucht) links in Richtung Esplanade des Olympiades („la Dalle“) und dann rechts. Vergessen Sie nicht, am Eingang des Tempels die Schuhe auszuziehen. Gehen Sie für einen Moment der Einkehr zum Buddha-Altar, wo Sie ein Räucherstäbchen entzünden und Früchte als Opfergabe darbringen. Trinken Sie anschließend einen Tee, lesen Sie Zeitung oder plaudern Sie (wenn Sie Chinesisch sprechen) über die letzten Neuigkeiten aus der chinesischen Gemeinschaft.

DER ZUAVE VON GENTILLY

5

Ein Heiler aus dem Jenseits

7, rue de Sainte-Hélène
+33 1 47 40 58 08
ville-gentilly.fr
Sommer: Täglich von 8–17:45 Uhr, Winter: Montag bis Sonntag von 8–16:45 Uhr
RER B : Station Cité-Universitaire

"Meinem illustren Heiler", „Seine dankbaren Patienten": Es ist das vermutlich am reichsten dekorierte Grab des Friedhofs von Gentilly ... Mehr als einhundert Jahre nach seinem Tod gibt uns der Zuave Auguste-Henri Jacob noch immer Rätsel auf. Den Grabtafeln und Blumengebinden nach zu urteilen, gibt es noch immer einige, die an die Wunderkräfte dieses Heilers aus der Belle Époque glauben, der mit seinem „magnetischen Fluid" Kranke geheilt haben soll. Manch einer kommt sogar an sein Grab, um ihn post mortem um Hilfe zu bitten! Der Zuave Jacob steht wie kein anderer für die geheimnisvolle Welt der Hypnotiseure, Magnetiseure und anderen Esoteriker des 19. Jahrhunderts. Sein Grab liegt in der Allée du Sommet (im oberen Bereich des Friedhofs) zwischen der Allée Principale und der Allée des Acacias. Wer sich für Kuriositäten interessiert, sollte diesem sonderbaren, abschüssigen Friedhof, der sich gut sichtbar zwischen dem Stadion Charléty und dem Autobahnring (in Paris, nicht in Gentilly) befindet, einfach einen Besuch abstatten.

Der Square René Le Gall: eine alte Insel inmitten der Bièvre

Der Square René Le Gall wurde 1930 im südlichen Teil der Île aux Singes (Insel der Affen) zwischen zwei früheren Armen der Bièvre angelegt: der „Bièvre morte" (tote Bièvre) im Westen und der „Bièvre vive" (lebendige Bièvre) im Osten. Der Verlauf der beiden Arme ist noch heute zwischen dem Boulevard Auguste-Blanqui und dem Boulevard Arago zu erkennen. - Die „Bièvre morte" verlief über die heutige Rue Paul-Gervais, zum Square René Le Gall, entlang der rückseitigen Mauer des Lycée Rodin, des Palais du Peuple der Heilsarmee und, ein Stück weiter, des Mobilier national.

Die „Bièvre vive" verlief in einem Bogen entlang der heutigen Rue Edmond-Gondine, der Rue de Croulebarbe und der Rue Barbier-de-Metz. Es fällt nicht schwer, sich die Bièvre anhand der östlich des Square René Le Gall gelegenen Gebäude mit ihren Gerbereien und Gobelin-Manufakturen vorzustellen.

Noch heute existiert in der 41, rue de Croulebarbe, etwas höher als ursprünglich, das Cabaret de Madame Grégoire. In dem Restaurant hängt ein Gemälde aus dem 19. Jahrhundert, das Victor Hugo, Chateaubriand und La Fayette bei einem Essen am Ufer der Bièvre zeigt.

Arcimboldo am Square René Le Gall

Den Park nahe der Gobelin-Fabrik zieren interessante Steinkompositionen, die an Gemälde des Renaissancemalers Arcimboldo erinnern.

Der Einfluss der Bièvre auf das Stadtbild von Paris

Die heute innerstädtisch trockengelegte und vor Paris umgeleitete Bièvre hat zahlreiche Spuren in der Topografie und Toponymie der Stadt hinterlassen. Die Bièvre entspringt aus rund dreißig kleinen Quellen in dem 5 km von Versailles entfernten Örtchen Guyancourt auf einer Höhe von 135 m über dem Meeresspiegel. Sie war ursprünglich 32 km lang und gelangte über die Poterne des Peupliers unter den alten Festungsmauern von 1840 und den heutigen Boulevard Kellerman auf einer Höhe von 38 m in die Stadt und bildete eine s-förmige Schleife um den Hügel Butte-aux-Cailles herum. Der „tote" Arm folgte exakt dem Verlauf der Rue de la Fontaine-Mouchard, der Rue Brillat-Savarin und der Rue Wurtz. In diesem Bereich versorgte die Bièvre zahlreiche kleine Weiher mit Wasser, die im Winter zufroren und deren Eis im Sommer in den noch bis 1890 genutzten Eisgrotten, den sogenannten glacières, Verwendung fand. Daher der Name der direkt westlich des Flussbetts gelegenen Rue de la Glacière.

Die Bièvre passierte anschließend die Mauer der Generalpächter (Mur des Fermiers Généraux) – ein Pfeiler der oberirdischen Métro liegt höher als die anderen am Boulevard Blanqui, was den einstigen Durchfluss der Bièvre markieren soll –, wo ihre beiden Arme die Île aux Singes (s. vorige Seite) umschlossen. Nach dem Faubourg Saint-Marcel floss die Bièvre in Richtung Westen, wo sie auf Höhe der Gare d'Austerlitz die Seine erreichte.

In vorgeschichtlicher Zeit beschrieb die Seine zwischen den Brücken Pont de Bercy und Pont de l'Alma eine weite Schleife nach Norden am Fuße der Hügel von Belleville und Montmartre, während die Bièvre ab Austerlitz im heutigen Bett der Seine verlief. Beide Flüsse trafen an der Pont de l'Alma zusammen. Ein besonders starkes Hochwasser lenkte die Seine direkt in das Bett der Bièvre über. Das nördliche Seine-Bett versumpfte – die Geburtsstunde des Marais-Viertels (marais = Sumpf). Die Bièvre war für das linke Ufer (rive gauche) von großem Wert. Im 12. Jahrhundert wurden zur Bewässerung der Gärten und für den Betrieb der Mühlen Ableitungen gegraben (Canal des Victorins). Insbesondere die Abtei Saint-Victor hatte einen Kanal von dem Fluss ausgehoben, der direkt durch ihre Mauern führte. Diese Passage ist noch heute im Keller der Post an der Ecke Rue du Cardinal Lemoine/Boulevard Saint-Germain zu sehen. Ab dem 14. Jahrhundert zog das saubere Wasser Färber und Brauer an. Im 16. Jahrhundert kamen die von der Place de Grève vertriebenen Gerber an die Ufer, bis das Wasser des Flusses im 19. Jahrhundert schmutzig war und zu stinken begann. 1860 zählte man am Ufer der

Bièvre über 100 Industrieanlagen. Nach umfassenden Kanalarbeiten zwischen 1826 und 1864 musste die Bièvre abgedeckt werden. Die Arbeiten wurden 1910 fertiggestellt.
Anders als man vermuten könnte, liegt die berühmte Rue de Bièvre nicht am früheren Flusslauf, sondern an der von der Abtei Saint-Victor im 12. Jahrhundert angelegten Ableitung.

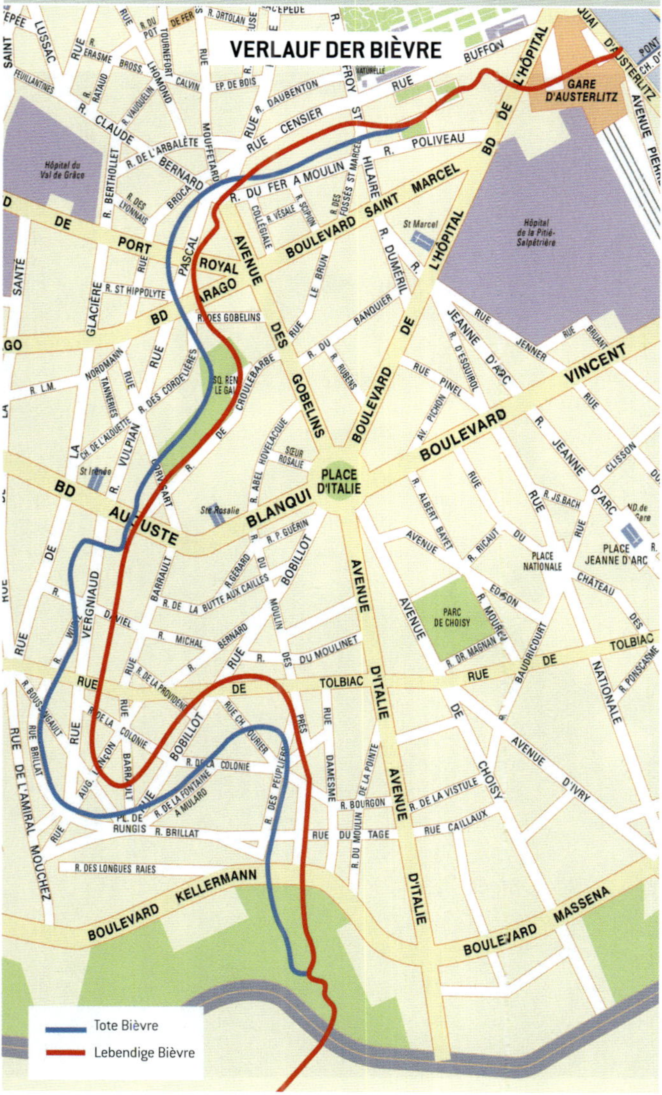

DER TEMPEL DER ANTOINISTEN

⑥

Unsere kleine Farm

34, rue Vergniaud
Lesung der Lehre des Herrn sonntags um 10 Uhr, an den übrigen Wochentagen außer Samstag um 19 Uhr. „Operation“ (durch das Gebet) im Namen des Vaters am Sonntag und den vier ersten Tagen der Woche um 10 Uhr
Métro: Corvisart

Die interessante kleine gelbe Kirche der antoinistischen Bewegung folgt dem Grundprinzip des Glaubens an das Gebet und dessen Heilkräfte. In ihrem Inneren herrscht ein Gefühl der Ruhe und das Ambiente erinnert an die Fernsehserie *Unsere kleine Farm* aus den 1970er/80er-Jahren: Die Männer tragen lange schwarze Gehröcke, die Frauen neben einem schwarzen Kleid eine traditionelle Kopfbedeckung im Stil des 19. Jahrhunderts. Im Tempel ist Stille vorgeschrieben. Wer daran glaubt, darf im „Kabinett" mit einem „Heiler" sprechen, der für die Erlösung von seinem seelischen oder physischen Leid betet. Die Bekämpfung von Schmerz ist eine der Säulen des Antoinismus, wie schon der Titel des zentralen Werks des „Vaters" besagt, das vor Ort verkauft wird: „Erlöse uns von dem Bösen!"

Der Antoinistische Kult

Der 1910 in Belgien gegründete Antoinistische Kult (abgeleitet vom Namen seines Gründers Antonius, von seinen Anhängern „Vater" genannt) wurde von der belgischen Regierung 1922 als gemeinnützige Stiftung anerkannt. Er galt seit dem Parlamentsbericht von 1995 über Sekten als Heilerbewegung, die wie folgt beschrieben wird: „Krankheit wird ebenso negiert wie der Tod (Glaube an die Wiedergeburt); Leid wird durch den Verstand hervorgerufen, nur der Glaube kann das Leid überwinden, nicht das Eingreifen von außen durch medizinische Fachkräfte." Der Antoinistische Kult selbst weist jeden Vergleich mit einer Sekte von sich: Der Kult sei „ein moralisches Werk, das auf Glauben und Selbstlosigkeit beruhe ... öffentlich, für alle gleichermaßen offen und kostenlos". Weiter wird darauf verwiesen, dass der Vater „mehr als 22 Jahre lang Kranke empfing. Als er damit begann, verfügte er über Ersparnisse, die ihm ein Leben ohne Arbeit ermöglichten. Als er starb, besaß er nichts mehr." Heute existieren 64 antoinistische Tempel und 90 Lesesäle weltweit, vor allem in Frankreich, Belgien, Australien und Luxemburg. Der Kult zählt in Frankreich rund 2.500 und weltweit etwa 200.000 Anhänger.

IN DER UMGEBUNG

Die Cité Florale ⑦

36, rue Brillat-Savarin

Beim Bau der 1928 errichteten Cité Florale setzte man auf Einfamilienhäuser, da das für die Anlage vorgesehene Weideland oft durch die Bièvre überschwemmt wurde und für den Bau großer Gebäude daher ungeeignet war. Der Zugang zu den Häusern führte über schmale gepflasterte Straßen mit Blumennamen: Rue des Glycines, Rue des Iris, Square des Mimosas ...

DIE CITÉ FLEURIE

8

Ein bunter Strauß Künstler ...

65, boulevard Arago
Métro: Glacière

Die formidable Cité Fleurie wurde 1880 mit Materialien des Ernährungspavillons der Weltausstellung von 1878 erbaut. Sie ist die älteste Künstlersiedlung von Paris. Wenn der Zugang verschlossen ist, warten Sie, bis einer der Anwohner herauskommt, und bitten Sie ihn höflich, hineingehen zu dürfen. Gelingt das, können Sie entspannt zwischen den 29 Ateliers mit weißer Fassade flanieren, in denen noch immer Künstler ihrer Arbeit nachgehen. Zahlreiche berühmte Persönlichkeiten lebten hier: Gauguin bei Daniel de Montfreid, Modigliani bei dem mexikanischen Maler Zanaga, Jean-Paul Laurens... Die Cité wurde in den 1970er-Jahren auf persönliche Intervention des damaligen Staatspräsidenten unter Denkmalschutz gestellt.

IN DER UMGEBUNG

Die Cité Verte: ... für aufblühende Talente! (9)

147, rue Léon-Maurice-Nordmann

Die 24 individuell gestalteten Atelierwohnungen der Künstlersiedlung Cité Verte liegen malerisch in einer schmalen, begrünten Pflastergasse. Erbaut kurz nach der Cité Fleurie, findet man hier dieselbe ruhige und ländliche Atmosphäre – wenn man das Glück hat, irgendwie hinter das verschlossene Eingangstor zu gelangen.

Château de la Reine Blanche (10)

18 bis, rue Berbier-du-Mets – Zugang über 4, rue Gustave Geoffroy
Kostenlose Führung durch die Eigentümer von April bis September mittwochs und sonntags um 14, 15, 16 und 17 Uhr

Das im 16. Jahrhundert von der Familie Gobelin erbaute Schloss (ein alter Bau mit Tourellen und Dachgauben) wurde jüngst nach Originalplänen saniert. Die einstige Schönheit der um mehrere gepflasterte Höfe angeordneten Gebäude konnte so bewahrt werden. Heute können Besucher den schönen weißen Stein, die Tourellen mit Wendeltreppe (Eine von ihnen, 17 m hoch, stammt aus dem 16. Jahrhundert und wurde aus einem Eichenstamm in einem Stück geschnitzt), die Arkadengalerien und das schöne Eingangstor bewundern.

Hôtel de la Reine Blanche (11)

17, rue des Gobelins

Das Hôtel de la Reine Blanche, nicht zu verwechseln mit dem im selben Straßenblock gelegenen Château de la Reine Blanche, ist bis heute unverändert geblieben und besitzt ebenfalls eine schöne Wendeltreppe.

3 bis, rue des Gobelins (12)

Das frühere Hôtel Mascarini aus dem 17. Jahrhundert befand sich einst im Besitz von Jean de Julienne, Textilhersteller und Freund und Förderer des Malers Watteau. Es liegt im Hinterhof und verfügt über einen schönen Garten und eine Orangerie aus dem 18. Jahrhundert.

PETITE ALSACE

⑬

Der schönste Sozialbau von Paris?

10, rue Daviel
Métro: Corvisart

La Petite Alsace – das Kleine Elsass – wurde ab 1912 von dem Architekten Jean Walter erbaut und ist vermutlich der charmanteste Sozialbau (HLM) von Paris. Die um einen hübsch begrünten Hof angelegten vierzig kleinen Fachwerkhäuser im elsässischen Baustil wurden seinerzeit für die Wohnungsbaugesellschaft „Habitation familiale" (Familienwohnen) errichtet. Die Anlage untersteht der Verwaltung des Pariser HLM-Büros. Man kann sich also offiziell auf die Warteliste setzen lassen.

IN DER UMGEBUNG

Villa Daviel ⑭

7, rue Daviel

Vergessen Sie nicht, beim Verlassen der Petite Alsace einen Blick in die Villa Daviel gegenüber zu werfen, eine hübsche kleine Privatstraße mit netten Häuschen.

Petite Russie: Wohnraum für russische Taxifahrer ⑮

22, rue Barrault – Métro: Corvisart

La Petite Russie – das Kleine Russland – bietet einen ungewohnten Anblick: zwei Reihen von Häusern im Datscha-Stil, erbaut 1912 zur Unterbringung russischer Revolutionsflüchtlinge. Bei den Migranten handelte es sich vorrangig um Aristokraten, die nun als Taxifahrer arbeiteten und die direkt darunter liegende Garage als Parkplatz nutzten. Der Zugang gestaltet sich leider etwas schwierig. Bitten Sie die Anwohner freundlich darum, Ihnen die Eingangstür des Gebäudes zu öffnen. Steigen Sie dann die Treppe hinauf und betrachten Sie die Anlage mit ihren kleinen Häusern, deren Erdgeschoss im ersten Stock liegt, von der Esplanade aus. Der Blick von der Terrasse aus lohnt ebenfalls: In Richtung Süden ist die Wohnanlage Petite Alsace zu sehen und linkerhand das Flussbett der Bièvre.

Spuren des Frauenklosters Couvent des Cordelières

Auf dem Gelände des späteren Krankenhauses „Hôpital Broca" (54/56, rue Pascal) ragen in einem Garten Ruinen in den Himmel. Sie sind die letzten Spuren des Couvent des Cordelières (Kloster der Kordelträgerinnen), das hier 1289 gegründet wurde. Was heute im Garten zu sehen ist, ist alles, was nach den Bauarbeiten von 1974 davon noch übrig blieb.

DER TEMPEL DER MENSCHENRECHTE

⑯

Eine ägyptisch inspirierte Freimaurerfassade

5, rue Jules-Breton
Keine Besichtigung
Virtuelle Besichtigung des Tempels unter droithumain-france.org
Métro: Saint-Marcel

In einer unscheinbaren Straße des 13. Arrondissements sticht das Gebäude in der 5, rue Jules Breton sofort ins Auge. Die ägyptisch inspirierte Fassade weist mehrere Säulen mit lotusblütenförmigen Kapitellen und Anch-Kreuzen (ägyptischen Henkelkreuzen) an der Balkonbalustrade auf. Die Inschrift oberhalb der Säulen lautet: „Le Droit Humain" (das Menschenrecht) und ist der Name einer ab 1893 von Georges Martin (1844–1916) gegründeten gemischtgeschlechtlichen (!) Loge der Freimaurer. Der am Fuße der Säulen eingeschriebene Satz fasst den Grundsatz zusammen: „In der Menschheit hat die Frau dieselben Pflichten wie der Mann. Sie muss dieselben Rechte in der Familie und in der Gesellschaft haben." Der Orden zählt heute rund 12.000 Mitglieder. Eine Besichtigung des Tempels ist leider nicht möglich.

Das Anch-Kreuz

Das Anch- oder Henkelkreuz (lt. crux ansata) steht als altägyptische Hieroglyphe für „Leben". Vermutlich entstand es ursprünglich als stilisierte Darstellung der Wirbelsäule eines Ochsen, der Kraft und Stärke symbolisierte. Das Anch ist in der ägyptischen Kunst häufig auf Porträts in den Händen einer Gottheit zu finden, die über den mumifizierten Körper eines Verstorbenen wacht. Auch Spiegel wiesen häufig die Form des Anch auf. Heute wird diese Kreuzform von der koptischen Kirche in Ägypten und Äthiopien verwendet.

Jeanne d'Arc in Paris und im 13. Arrondissement

In Paris gibt es fünf Statuen der Jungfrau von Orléans. Neben der berühmten Statue von Frémiet in der Rue des Pyramides gibt es vier weitere: Rue Jeanne-d'Arc (13. Arr.), an der Esplanade du Sacré-Cœur (18. Arr.), auf dem Vorplatz der Kirche Saint-Augustin (8. Arr.) und an der Fassade von Saint-Denis-de-la-Chapelle (18. Arr.). Ihr Kopf ist zudem an der Fassade der 163, rue Saint-Honoré abgebildet. Eine Tafel erinnert daran, dass sie hier von einem Pfeil der Engländer getroffen und verwundet wurde. Neben der Statue, einem Platz und einer Straße erweist das 13. Arrondissement der Jungfrau auch an anderer Stelle die Ehre: Die Rue de Patay trägt den Namen eines ihrer wichtigsten Siege, die Rue Domrémy erinnert an ihr Geburtsdorf und die Rues La Hire und Xaintrailles nehmen Bezug auf zwei ihrer Mitstreiter.

14. Arrondissement

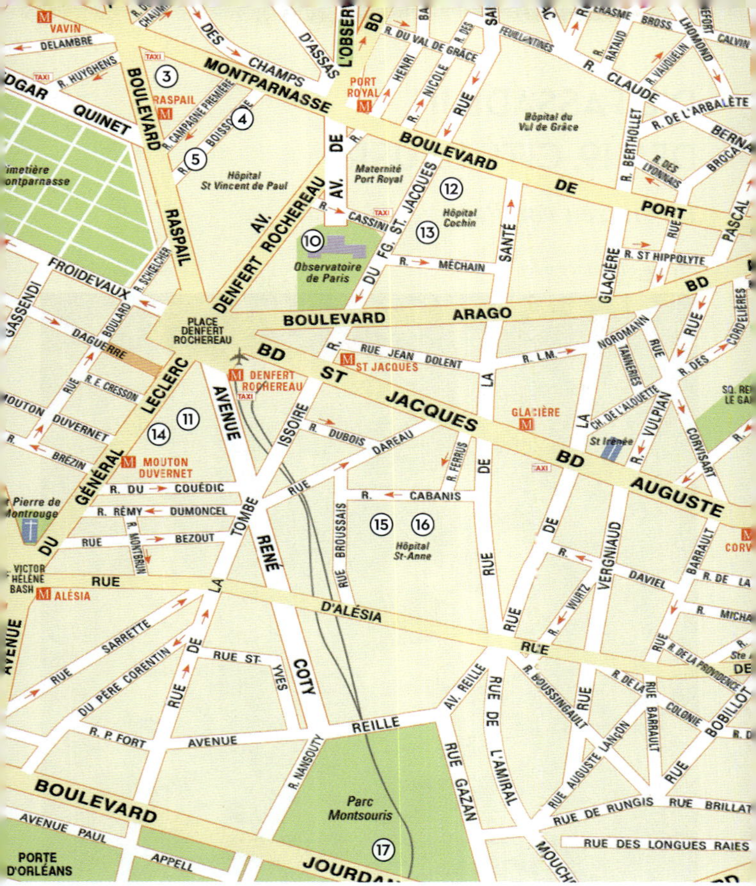
VAVIN
DELAMBRE
R. HUYGHENS
QUINET
BOULEVARD
RASPAIL
BOULEVARD MONTPARNASSE
DES CHAMPS
D'ASSAS
L'OBSER
BD
R. DU VAL DE GRÂCE
PORT ROYAL
FEUILLANTINES
R. CLAUDE
R. RATAUD
R. VAUQUELIN
LHOMOND
CALVIN
R. DE L'ARBALÈTE
Hôpital du Val de Grâce
BOULEVARD DE PORT
R. BERTHOLLET
R. DES LYONNAIS
BROCA
PASCAL
R. CAMPAGNE PREMIÈRE
R. BOISSONADE
Hôpital St Vincent de Paul
Maternité Port Royal
AV. DE
DENFERT ROCHEREAU
AV.
R. CASSINI
FG. ST. JACQUES
Hôpital Cochin
Observatoire de Paris
R. MÉCHAIN
SANTÉ
R. ST HIPPOLYTE
GLACIÈRE
FROIDEVAUX
R. SCHOELCHER
GASSENDI
BOULARD
DAGUERRE
PLACE DENFERT ROCHEREAU
BOULEVARD ARAGO
BD ST JACQUES
RUE JEAN DOLENT
ST JACQUES
DENFERT ROCHEREAU
R. L.M.
NORDMANN
TANNERIES
CH. DE L'ALOUETTE
VULPIAN
R. DES CORDELIÈRES
GLACIÈRE
St Irénée
CORVISART
BD AUGUSTE
LECLERC
R. E. CRESSON
MOUTON DUVERNET
BRÉZIN
AVENUE
ISSOIRE
R. DUBOIS
DAREAU
R. FERRUS
R. CABANIS
R. DU COUÉDIC
R. RÉMY DUMONCEL
RUE BEZOUT
R. MONTBRUN
GÉNÉRAL
DU
TOMBE
RENÉ
RUE BROUSSAIS
Hôpital St-Anne
RUE DE LA
VERGNIAUD
R. WURTZ
DAVIEL
BARRAULT
Pierre de Montrouge
RUE D'ALÉSIA
ALÉSIA
SARRETTE
DU PÈRE CORENTIN
RUE ST-YVES
COTY
AV. REILLE
RUE DE L'AMIRAL
R. BOUSSINGAULT
R. DE LA PROVIDENCE
R. DE LA COLONIE
BOBILLOT
R. P. FORT
AVENUE
REILLE
R. NANSOUTY
RUE GAZAN
RUE AUGUSTE LANÇON
RUE DE RUNGIS
RUE BRILLAT
Parc Montsouris
RUE DES LONGUES RAIES
BOULEVARD
AVENUE PAUL APPELL
PORTE D'ORLÉANS
JOURDAN

DIE FASSADE IN DER 19, CITÉ BAUER

①

Im Herzen von Paris

Métro: Plaisance oder Pernéty

Die schöne Tür mit den zwei Herzen wurden 1959 von Alexandre Mezei entworfen, einem ungarischen Künstler, der in diesem Haus lebte. Oben links zeigt die von der Art nouveau inspirierte Arbeit einen sitzenden Schäfer, der mit seinem Hund seine Herde bewacht und Flöte spielt. Ein malerisches Beispiel einer Baukunst, die der französischen Hauptstadt ihren besonderen Charme verleiht.

IN DER UMGEBUNG

Der Hinkelstein in der 133, rue Vercingétorix ②

Auf dem kleinen Platz gegenüber dem Haus mit der Nummer 133 in der Rue Vercingétorix thront zwischen einem Basketballfeld und einem Kinderspielplatz ein – Hinkelstein! Auf einer Bodentafel steht die kaum zu entziffernde Inschrift: „Dieser von sieben bretonischen Granitarbeitern behauene Hinkelstein wurde der Stadt Paris auf Initiative der Industrie- und Handelskammer des Départements Morbihan geschenkt und von Alain Poher, Senatspräsident, am 13. [18.?] Dezember 1983 [1988?] eingeweiht."

Für alle Liebhaber der Bretagne: Die Region hat auch auf der anderen Seite der Gleise mit einem echten bretonischen Leuchtturm ihre Spuren hinterlassen.

Ausgefallene Grabstätten auf dem Friedhof von Montparnasse

Der Friedhof von Montparnasse ist zwar weniger verwunschen und geheimnisvoll als der Père-Lachaise, aber es finden sich dort auch einige ausgefallene Grabstätten, die einen näheren Blick lohnen. Etwa das Grab mit der Skulptur Der Kuss (1910) des rumänischen Bildhauers Constantin Brâncuşi. Die Arbeit zeigt ein steinernes, in inniger Umarmung verschlungenes Liebespaar und ziert das Grab von Tanja Rasevskaja (Allée Émile-Richard). Schließlich sind in Montparnasse die Überreste der alten Mühle der Barmherzigkeit (charité) zu sehen, die hier bereits stand, bevor der Friedhof angelegt wurde.

Ein Hotel auf Reisen

Das von Jean-Baptiste Le Boursier ursprünglich an der Ecke Champs-Élysées / Rue de la Boétie 1784 erbaute Hôtel de Massa (38, rue du Faubourg Saint-Jacques) geriet Anfang des 20. Jahrhunderts in die Mühle eines Immobilienbauprojekts. Anstatt jedoch abgerissen zu werden, wurde es Stein für Stein abgetragen und 1929 an seinem heutigen Standort wieder aufgebaut. Heute beherbergt es die Schriftstellervereinigung Société des gens de lettres, die 1838 von Isidore Taylor gegründet wurde, der auch für den Kauf und den Transport des Obelisken von Luxor nach Paris verantwortlich zeichnete.

IN DER UMGEBUNG

126, boulevard du Montparnasse ③

Für dieses schöne Ensemble ruhiger, lichtdurchfluteter Ateliers und Wohnungen zeichnet der Architekt und Dekorateur Louis Süe (1875–1968) verantwortlich. Die netten Künstlerateliers in der 3 bis (für den Maler Lucien Simon), 5 (für den Maler Jean-Paul Laurens) und 7 (für den Maler Czernikowski) rue Cassini ganz in der Nähe wurden ebenfalls nach seinen Entwürfen gebaut.

9, rue Campagne-Première ④

Hinter der mit Digitalcode gesicherten Tür (bitten Sie einen herauskommenden Anwohner, kurz eintreten zu dürfen) verbirgt sich eine Siedlung mit rund einhundert Künstlerateliers, die mit Materialien aus dem Abriss der Weltausstellung von 1889 erbaut wurden.

31, rue Campagne-Première ⑤

Das schöne, 1911 von André Arfvidson errichtete und beim Pariser Fassadenwettbewerb ausgezeichnete Gebäude ist ein schönes Beispiel für den Übergang von Art nouveau (Fassade mit Bigot-Keramik in Ocker und Beige) zur Moderne (Künstlerateliers, große Glasfenster, Betongerüst).

Die Fassade der 7, rue Lebouis ⑥

Das von dem Architekten Émile Molinié 1913 erbaute Haus in der 7, rue Lebouis verfügt über eine schöne Fassade mit einem Sgraffito (Fassadenfresko), wie man sie aus Brüssel kennt (s. Reiseführer Secret Brussels im selben Verlag). Das Gebäude wurde beim Fassadenwettbewerb von 1913 ausgezeichnet.

Ein hängender Garten – der Jardin Atlantique ⑦

Place des Cinq Martyrs du Lycée Buffon
Ganztägig geöffnet, nachts geschlossen
Métro: Montparnasse-Bienvenüe oder Gaîté

Der *Jardin Atlantique* ist das Werk der Landschaftsgärtner François Brun und Michel Pena. Von der Straße aus ist dieses grüne Kleinod nicht zu sehen. Wenn Sie etwas Ruhe suchen, werden Sie dort auf jeden Fall fündig. Tipp: Der Eingang zum Garten liegt in Richtung des Denkmals der Befreiung.

Die modern angelegte Grünanlage ist eine überraschende – und durchaus gelungene – Mischung aus Natur, Stahl und Holz (in Form hängender Übergänge). Ebenso findet man dort die üblichen Gestaltungselemente wie in anderen Parks auch, also Rasenflächen, verschiedene Baumarten, einen Teich, Tischtennisplatten – und viele Studierende, die die Sonne genießen. Der besondere Charme der Anlage rührt daher, dass sie über den Gleisen des Bahnhofs von Montparnasse „hängt", dessen lautes, geschäftige Treiben zwar nach oben dringt, was die angenehme Stimmung aber nicht beeinträchtigt. Auch die großen Gebäuderiegel um die Anlage herum tragen ihren Teil dazu bei, weil sie diesen besonderen Ort vor dem Verkehrslärm schützen. Mit ihren Vorhangfassaden verleihen sie dem Park bisweilen eine wahre Blade-Runner-Atmosphäre. In verschiedenen Filmen der Nouvelle Vague sind sie tatsächlich zu sehen, z. B. in *Zwei oder drei Dinge, die ich von ihr weiß* von Jean-Luc Godard.

ÉGLISE NOTRE-DAME-DU-TRAVAIL ⑧

Die erste Kirche in Industriearchitektur

59, rue Vercingétorix
+33 1 44 10 72 92
notredamedutravail.net
Montag bis Freitag von 7:30–19:45 Uhr, Samstag von 9–19:30 Uhr, Sonntag von 8:30–19:30 Uhr
Messe samstags um 18:30 Uhr, sonntags um 9 Uhr (außer in den Schulferien) (auf Portugiesisch), um 10:45 Uhr und um 18 Uhr (auf Latein)
Métro: Gaîté

Von außen gleicht die Kirche Notre-Dame-du-Travail vielen anderen Kirchen. In ihrem von Jules Astruc gestalteten Inneren offenbart sich dem Besucher ein bemerkenswertes Beispiel der Industriearchitektur. Das unverkennbar von Eiffel und Baltard inspirierte Gerüst des Schiffes besteht aus 135 Tonnen Eisen und Stahl.

Dieses für ein Gotteshaus untypische Dekor spiegelt den tiefsten Wunsch von Abt Soulange-Bodin wider, der 1896 zum örtlichen Gemeindepfarrer ernannt wurde.

Er wollte eine Kirche errichten, die „auf dem Boden der Religion die Arbeiter aller Klassen“ vereint. Die neue Kirche, die den Arbeiter an seine Fabrik erinnern und ihm damit eine vertraute Umgebung bieten sollte, wurde der Lieben Frau der Arbeit gewidmet, von der bereits eine Statue existierte.

In der Kirche liegt ein 552 kg schweres Stück Kriegsbeute. Die Glocke der Gemeinde – ein Geschenk Napoleons III. (1865) – stammt ursprünglich aus Sewastopol und gelangte im Rahmen des Krimfeldzuges nach Paris.

IN DER UMGEBUNG

Place de l'amphithéâtre und Place de Séoul ⑨

Zugang über die Rue Vercingétorix

Das in den 1980er-Jahren wieder aufgebaute Viertel um die Place de Catalogne ist das Werk des katalanischen Architekten Ricardo Boffil. Wenngleich die Place de l'Amphithéâtre und die Place de Seoul noch immer keine allgemeine Zustimmung finden, so handelt es sich doch um ein schönes Beispiel einer zeitgenössischen klassischen Architektur. Man findet sie nicht auf Anhieb und selbst viele Einheimische kennen diese beiden Plätze mit ihren angenehm ruhigen Parkanlagen nicht.

DAS HAUS DES BRUNNENMEISTERS

⑩

Königliches Wasser

42, avenue de l'Observatoire
Programm erhältlich unter +33 1 48 87 74 31 oder während der Journées du Patrimoine (Vereinigung Paris historique)
paris-historique.org – contact@paris-historique.org
Métro: Denfert-Rochereau

Das Haus des Brunnenmeisters lässt sich besichtigen, wenn man vorab telefonisch nach dem Vortragsprogramm fragt. Die Maison du fontainier wurde zwischen 1619 und 1623 von den Brüdern Gobelin nach Entwürfen von Salomon de Brosse als Wohnhaus für den Brunnenmeister des Königs erbaut. Zudem bot es die Möglichkeit, einen „Blick“ (s. S. 367) auf das vom Aquädukt von Arcueil hergeleitete Wasser zu werfen. Heute fließt das Wasser nicht mehr durch das Haus des Brunnenmeisters, sondern gelangt auf direktem Wege in den Speicher von Montsouris.

Der Besuch bietet auf originelle Weise Einblick in die Wasserversorgung von Paris im Verlauf der Jahrhunderte. Zu sehen sind drei alte Speicherbecken (des Königs, der Stadt und der Karmeliten), die – nomen est omen – verschiedene Orte in Paris versorgten: den Palais du Luxembourg, den Konvent Val-de-Grâce, das Kloster der Karmelitinnen und 13 Brunnen.

IN DER UMGEBUNG

Der Schacht an der Avenue René Coty (11)

Hinter dem schönen geriatrischen Krankenhaus La Rouchefoucauld (Eingang über die Avenue du Général Leclerc) befindet sich ein interessanter kleiner Aufbau. Es handelt sich dabei um einen alten Schacht der Wasserleitungen aus Arcueil (s. unten).

Das Brücken-Aquädukt von Arcueil

Anders als man vielleicht erwarten würde, erfolgt die Trinkwasserversorgung von Paris noch heute über Aquädukte (s. S. 369). Auch das Aquädukt von Arcueil ist noch immer in Betrieb: Tag für Tag fließen rund 145.000 m³ Wasser durch das Tal der Bièvre. Das Aquädukt von Arcueil verbindet zwei, mit mehreren Jahrhunderten Abstand errichtete Bauwerke: das Aqueduc de Marie und das Aqueduc de la Vanne. Maria de' Médici ließ zwischen 1613 und 1623 nach Entwürfen von Sully (die die Nutzung einer galloromanischen Wasserleitung vorsahen, die das Wasser der Quellen von Rungis und Wissous aufnahm) ein neues Aquädukt bauen. Dieses füllte ein Becken nahe der Montagne Sainte-Geneviève und versorgte insbesondere die Fontaine Médicis im Palais du Luxembourg. Noch heute fließen rund 2.000 m³ Wasser über das Aqueduc de Marie, wobei das in Rungis aufgenommene Wasser in die Speicherbecken im Parc Montsouris geleitet wird. Beim Aqueduc de la Vanne handelt es sich um den oberen Teil des Aquädukts von Arcueil. Geplant auf Initiative des Ingenieurs Belgrand und von Baron Haussmann wurde es 14 m über dem Aqueduc de Marie angelegt.

DER KREUZGANG DES HÔPITAL COCHIN

⑫

Ein verborgenes Paradies

123, boulevard de Port-Royal
Offiziell keine Besichtigungen
Die Mitarbeiter der Krankenhausverwaltung lassen Besucher aber auf freundliche Nachfrage gerne ein
RER: Port-Royal

Der wenig bekannte Kreuzgang des Hôpital Cochin ist ein friedvoller Ort, der einen Besuch unbedingt lohnt. Gehen Sie hinter dem Eingang am Boulevard de Port-Royal den Wegweisern nach bis zur Kapelle.

Der Kreuzgang gehörte einst zu dem Nonnenkloster von Port-Royal-des-Champs, das Anfang des 13. Jahrhunderts in der Vallée de Chevreuse gegründet wurde. 1625 zog das Kloster unter Leitung von Angélique Arnauld nach Paris, wo es ab 1635 als Heimstätte des Jansenismus Berühmtheit erlangte. Blaise Pascal zählte zu den häufigen Besuchern der Gemeinschaft der Töchter des Heiligsten Sakraments.

Nach seiner Schließung im Zuge der Revolution wurde in dem Kloster das Gefängnis „Port-Libre" untergebracht. Seit 1795 ist es ein Krankenhaus.

Das letzte öffentliche Pissoir von Paris

Am Boulevard Arago thront direkt vor dem Gefängnis La Santé das letzte Pissoir (vespasienne) von Paris. Der Graf von Rambuteau, Präfekt des Départements Seine, ließ es Anfang des 19. Jahrhunderts hier aufstellen, nachdem er aus offensichtlichen hygienischen Gründen den Bau öffentlicher Urinale angeordnet hatte. Diese ersetzten die an den Straßenecken aufgestellten, mit Sägemehl gefüllten Aborte (die sogenannten barils d'aisance) und boten dem Nutzer durch ihre Eisenwände eine gewisse Intimität beim Verrichten der Notdurft.

Doch Fortschritt und Gleichberechtigung verpflichten: am 21. Dezember 1959 wurde die Abschaffung der vespasiennes beschlossen. Es sollten aber noch viele Jahre vergehen, bis 1980 schließlich die Einrichtung der ersten vier öffentlichen Toiletten beschlossen wurde, die auch von Frauen genutzt werden konnten. Nebenbei bemerkt: Die neue Ära der öffentlichen Hygiene läutete zugleich das Ende der kostenlosen Bedürfnisanstalten ein.

Warum und weshalb diese vespasienne aus dem 19. Jahrhundert dem Abriss entging, ist nicht bekannt. Es ist im Gespräch, sie unter Denkmalschutz zu stellen.

Das Wort „vespasienne" geht auf den römischen Kaiser Vespasian zurück. Dieser war für seinen Geiz bekannt und führte eine Urinsteuer ein, die über kostenpflichtige Urinale in den Straßen von Rom eingezogen wurde. Der Ausspruch „pecunia non olet" („Geld stinkt nicht") soll von ihm stammen.

DIE CARRIÈRES DES CAPUCINS

⑬

20 Meter unterhalb von Paris

Hôpital Cochin
27, rue du Faubourg-Saint-Jacques
Die Besichtigung muss man sich erarbeiten: Anmeldung per E-Mail an jlhr-faure@wanadoo.fr (gerne öfters mal nachfragen) oder auf dem Postweg an das Hôpital Cochin (Anschrift s. o.) zu Händen der Association SEADACC (postalische Anfragen werden nicht selten gegenüber Anfragen per E-Mail bevorzugt)
Dauer der Besichtigung: 1 bis 2 Stunden
Nicht barrierefrei und nicht empfohlen für Menschen mit Platzangst
RER: Port-Royal

Irgendwo zwischen einer geführten Besichtigung der Katakomben von Denfert-Rochereau und einer Nacht- und Nebel-Aktion (illegal Zugang verschaffen und mit Plänen bewaffnet auf ins Abenteuer …) ordnet sich ein Besuch der Steinbrüche der Kapuziner ein. Sie befinden sich mehr als 20 m unter der Erdoberfläche und ihr Besuch ist ein besonderes Erlebnis. Zu verdanken haben wir die Besichtigungsmöglichkeit einem Verein, dessen Mitglieder sich mit Stirnlampen und Schaufeln seit Jahren der Sanierung des alten Steinbruchs verschrieben haben.

Der heute denkmalgeschützte Steinbruch ist weltweit einzigartig. Im 15. und 16. Jahrhundert wurde der hier abgebaute Stein zum Bau der Kapelle des Kapuzinerkonvents verwendet. Häufig kam es während der Arbeiten im Steinbruch zu Verletzungen, sodass Jean-Baptiste Cochin 20 m weiter oben eine Krankenstation einrichten ließ: der Vorgänger des Hôpital Cochin.

In dem Steinbruch, aus dem 30 % der Steine von Notre-Dame stammen, wurde durch einen Zufall auch die unterirdische Pilzzucht erfunden. Viele Kutscher warfen ihren Pferdemist hinein, auf dem in der feuchtwarmen Umgebung schon bald die ersten Champignons wuchsen. Die von Mitgliedern des Vereins ehrenamtlich durchgeführte Führung beginnt mit dem rund einhundert Stufen tiefen Abstieg. In den Gängen, die so breit sind „wie ein Mann mit einer Schubkarre", nimmt die Führung schon bald einen überraschenden Verlauf: eingetaucht in das schummrige Licht der Natriumdampflampen führen die nassen Gänge (die Luftfeuchtigkeit liegt bei 90 %) zum Kapuzinerbrunnen (Fontaine des Capucins). Dieser halbkreisförmige Brunnen mit seiner Wasserstandsanzeige und seiner geschwungenen Treppe, die bis zum Grundwasser hinabreicht, wurde 1810 erbaut.

VILLA ADRIENNE

⑭

Künstler auf dem Land

Eingang über die Avenue du Général Leclerc
Métro: Mouton Duvernet

Die 1870 für Militärangehörige und Kleriker errichtete Villa Adrienne ist für ihre Bewohner ein kleines Paradies, nur zwei Schritte von der belebten Place Denfert-Rochereau entfernt. Die Villa ist um einen privaten Park herum angelegt, dessen harmonisches, ruhiges Ambiente keine Wünsche offen lässt: gepflegter Rasen, Schatten spendende Bäume, einladende Bänke und gleichmütige Statuen. Rundherum erstrecken sich auf drei Seiten schöne Häuser aus rotem und weißem Backstein mit hübschen Balkongeländern aus Terrakotta, die die Namen berühmter Persönlichkeiten wie Racine und Corneille tragen. Auf der vierten Seite stehen prachtvolle Hôtels particuliers.

Ländliches Ambiente und Architektur im Süden des 14. Arrondissements: ein Spaziergang

Der südliche Teil des 14. Arrondissements ist voller malerischer, kaum bekannter ländlicher Winkel, die oft vor den Blicken der Passanten gut verborgen sind. Auch die Bauten von berühmten modernen Architekten wie Auguste Perret oder Le Corbusier sind hier zu finden. Ist der Zugang zu ihnen durch einen Digitalcode gesichert, fragen Sie freundlich bei den Anwohnern nach. Vielleicht habe Sie ja Glück ...

29, rue Boulard: Privatstraße. Zutritt evtl. auf Nachfrage bei Anwohnern. Schöne Gasse mit Häusern mit Garten. Der einfache Bankangestellte Gauguin begann hier, im Atelier seines Freundes Émile Schuffenecker, mit der Malerei.

14 bis, rue Mouton-Duvernet: Hinter der Eingangstür verbergen sich ein gewundener, grün umrankter Pfad sowie mehrere Einfamilienhäuser mit eleganten Vordächern.

Villa Hallé: 36, rue Hallé: malerische Privatgasse, die in dem Film *Eine politische Liebesaffäre* mit Catherine Deneuve als Kulisse diente. Zwei Schritte weiter liegt an der Kreuzung Rue Hallé und Rue d'Alembert ein schöner, halbmondförmiger Platz.

Square Montsouris: Das Haus ganz am Ende ist von Le Corbusier. Der Platz ist in Wirklichkeit eine Straße. Wie wir finden, eine der schönsten von Paris.

Rue Georges Braque: Im Haus mit der Nummer 6 des berühmten Architekten Auguste Perret lebte der Maler Georges Braque.

Rue du Parc Montsouris, Villa du Parc Montsouris und Impasse Nansouty

Villa Seurat: Das Haus mit der Nummer 7 bis wurde ebenfalls von Perret für die Bildhauerin Chana Orloff erbaut. Chaim Soutine und Henry Miller wohnten einst ebenfalls in der Impasse (dt. Sackgasse).

Villa Alésia: 111, rue d'Alésia und 39 bis, rue des Plantes.

Villa Jamot: 105 und 107, rue Didot. Der Zugang ist durch einen Digitalcode gesichert. Warten Sie ein paar Minuten und bitten Sie herauskommende Anwohner freundlich um Erlaubnis, einen Blick auf dieses entzückende Kleinod werfen zu dürfen.

Musée Sainte-Anne

⑮

Centre Hospitalier Sainte-Anne. Pavillon L, 2. Stock, 1, rue Cabanis
+33 1 45 65 84 33
Dienstag und Donnerstag nach Vereinbarung von 14–19 Uhr
Eintritt frei
(Kostenlose) Führungen auf Anfrage am Empfang des Museums

Das in einem alten Schlafsaal untergebrachte Museum widmet sich dem Krankenhausleben im Hôpital Sainte-Anne seit Aufnahme des ersten Patienten im Mai 1867. Die Sammlung an Instrumenten, Gemälden und Fotos wie das für Gehirnsektionen verwendete chirurgische Besteck in einem lackierten und gepolsterten Holzköfferchen lässt niemanden kalt. Einziger Wermutstropfen: Besucher müssen heute bei Führungen leider auf den berühmten Dr. Freddy verzichten.

Die Arago-Medaillons von Jan Dibbets

1994 gab die Stadt Paris bei dem Künstler Jan Dibbets ein Werk aus 135 Bronzemedaillons mit 11 cm Durchmesser in Auftrag, auf denen der Name Arago und die Buchstaben N (für Norden) und S (für Süden) zu lesen sind. Diese Medaillons sind in der ganzen Stadt entlang der Achse des Meridians von Paris (internationaler Nullmeridian vor Festlegung des Meridians von Greenwich als Referenz, s. S. 275) zu finden. Sie sind eine Hommage an den Physiker François Arago, der Meridianmessungen bis auf die Balearen vornahm. Auf einer Strecke von 17 km sind die Medaillons in Straßenpflaster, Bürgersteige, Höfe und verschiedene Gebäude eingelassen. Sich auf die Suche nach ihnen zu begeben, ist vermutlich auch ein gutes Mittel, um Kinder auf dem Stadtbummel auf spielerische Art bei Laune zu halten. Leider sind seit Beginn der Euphorie rund um den Bestseller Sakrileg von Dan Brown einige dieser Medaillons gestohlen worden.

Musée Singer-Polignac (16)

Centre Hospitalier Sainte-Anne, 1, rue Cabanis
+33 1 45 65 85 41 oder +33 1 45 89 21 51
Geöffnet nur im Rahmen der Journées du Patrimoine oder von Sonderausstellungen. Informationen in der Tagespresse

Das Museum Singer-Polignac organisiert regelmäßig Sonderausstellungen, bei denen vor allem Arbeiten gezeigt werden, die in den letzten rund fünfzig Jahren von psychisch kranken Patienten im Rahmen von kunsttherapeutischen Workshops angefertigt wurden.

Die Medaillons der Méridienne Verte

Die Méridienne Verte ist ein Projekt des Architekten Paul Chemetov (der auch das Finanzministerium in Bercy entworfen hat) für die französischen Feierlichkeiten zum Jahrtausendwechsel. Die Idee: Sichtbarmachung des Meridians von Paris durch Anpflanzung von Bäumen auf einer Linie von Dunkerque im Norden Frankreichs bis nach Prats-de-Mollo in den östlichen Pyrenäen.

In Paris markieren sechs Medaillons den Verlauf der Méridienne Verte: drei westlich des großen Beckens im Jardin du Luxembourg, eines in der Rue de Rivoli am Eingang der Passage zur Louvre-Pyramide des chinesischen Architekten Ming Pei, eines im Südosten des Marco-Polo-Gartens (Avenue de l'Observatoire). Das Medaillon auf der Betonstele an der Ecke Avenue Denfert-Rochereau / Avenue de l'Observatoire fehlt heute.

DIE MIRE DU SUD

17

Zeugnis des Meridians von Paris

Parc de Montsouris am Boulevard Jourdan
RER: Cité Universitaire

Auf der 4 m hohen Steinstele „Mire du Sud“ ist folgende Inschrift zu lesen: „Unter der Herrschaft von [der Name Napoleon ist nicht mehr zu erkennen], Mire des Observatoriums – MDCCCVI.“ Die Mire (Zielmarke) stand zunächst im Garten des Pariser Observatoriums und diente der genauen Definition der Bezugsrichtung der Instrumente der Sternwarte. 1806 wurde sie in den Park versetzt und steht heute, nach Arbeiten im Park, leicht versetzt zum Meridian* von Paris.

Der Meridian von Paris

Vor seiner Ablösung durch den Meridian von Greenwich im Jahr 1884 war der Meridian von Paris die Referenz für Geografen auf der ganzen Welt. Festgelegt wurde er 1669, zwei Jahre nach der Gründung der Pariser Sternwarte, in deren Zentrum der Meridian seinen Ausgang nahm.

1718 von Giovanni Cassini und dessen Sohn Jacques sowie Philippe de La Hire vollendet, wurde er von 1792–1798 im Auftrag der Konvention von Delambre und Méchain zur Festlegung der exakten Länge eines Meters (s. S. 200) neu vermessen. Cassini, Delambre und Méchain wurden in Straßennamen rund um die Sternwarte verewigt. Arago und Biot setzten später die Messungen von Delambre und Méchain bis auf die Balearen fort.

Heute kennzeichnen im Pariser Straßenpflaster **135 Medaillons** mit dem Namen Arago (s. S. 400) den Verlauf des Meridians.

Das nördliche Ende des Meridians markiert ein heute denkmalgeschützter Obelisk namens „Mire du Nord“. Er liegt in der 1, avenue Junot in Montmartre und kann, da es sich leider um ein Privatgrundstück handelt, nicht besichtigt werden. Ursprünglich bestand die Mire du Nord aus einem 1675 von Abbé Jean Picard aufgestellten schlichten Holzpfeiler. 1736 wurde „auf Befehl des Königs“ der steinerne Obelisk errichtet.

Die „Mire du Sud“ liegt im Parc Montsouris (s. oben).

Spuren des Meridians sind auch am Boden der Galeries du Carrousel am Louvre, unter der umgekehrten Pyramide zu finden.

Außerhalb der Innenstadt steht in dem südlichen Pariser Vorort **Villejuif** eine weitere Mire (s. Reiseführer Banlieue de Paris insolite et secrète im selben Verlag). Sie wurde im 18. Jahrhundert von dem Topografen Jacques Cassini aufgestellt, Sohn des Begründers der französischen Astronomie, Jean-Dominique Cassini.

** Ein Meridian ist eine imaginäre Linie, die den Nordpol mit dem Südpol verbindet. Hauptmerkmal eines Meridians ist, dass zur Mittagsstunde (Sonnenzeit) an jedem auf ihm gelegenen Punkt die Sonne im Zenit steht.*

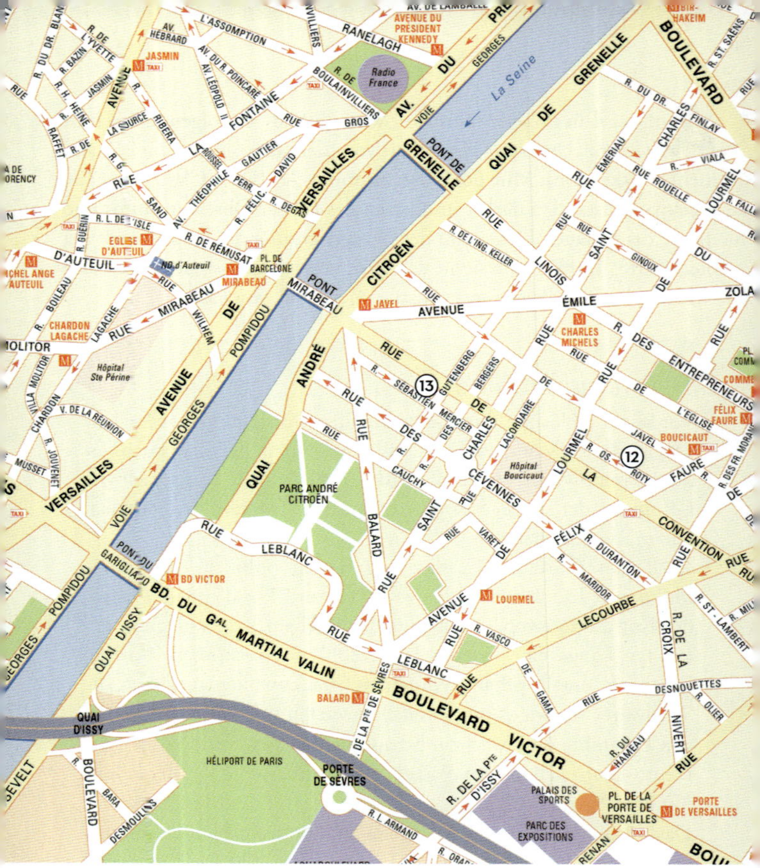

15. Arrondissement

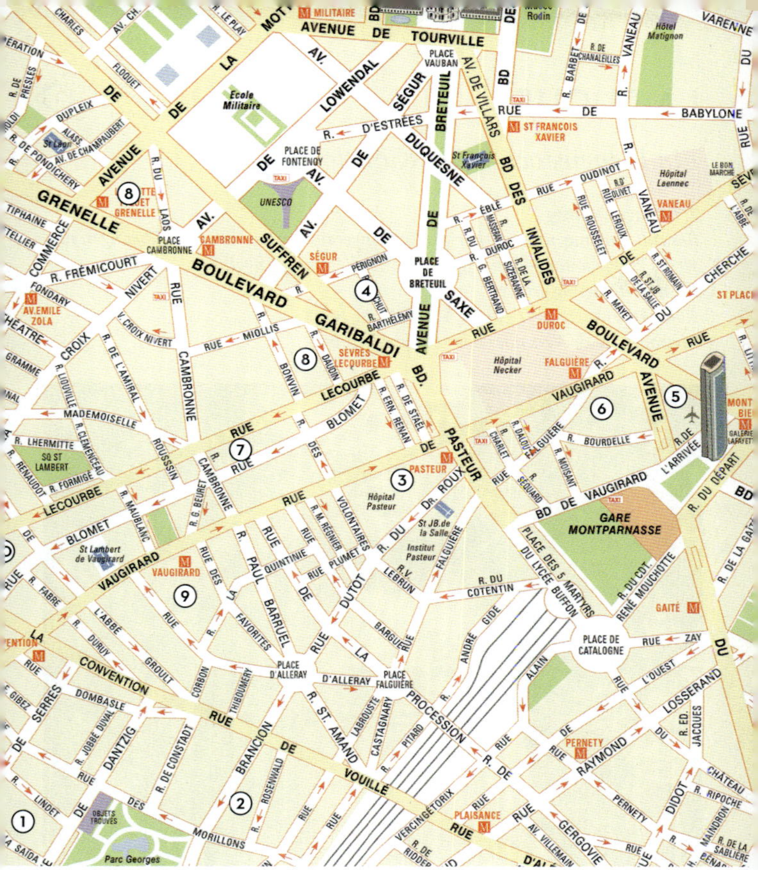

LA RUCHE

①

Ein Bienenstock voller Künstler ...

2, passage Dantzig
Besichtigung nur nach vorheriger Terminvereinbarung, Gruppenführungen mit 10 bis 20 Personen – Besichtigung der Ateliers nicht möglich
Kostenbeteiligung erbeten
Kontakt: Francis Herth unter +33 1 48 28 16 38
Métro: Porte de Versailles oder Porte de Vanves

Am Anfang einer Sackgasse, inmitten eines herrlichen Gartens mit hundertjährigen Bäumen liegt La Ruche, eine Wohnanlage für junge, mittellose Künstler, die 1902 auf Initiative des renommierten Bildhauers und großzügigen Philanthropen Alfred Boucher (1850–1934) errichtet wurde. Auf dem Rückweg von seiner Italienreise, wo er den Prix de Rome entgegengenommen hatte, machte Alfred Boucher Halt in Mailand und verkaufte dort mehrere seiner Arbeiten. Das verdiente Geld investierte er direkt in ein Grundstück in Paris. La Ruche war geboren.

Der Bau besteht aus Teilen verschiedener Pavillons der Weltausstellung von 1900, insbesondere des Pavillons der Médoc-Weine von Gustave Eiffel. Seinen Namen – der Bienenstock – verdankt er seiner vieleckigen Form. In der Mitte führt eine große, lichtüberflutete Holztreppe in die drei Stockwerke hinauf, in denen kleine Ateliers liegen, in denen einst Künstler wie Léger, Zadkine, Soutine, Chagall und Modigliani arbeiteten. Heute ist La Ruche mit vier Gebäuden kleiner als ursprünglich. Ein Nebenbau wurde ebenfalls mit Elementen der Weltausstellung realisiert. Sein Überleben verdankt das Ende der 1960er-Jahre von Verkauf und Abriss bedrohte Gebäude dem Einsatz von Künstlern wie Chagall und Malraux. 1971 kauften René und Geneviève Seydoux La Ruche und richteten dort ihre Stiftung ein, die noch heute die Künstlersiedlung verwaltet. Heute steht La Ruche unter Denkmalschutz. Zu den rund 60 (ursprünglich 140) Bewohnern zählen nicht mehr nur Maler und Bildhauer, sondern auch Filmschaffende, Bühnenbildner, Karikaturisten und Grafiker.

IN DER UMGEBUNG

Villa Santos-Dumont ②

Die entzückende Villa Santos-Dumont, erbaut in den 1920er-Jahren von dem Architekten Raphaël Paynot auf einem ehemaligen Weingut, zog schon früh Künstler aus Montparnasse wie Zadkine, Léger oder Brauner an.

Noch heute leben hier in erster Linie Künstler, die sich für den Erhalt ihrer ruhigen kleinen Gasse stark gemacht haben.

DIE KRYPTA DES MUSÉE PASTEUR

③

Eine Grabkapelle mit präsidentieller Sondererlaubnis

25, rue du Docteur-Roux
+33 1 45 68 82 83
pasteur.fr – musee@pasteur.fr
Montag bis Freitag von 14–17:30 Uhr – im August geschlossen
Métro: Pasteur

Institut Pasteur © Jean Destrade

Das 1936 im Institut Pasteur eingerichtete Musée Pasteur fesselt den Besucher vom ersten Augenblick an. Es widmet sich dem Leben und Arbeiten des berühmten Wissenschaftlers, dessen Entdeckungen zu seiner Zeit Chemie, Landwirtschaft, Industrie, Medizin, Chirurgie und Hygiene revolutionierten. Berühmt wurde Louis Pasteur durch seine Arbeit auf dem Gebiet der Kristallografie, der Entwicklung von Impfstoffen und der Tollwutprophylaxe. Er hinterließ einen Raum voller wissenschaftlicher Erinnerungsstücke, die, begleitet von Berichten von Zeitgenossen, eine Chronologie seiner Arbeit zeigen. Anschließend wird der äußerst lehrreiche Rundgang in den Privaträumen der Familie Pasteur fortgesetzt, wo Louis seine letzten sieben Lebensjahre verbrachte. Nachdem Pasteurs Enkel dem Institut alle Möbel und Objekte seiner Großeltern geschenkt hatte, wurden die Wohnräume zwischen 1934 und 1936 naturgetreu wiederhergestellt. Heute bieten sie einen berührenden Einblick in das Privatleben des Forschers und sein Werk und legen Zeugnis von der bürgerlichen Lebensart im ausgehenden 19. Jahrhundert ab. Die Wohnung mit ihren rund zehn Zimmern und zwei über eine französische Treppe verbundene Galerien ist voller Möbel und Objekte, die das Paar selbst erworben oder von Bewunderern geschenkt bekommen hatte. So findet sich eine Kristallvase von Émile Gallé – ein Geschenk seiner Studenten von der École normale supérieure anlässlich seines Forscherjubiläums – gleich neben einer angefangenen Strickarbeit seiner Frau. Der intime Einblick in das Leben von Louis Pasteur endet mit dem Besuch der Krypta, wo der Gelehrte aufgrund einer präsidentiellen Sondererlaubnis in einer neobyzantinischen Grabstätte ruht, deren umfangreiche Symbolik Ihnen der Museumsführer sicher mit großer Begeisterung erläutern wird.

IN DER UMGEBUNG

Der alte artesische Brunnen von Grenelle (4)

Place Georges-Mulot

Der elegante, monumentale Brunnen mit neogotischen Säulen und verschiedenen Persönlichkeiten gewidmeten Medaillons auf der Place Georges-Mulot (Leiter der Bohrung) erinnert an den Standort des alten artesischen Brunnens von Grenelle, der ab Dezember 1833 im Hof der alten Schlachthöfe entstand.

Warum gibt es in Montparnasse so viele Crêperien?

Am Bahnhof Montparnasse kommen die Züge aus der Bretagne in Paris an. Rund um den Bahnhof gibt es folglich unzählige bretonische Crêperien, ebenso wie es um die Gare de l'Est, wo die Züge aus dem Elsass ankommen, viele Bierkneipen und Restaurants gibt, in denen Sauerkraut serviert wird.

MUSÉE DU MONTPARNASSE UND ESPACE KRAJCBERG

⑤

Die Pariser Welt der Bohème um die Jahrhundertwende

21, avenue du Maine
+33 1 42 22 90 16
museedumontparnasse.net
Gruppen nur mit telefonischer Anmeldung
Espace Krajcberg von Dienstag bis Samstag
espacefk@wanadoo.fr
Métro: Montparnasse-Bienvenüe

©marionbarat

Abseits der lärmenden Straßen von Montparnasse verbirgt sich hinter dem Tor der 21, avenue du Maine eine begrünte, gepflasterte Sackgasse (impasse), in der sich ursprünglich eine Poststation für die Kutschen in Richtung Westfrankreich befand. Anfang des 20. Jahrhunderts hatte der Eigentümer des Grundstücks, Joseph Roux, die geniale Idee, einige der Bauten der Weltausstellung von 1900 zu kaufen. Er errichtete daraus zur Freude klammer Künstler beiderseits der Gasse rund dreißig Ateliers. Ab 1912 empfing Marie Vassilieff (Leiterin der Akademie von Montparnasse und der russischen Akademie) in diesen Räumen Künstler, aus denen die École de Paris (Schule von Paris) hervorging. Für die ärmsten unter ihnen richtete sie eine Art Suppenküche ein, die auch illustre Künstler wie Picasso, Braque, Modigliani, Léger, Derain, Max Jacob oder Foujita in schwierigen Zeiten dankbar in Anspruch nahmen.

Heute ist die Gasse noch immer ein Refugium für Künstler (Maler, Architekten, Schauspieler, Floristen, Dekorateure ...), die sich mutig und kreativ für den Erhalt der Anlage einsetzen. Das 1998 gegründete Musée du Montparnasse (dessen Herz das Atelier von Marie Vassilieff bildet) setzt sich heute in Themen- und Sonderausstellungen dafür ein, die glanzvolle Vergangenheit dieses Ortes lebendig zu halten.

Seit 2003 befindet sich in der Impasse der Espace (Raum) Krajcberg. Hier werden Arbeiten gezeigt, die der brasilianische Bildhauer der Stadt Paris geschenkt hat. Ein Dokumentationszentrum berichtet von seiner Arbeit. Der Espace Krajcberg ist in erster Linie als Ort der Begegnung zwischen Frankreich und Brasilien gedacht, an dem durch die Kunst ein Bewusstsein für drängende Umweltprobleme geschaffen werden soll.

IN DER UMGEBUNG

Musée Bourdelle ⑥

16, rue Antoine Bourdelle
+33 1 49 54 73 73 (Zentrale)

Das Musée Bourdelle wurde 1961 im Wohnhaus des Bildhauers Antoine Bourdelle (Schüler von Rodin und Lehrer von Giacometti) eingerichtet. Es zeigt viele seiner zum Teil monumentalen Arbeiten (Bronze-, Gips- und Marmorplastiken, Reliefs ...). In einigen Räumen sind zeitweilig Sonderausstellungen anderer Künstler zu sehen.

DIE KIRCHE SAINT-SÉRAPHIN-DE-SAROV

7

Ein Baum in einer Kirche

91, rue Lecourbe
seraphin.typepad.fr
Besichtigung möglich immer samstags von 14:30–17 Uhr
Métro: Volontaires

Gut versteckt in einem Hinterhof des Gebäudes in der 91, rue Lecourbe liegt die orthodoxe Kirche Saint-Séraphin-de-Sarov. Sie ist ein kleines Juwel. Von der Straße aus nicht zu sehen (Zugang durch den Torbogen, ersten Hinterhof durchqueren und im zweiten Hof rechts halten), trägt die Kirche den Namen eines russischen Mönchs und Einsiedlers. Die erste, 1933 gegründete Gemeinde umfasste nur ein einfaches Gebäude, das um einen Baum herum errichtet wurde. Der Bau von 1974 besitzt großen Charme. Das berührend schlicht gehaltene Gotteshaus liegt inmitten eines wild wuchernden kleinen Gartens, die Wände sind mit Holz verkleidet. Auf dem Dach thront ein niedliches blaues Zwiebeltürmchen, darüber das dreibalkige orthodoxe Kreuz. Im Inneren finden sich unzählige Ikonen und im Herzen der Kapelle sehen Sie den unteren Teil des besagten Baums. Die Kirche Saint-Séraphin-de-Sarov ist heute ein beliebter Treffpunkt der russischen Gemeinde des 15. Arrondissements. Doch ein Besuch ist angesichts der herzlichen Atmosphäre während der Messfeiern für jeden ein Erlebnis.

Weitere orthodoxe Kirchen im Viertel

Auf der Flucht vor der russischen Revolution kamen viele Weißrussen, die meisten von ihnen Aristokraten, nach Frankreich. Viele ließen sich im 15. und 16. Arrondissement der Hauptstadt nieder, wo sie in dem Wunsch, ihre Kultur und Religion zu bewahren, schon bald mit der Gründung der orthodoxen Kirchen begannen, die heute hier zu finden sind. Ebenfalls verborgen hinter einem Gebäudeblock liegt die Kirche der Präsentation der Hl. Mutter im Tempel (91, rue Olivier-de-Serres), die jedoch architektonisch weit weniger interessant ist (Messe samstags um 18 Uhr und sonntags um 10:30 Uhr). In der Kirche der Trois-Saints-Docteurs-et-Saint-Tikhon (5, rue Petel) indes ist der Geist des heiligen Seraphim von Sarow deutlich zu spüren. Auch hier ist das Äußere eher banal, das Kircheninnere weist jedoch prachtvolle Dekorationen auf. Im 16. Arrondissement gibt es noch drei weitere orthodoxe Kapellen: 19, rue Claude-Lorain, 7, rue Georges-Bizet und 87, boulevard Exelmans.

IN DER UMGEBUNG

Trinquet de la Cavalerie ⑧

Verein für Pelota Vasca, 8, rue de la Cavalerie
+33 1 45 67 06 34
Täglich geöffnet. Vorzugsweise vor 16 Uhr hingehen
Métro: La Motte-Picquet – Grenelle

Der Trinquet de la Cavalerie steht seit 1986 unter Denkmalschutz. Gegründet wurde der hier ansässige Pelota-Verein bereits 1929 im siebten Stock eines Gebäudes von einer Gruppe Argentinier. Ungeachtet des Schildes, das darauf hinweist, dass es sich um eine Privateinrichtung handelt, sind Besucher herzlich eingeladen, das Spiel der Vereinsmitglieder von der Tribüne aus zu verfolgen. Für eine Mitgliedschaft benötigt man zwei Befürworter. Dann kommt man auch in den Genuss einer kleinen Bar und eines Salons, der einem englischen Club in nichts nachsteht.

15, square de Vergennes ⑨

Eingang durch das Tor der 279, rue de Vaugirard
info@15squaredevergennes.com
Dienstag bis Samstag von 12–19 Uhr, im August und an Feiertagen geschlossen
Führungen nach Vereinbarung: +33 1 56 23 00 22
Métro: Vaugirard

Das in den Jahren 1931/32 von Robert Mallet-Stevens für den Glasermeister Louis Barillet erbaute Atelier wurde jüngst saniert und in ein öffentlich zugängliches Zentrum für Design und zeitgenössische Kunst umgewandelt. Das von den vorigen Eigentümern völlig verhunzte Gebäude, das seit 1993 unter Denkmalschutz steht, wurde 2001 von einem Kunstliebhaber aufgekauft und behutsam originalgetreu saniert und rekonstruiert. Heute hat der Bau mit seiner über mehrere Etagen reichenden Fassadenverglasung und seinen weißen Art-Déco-Fenstern von Louis Barillet zu alter Größe zurückgefunden – eine unglaubliche Leistung, wenn man bedenkt, dass bei der Sanierung nur auf drei alte Fotografien zurückgegriffen werden konnte.

Garten der Clinique Blomet ⑩

134-136, rue Blomet
Anmeldung am Empfang oder telefonisch bei der Schwester unter +33 1 45 32 89 50
Messe wochentags um 7:30 Uhr, sonntags keine Messfeier

Die äußerlich ziemlich moderne Clinique Blomet verbirgt in ihrem Inneren eine Kapelle im neogotischen Stil. Die für das Gebäude zuständigen Schwestern von Saint-Paul-de-Chartres kümmern sich auch um den Garten der Klinik, in dem man auf freundliche Nachfrage wunderschön spazieren gehen kann.

Cité Morieux ⑪

56, rue de la Fédération

Schöne Gasse mit kleinen ländlichen Einfamilienhäusern.

Skulptur von Rabe und Fuchs ⑫

Die Fassade der 40, avenue Félix Faure ziert eine schöne Skulptur von La Fontaines Fabel *Der Rabe und der Fuchs*.

DIE FRESKEN DER KIRCHE SAINT-CHRISTOPHE DE JAVEL

(13)

Wenn der heilige Christophorus Flieger und Rennpiloten segnet …

28, rue de la Convention
+33 1 45 78 33 70
scjavel.net – secretariat@scjavel.net
Montag von 17–19:30 Uhr – Dienstag bis Freitag von 8–12 Uhr und von 13:30–19:30 Uhr – Samstag von 8–12 Uhr und von 14:30–19:30 Uhr – Sonntag von 8–19:30 Uhr
RER: Javel

Die Fassade rund um das Hauptportal der Kirche Saint-Christophe de Javel zieren schöne Fresken von Henri-Marcel Magne aus dem Jahr 1930. Dargestellt ist der heilige Christophorus bei der Segnung oder Rettung von Seefahrern, Fliegern, Lokführern oder Autofahrern! Der Anblick hat etwas Surrealistisches und lädt dazu ein, die Kirche zu betreten und die großformatigen Chorfresken und die sehenswerten modernen Glasfenster zu bewundern, die ebenfalls von Magne ausgeführt wurden.

Der Stadtteil Javel ist vom Transportwesen geprägt. Neben den alten Citroën-Werken, die heute dem gleichnamigen Park Platz gemacht haben, befanden sich hier Fabriken, in denen Lokomotiven, Luftschiffe oder Heißluftballons gebaut wurden. Die von 1926 bis 1930 erbaute Kirche wurde wie selbstverständlich dem heiligen Christophorus geweiht, dem Schutzpatron der Reisenden (s. unten). Saint-Christophe de Javel ist die erste Kirche weltweit, die aus Stahlbeton-Fertigteilen errichtet wurde, eine schnelle und günstige Lösung. Die Finanzierung erfolgte hauptsächlich über eine Tombola unter Automobilisten, bei der das Äquivalent von etwa einem Kanister Benzin als Preis zu gewinnen war – was heute wahrscheinlich eher Verwunderung auslösen würde (wobei: bei den jetzigen Benzinpreisen …). Der Erzbischof und Kardinal bot seinerzeit sogar eine Segnung von Autos an, deren Halter sich, angelockt durch dieses willkommene Schutzangebot, in Massen vor der Kirche versammelten, denn Kfz-Versicherungen wurden erst 1958 Pflicht …

Der heilige Christophorus und die Legenda Aurea

Der Legende nach soll der heilige Christophorus das Jesuskind auf seinen Schultern über einen Fluss getragen haben, was sich auch im griechischen Ursprung des Namens zeigt: Christos – phoros (der Christus trägt). Die Geschichte des Heiligen wurde von dem Genueser Dominikaner Jacobus de Voragine im 14. Jahrhundert in der Legenda aurea aufgezeichnet, einer Textsammlung, die die Lebensgeschichten von 180 christlichen Heiligen und Märtyrern sowie Episoden aus dem Leben Jesu nach der Liturgie darstellt.

Die Erfindung des berühmten Eau de Javel

Ende des 18. Jahrhunderts erhielten Industrielle die Genehmigung, nahe der Mühle von Javelle im heutigen Stadtteil Javel eine Vitriolfabrik einzurichten. Dort wurde auch Natriumhypochlorit entdeckt, das später den Namen Eau de Javel erhielt.

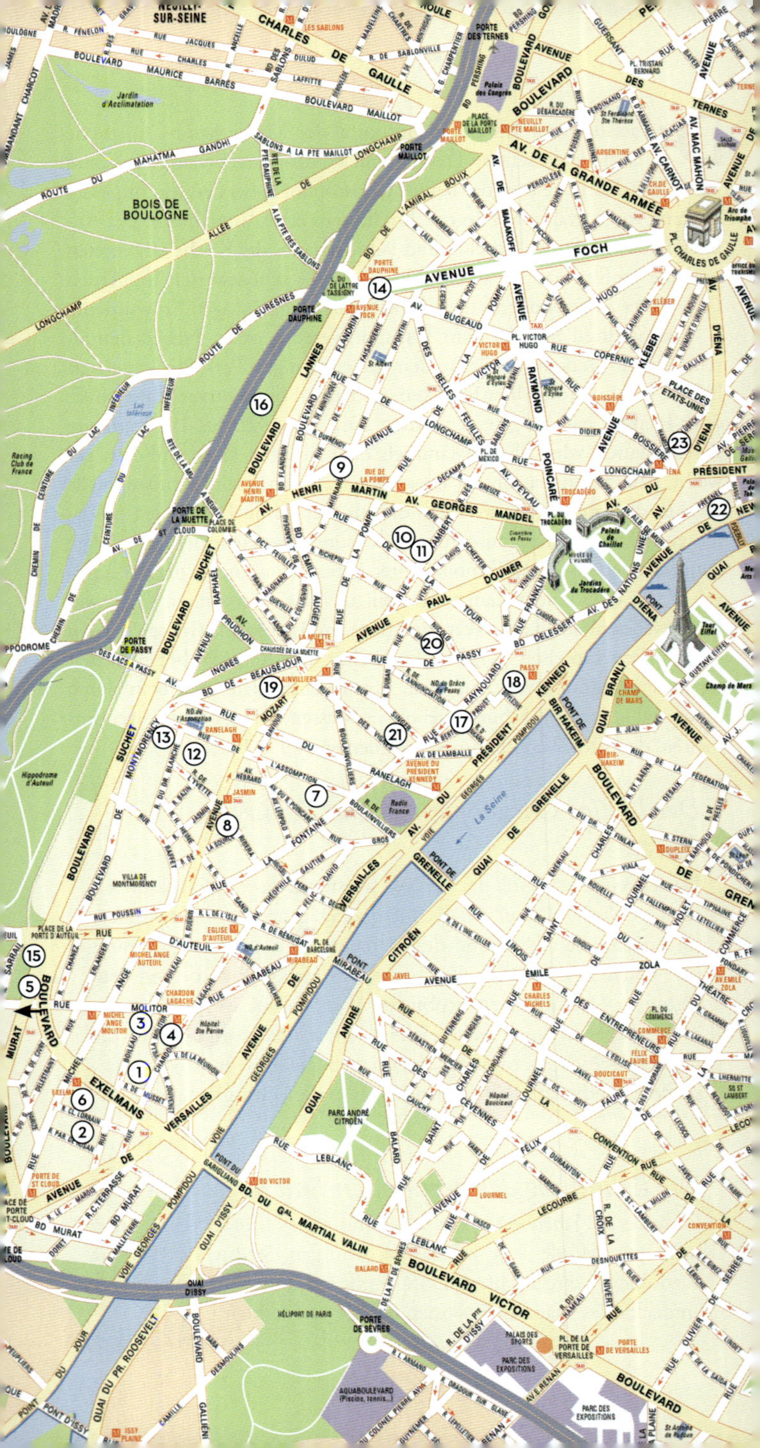

NEUILLY-SUR-SEINE
BOIS DE BOULOGNE
Jardin d'Acclimatation
Lac Inférieur
Racing Club de France
Hippodrome d'Auteuil
HIPPODROME
CHARLES DE GAULLE
BOULEVARD MAURICE BARRÈS
BOULEVARD MAILLOT
PORTE MAILLOT
Palais des Congrès
PORTE DES TERNES
PLACE DE LA PORTE MAILLOT
AV. DE LA GRANDE ARMÉE
Arc de Triomphe
PL. CHARLES DE GAULLE
AVENUE FOCH
PORTE DAUPHINE
AVENUE FOCH
ROUTE DE SURESNES
LONGCHAMP
ROUTE DU MAHATMA GANDHI
AVENUE KLÉBER
AVENUE D'IÉNA
PL. VICTOR HUGO
RUE DE LONGCHAMP
AVENUE RAYMOND POINCARÉ
PLACE DES ÉTATS-UNIS
AV. HENRI MARTIN
AV. GEORGES MANDEL
PL. DU TROCADÉRO
TROCADÉRO
Palais de Chaillot
Jardins du Trocadéro
Cimetière de Passy
AVENUE PAUL DOUMER
AVENUE DU PRÉSIDENT KENNEDY
PORTE DE LA MUETTE
LA MUETTE
PORTE DE PASSY
BOULEVARD SUCHET
BD DE BEAUSÉJOUR
RUE DE PASSY
PASSY
RUE DE LA POMPE
RUE DE RANELAGH
Radio France
PONT DE BIR HAKEIM
PONT D'IÉNA
Tour Eiffel
Champ de Mars
QUAI BRANLY
BOULEVARD DE GRENELLE
QUAI DE GRENELLE
La Seine
PONT DE GRENELLE
PONT MIRABEAU
MIRABEAU
AV. DE VERSAILLES
BOULEVARD DE MONTMORENCY
VILLA DE MONTMORENCY
RUE POUSSIN
PLACE DE LA PORTE D'AUTEUIL
RUE D'AUTEUIL
ÉGLISE D'AUTEUIL
MICHEL ANGE AUTEUIL
MICHEL ANGE MOLITOR
CHARDON LAGACHE
Hôpital Ste Périne
EXELMANS
BOULEVARD EXELMANS
BOULEVARD MURAT
PORTE DE ST CLOUD
QUAI ANDRÉ CITROËN
PARC ANDRÉ CITROËN
JAVEL
AVENUE ÉMILE ZOLA
CHARLES MICHELS
RUE DE LA CONVENTION
CONVENTION
RUE LECOURBE
BD DU Gal MARTIAL VALIN
BD VICTOR
BALARD
BOULEVARD VICTOR
Héliport de Paris
PORTE DE SÈVRES
PALAIS DES SPORTS
PARC DES EXPOSITIONS
PL. DE LA PORTE DE VERSAILLES
PORTE DE VERSAILLES
AQUABOULEVARD (Piscine, tennis...)
QUAI D'ISSY
QUAI DU PR. ROOSEVELT
ISSY PLAINE
PONT DU GARIGLIANO
VOIE GEORGES POMPIDOU
Hôpital Boucicaut
BOUCICAUT
LOURMEL
FÉLIX FAURE
COMMERCE
DUPLEIX
BIR-HAKEIM
AV. ÉMILE ZOLA
1
2
3
4
5
6
7
8
9
10
11
12
13
14
15
16
17
18
19
20
21
22
23

16. Arrondissement

DAS LABORATOIRE AÉRODYNAMIQUE EIFFEL

①

Gustave Eiffels Riesengebläse

67, rue Boileau
+33 1 42 88 47 40
aerodynamiqueeiffel.fr
Gruppenführungen (mind. 10, max. 20 Personen) samstags und sonntags nach Terminvereinbarung
Kontakt: Martin Peter – Konservator: +33 6 82 33 95 07
Métro: Exelmans

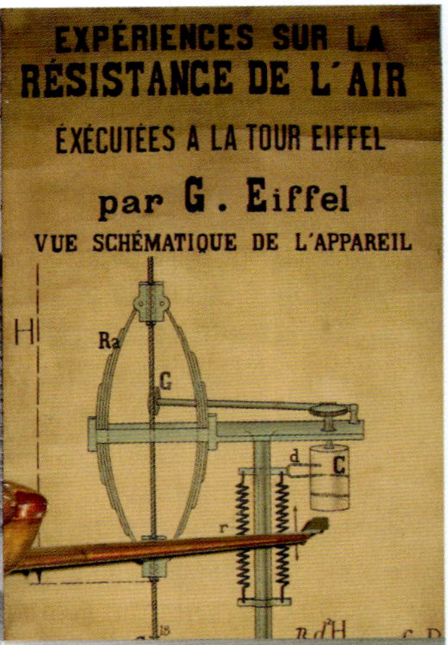

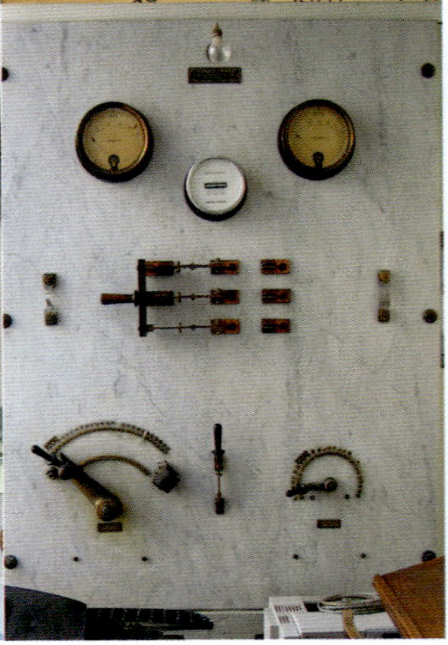

Das unter Denkmalschutz gestellte Aerodynamische Labor von Gustave Eiffel ist ein außergewöhnliches Zeugnis der Industriegeschichte, das eine Besichtigung unbedingt lohnt. Gustave Eiffel hatte 1920 bestimmt, dass das Forschungslabor erhalten bleiben müsse, solange auch das Gebläse in Betrieb sei. Seiner Weitsicht und dem seit 1959 für die Gesellschaft tätigen Konservator Martin Peter ist zu verdanken, dass die Anlage noch heute existiert. Der Ingenieur Gustave Eiffel – weltberühmt durch seinen Turm – war ein Pionier auf dem Gebiet der experimentellen Luftfahrttechnik.

Das erstaunlich gut erhaltene Laboratorium aus dem Jahr 1912 ist noch heute in Betrieb. Bis 1920 unterstand es der Leitung von Eiffel persönlich. Anhand kleiner Flugzeugmodelle erhob er hier die ersten wissenschaftlichen Daten in der Geschichte der Luftfahrt. Schon bald baute das Laboratoire Aérodynamique Eiffel sein Angebot über die Tests für die Luftfahrt hinaus weiter aus und bot auch der Automobil- und Bauindustrie Gelegenheit, seine technischen Einrichtungen zu nutzen. So wurden hier Modelle des Citroën ZX für die Rallye Paris-Dakar, des Fußballstadions von Amiens und des Industrie- und Technologiezentrums CNIT im Geschäftsviertel La Défense getestet.

Das Labor besteht aus einem großen Hangar und mehreren Ateliers, in denen Modelle gebaut, das Gebläse gesteuert und die Ergebnisse gemessen wurden. Zu Beginn besaß das Gebäude zwei Gebläse. Das kleinere (1 m Durchmesser) wurde 1933 abgebaut. Das andere (2 m Durchmesser) ist seit 90 Jahren im Einsatz und bläst noch heute Modellen aus der Industrie zu Testzwecken Wind mit einer Geschwindigkeit von 100 km/h entgegen.

Wenn bei Ihrem Besuch gerade kein Modell getestet wird, fragen Sie, ob Sie sich selbst in den Windkanal stellen dürfen. Ein einmaliges Erlebnis! Im Hangar werden außerdem schöne Holzmodelle von Rennautos, Flugzeugen oder des Gebläses selbst gezeigt sowie der berühmte Fallapparat, mit dem der Ingenieur den Luftwiderstand maß, indem er einen Gegenstand oben von seinem Turm hinunterfallen ließ.

VILLA MULHOUSE

②

Heiß begehrte Arbeiterwohnungen

Villas Dietz-Monin, Émile-Meyer, Cheysson
Zwischen Rue Parent-de-Rosan und Rue Claude-Lorrain
Zugang über 84 und 86, rue Boileau
Métro. Exelmans

Die Häuser in diesem ungewöhnlich ländlich anmutenden Straßenblock sind heute schwer zugänglich. Das war nicht immer so: Émile Cheysson (1836–1910), Generalinspektor für Brücken und Straßen, veröffentlichte Hunderte von Artikeln und Broschüren über die Probleme auf dem Wohnungsmarkt. Die Arbeitersiedlung Villa Mulhouse aus den Anfängen des 20. Jahrhunderts geht auf eine Initiative dieses engagierten Kämpfers für die soziale Sache zurück.

IN DER UMGEBUNG

Hameau Boileau, Villa Molitor, Villa de la Réunion ③

38, rue Boileau – 7, rue Molitor – 29, rue Chardon-Lagache

Auf einem kleinen Flecken im südlichen 16. Arrondissement liegen mehrere kleine Gassen, Privatstraßen und Wohnanlagen, deren Häuser die Herzen von Spaziergängern und Investoren höherschlagen lassen. Meist durch ein Gitter verschlossen und von strengem Sicherheitspersonal bewacht, damit die von den Bewohnern so geschätzte Ruhe gewahrt wird (ein berühmter Sänger, ein reicher Optiker ...), sind der Hameau Boileau, die Villa Molitor und die Villa de la Réunion mit ihren schönen Wohnhäusern und Privatgärten schlicht ein unerreichbarer Traum.

Die Flachreliefs in der 16, rue Chardon-Lagache ④

Das Art-déco-Gebäude von Jean Hillard aus dem Jahr 1934 zieren zwei schöne Reliefs, die selbst von den Bewohnern des Hauses meist mit Nichtachtung gestraft werden.

Sie sind das Werk des Bildhauers Georges Maxime Chiquet, Schüler von Bouchard (dem nicht weit von hier ein Museum gewidmet ist), und befassen sich thematisch über eine Höhe von vier Stockwerken mit der Arbeit im Weinberg und auf den Feldern.

Die „Marquise": Schutz vor Regen

An zahlreichen Pariser Gebäuden, vor allem im 16. Arrondissement, befinden sich über dem Haupteingang schön gearbeitete gläserne Baldachine. Diese hervorstehenden „Markisen" sorgten dafür, dass Fahrgäste von Kutschen und Automobilen bei Regen trockenen Fußes in die Häuser gelangen konnten.

DIE WOHNUNG VON LE CORBUSIER

⑤

Der Meister ganz privat

24, rue Nungesser et Coli
+33 1 42 88 41 53
Montag- und Mittwochvormittag nach Vereinbarung geöffnet
fondationlecorbusier.fr
Métro: Porte de Versailles oder Porte d'Auteuil

Inmitten einer Reihe typischer Quaderstein-Gebäude fällt das Haus in der 24, rue Nungesser et Coli mit seinen Glasbausteinen auf den ersten Blick ins Auge. Im sechsten und siebten Stock des Gebäudes liegen Wohnung und Atelier von Le Corbusier, die der berühmte Architekt mithilfe seines Cousins Pierre Jeanneret 1933 entwarf. Le Corbusier lebte hier von 1934 bis zu seinem Tod. Heute ist die Wohnung Eigentum der Fondation Le Corbusier und kann nach vorheriger Terminvereinbarung besichtigt werden.

Es gibt keine Führungen, aber der Architekturstudent am Empfang wird Ihre Fragen sicher gerne beantworten. Sind Sie der einzige Besucher, bietet er Ihnen vielleicht sogar einen Kaffee an.

In der Maisonettewohnung reicht der Blick auf der einen Seite über ganz Boulogne-Billancourt, über die Tennisanlage von Roland Garros bis zum Mont Valérien, auf der anderen Seite sieht man das Jean-Bouin-Stadion und die Porte Molitor.

In diesem Adlernest mit seinem Raum, seinen Fluchten und dem durch die polierten Fenster hereinfallenden Licht stehen die Zeichen klar auf Meditation und Kreativität. Zu sehen sind das Atelier des Architekten, seine Büroecke und seine Privaträume mit der extravaganten Dusche ganz aus Beton. Wie so oft bei Le Corbusier sind die Fenster längs eingebaut. Im Obergeschoss liegt ein Gästezimmer mit origineller überdachter Terrasse. Die Wohnung ist spärlich möbliert. Der Besuch im Refugium eines der innovativsten Architekten der ersten Hälfte des 20. Jahrhunderts ist dennoch einmalig. Und zudem ein guter Ausgangspunkt für einen Rundgang durch das Boulogne der 1930er-Jahre mit seinen Hotels und Gebäuden großer Architekten.

IN DER UMGEBUNG

Église de Tous-les-Saints-de-la-Terre-Russe ⑥

19, rue Claude-Lorrain – +33 1 45 27 24 82
Messe täglich um 18 Uhr
Métro: Exelmans

Die Kirche Tous-les-Saints-de-la-Terre-Russe – unauffällig im Erdgeschoss eines Gebäudes gelegen, dessen einziges russisches Merkmal die Kokoschnik-Elemente über der Holztür sind – ist nicht Teil des Patriarchats von Moskau oder Konstantinopel, sondern der russisch-orthodoxen Kirche im Ausland. Nur wenige hundert Meter weiter befindet sich eine weitere russisch-orthodoxe Kirche, die Kirche der Erscheinung der Jungfrau (87, boulevard Exelmans). Ebenfalls nicht weit (Die Weißrussen waren recht wohlhabend und liebten diesen Stadtteil) liegt in der 39, rue François Gérard eine russisch-katholische Kirche nach byzantinischem Ritus.

CASTEL BÉRANGER

⑦

Zu modern für seine Zeit

14, rue La Fontaine
Métro: Ranelagh oder Jasmin

Das Talent von Hector Guimard hatte sich noch nicht herumgesprochen, als er mit der Planung und dem Bau eines Wohngebäudes im Herzen von Auteuil beauftragt wurde. Der Bauherr bewies mit seiner Wahl großen Weitblick, denn das zwischen 1897 und 1898 errichtete Gebäude gewann 1899 den von der Stadt Paris ausgerichteten Fassadenwettbewerb, was seinen Architekten mit einem Schlag berühmt machte. Das Gebäude mit 36 Wohnungen ist ein Sammelsurium an hellem und rotem Backstein, Holz, Gusseisen und Stahl, lackierter Keramik und emailliertem Stein und mit Sicherheit das Meisterwerk Guimards. Der Architekt wandte die Grundprinzipien der Art nouveau an und legte dabei vor allem Wert auf die Innengestaltung, die er von den Möbeln über die Teppiche bis hin zu den Tapeten und Türknäufen persönlich entwarf. Trotz der allgemeinen Entrüstung angesichts des für damalige Augen ungewohnten Stils – schon bald erhielt das Castel Béranger den passend gereimten Spitznamen „Castel dérangé" (gestörte Burg) – bejubelten einige große Persönlichkeiten, wie der Maler Paul Signac, Guimards Genie und zogen in das Haus ein.

IN DER UMGEBUNG

45, rue Ribera ⑧

Schönes Flachrelief des Architekten Boussard aus dem ausgehenden 19. Jahrhundert. Ganz in der Nähe sind in der 1, rue de l'Yvette schöne Karyatiden zu sehen.

Hector Guimard

Hector Guimard, geboren 1867 in Lyon, ist die französische Referenz in Sachen Art nouveau. Die berühmteste Spur, die er der Nachwelt hinterließ, sind seine zwischen 1899 und 1904 entworfenen Métro-Stationen. Von den einst 380 sind heute noch 66 vorhanden. Die bekanntesten sind Porte Dauphine und Abbesses mit ihren aufwendigen glasüberdachten Zugängen. Daneben zeichnete Guimard für viele Häuser und Gebäude im Stil der Art nouveau verantwortlich, von denen die meisten im 16. Arrondissement zu finden sind, wo der Architekt selbst lebte. Nachfolgend eine Übersicht über seine Pariser Bauten:

Im 16. Arrondissement:

- Castel Béranger: 14, rue La Fontaine (1895/1898) (s. vorige Doppelseite)
- Gebäudekomplexe 17–19 und 21, rue La Fontaine, 8 und 10, rue Agar (1909–1911) und 43, rue Gros
- Hôtel Mezzara: 60, rue La Fontaine (1910)
- Hôtel Roszé: 34, rue Boileau (1891)
- Hôtel Jassedé: 41, rue Chardon-Lagache (1894)
- École du Sacré-Cœur: 1, avenue de la Frillière (1895)
- Gebäude Jassedé: 142, avenue de Versailles und 1, rue de Lancret (1903)
- Hôtel particulier: 3, square Jasmin (1921)
- Mietshäuser: 36-38, rue Greuze (1927–1928)
- Villa Flore: 120, avenue Mozart (1924/1926)
- Hôtel Guimard: 122, avenue Mozart (1909/1913)
- Hôtel Delfau: 1, rue Molitor (1894)
- 18, rue Henri-Heine (1930)
- 11, rue Francois-Millet (1909)
- Atelier de Carpeaux 39, boulevard Exelmans (1894): frühes Werk, ohne Verweis auf die Art nouveau

Andere Orte in Paris und Frankreich:

- Synagoge: 10, rue Pavée (4. Arr.), 1913 (s. S. 87)
- Villa La Hublotière (1896): 72, route de Montesson, Le Vésinet (Yvelines)
- Maison Coilliot: 14, rue de Fleurus, Lille, 1898–1900
- Castel Val: 4, rue des Meulières, Auvers-sur-Oise, 1903
- Castel Orgeval: 2, avenue de la Mare-Tambour, Villemoisson-sur-Orge, 1904
- Chalet Blanc: 2, rue du Lycée, Sceaux, 1904
- Villa Hemsy: 3 rue de Crillon, Saint-Cloud, 1913

LETTRES

Die Art Nouveau

Der Begriff „Art nouveau“ geht auf die Kunstgalerie des Hamburgers Siegfried Bing (auch Samuel Bing) (1838–1905) zurück, die dieser 1895 in Paris unter dem Namen „Art nouveau“ eröffnete und in der er den meisten der zukünftigen großen Vertreter dieser neuen Kunstform ein Forum bot.

Unter „Jugendstil“ wird heute vor allem die geometrische Strömung verstanden, während der Begriff ursprünglich die Art nouveau in Deutschland und Österreich bezeichnete. Der Begriff geht auf den deutschen Verleger Georg Hirth zurück, der 1896 in München die illustrierte Wochenschrift Jugend gründete. Sein provokativer Stil und seine originelle Typografie wurden alsbald mit den zahlreichen künstlerischen Neuheiten jener Zeit assoziiert. Der „Jugendstil“ war geboren.

In der Folge bildeten sich in ganz Europa ähnliche Strömungen unter verschiedenen Bezeichnungen heraus: In Österreich ist unter Bezug auf die von Gustav Klimt 1897 in Wien gegründete gleichnamige Vereinigung bildender Künstler von Secession die Rede, in England gibt es den Liberty Style, der auf das Geschäft Liberty & Co zurückgeht, das seinerzeit auf moderne Stoffe spezialisiert war, oder den Modern Style, der die beiden großen europäischen Strömungen umfasst. Andere, populärere Bezeichnungen wie „Style Nouille“ (Nudelstil) oder „Spaghetti-Stil“ verweisen auf dasselbe Konzept.

Mehr als bloße künstlerische Strömung verstand sich die Art nouveau als Denk- und Lebensart. Sie markierte einen Bruch mit einem Gesellschaftsmodell, das sie ablehnte. Ihre Mitglieder hatten eine Vision von der Befreiung der ausgebeuteten Arbeiterklasse und der Frau, die sich in einer bis dahin unerhörten Erotik und Sinnlichkeit Bahn brach. Ein Thema, das sich in zahlreichen stilisierten und sinnlichen weiblichen Darstellungen an den Fassaden von Art-nouveau-Gebäuden wiederfindet.

Die Art nouveau erlebte ihr goldenes Zeitalter im ausgehenden 19. Jahrhundert und fand 1914 mit Ausbruch des Ersten Weltkrieges ein jähes Ende. Von der Sache her nicht für kostengünstiges Bauen im großen Maßstab ausgelegt, konnte sie in der Architektur den Bedarf eines schnellen Wiederaufbaus nicht erfüllen.

Neben Hector Guimard, der unangefochtenen Lichtgestalt der Pariser Art nouveau, haben sich auch andere Architekten wie Jules Lavirotte einen Namen gemacht.

Funktionsweise der artesischen Brunnen

Artesische Brunnen sind Brunnen, aus denen das Wasser, anders als bei herkömmlichen Brunnen, an deren Grund stets Wasser steht, von selbst austritt. Der Begriff stammt von den Mönchen der Abtei von Lillers in der nordfranzösischen Landschaft Artesien, die das Phänomen als Erste beschrieben. Dieses entsteht, wenn nach dem Prinzip der kommunizierenden Gefäße unter bestimmten geologischen Gegebenheiten der Austrittspunkt des Brunnens unterhalb einer als piezometrische Linie bezeichneten Ebene liegt.

Diese Linie entspricht dem höchsten Aufschlusspunkt des Grundwassers, aus dem sich der Brunnen speist.

WIE EIN ARTESISCHER BRUNNEN FUNKTIONIERT

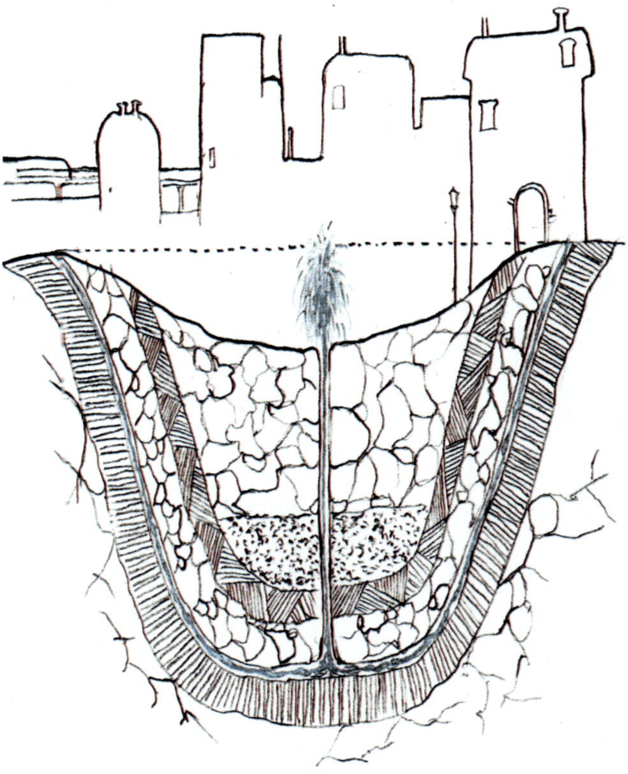

ARTESISCHER BRUNNEN

⑨

Der letzte artesische Brunnen von Paris

Square Lamartine

Der 1855 begonnene und 1866 eingeweihte Brunnen von Passy ist der letzte noch aktive artesische Brunnen von Paris. Die Bohrung reicht bis in 587 m Tiefe. Ehrgeiziges Ziel: Versorgung der Anwohner und Bewässerung des gesamten Bois de Boulogne samt seiner beiden Seen!

Der Grund für den eisenhaltigen Geschmack des Wassers liegt heute schlicht an den eisernen Rohrleitungen des Brunnens. Das Wasser wird jedoch regelmäßig kontrolliert und ist gesundheitlich unbedenklich. Sein Durchfluss hat sich jedoch seit dem 19. Jahrhundert merklich verringert, von 25.000 m³ auf 350 m³.

Die artesischen Brunnen von Paris

Nach der Choleraepidemie von 1832 suchte Paris nach Wegen, seinen Bewohnern sauberes Trinkwasser anzubieten. Eine der Lösungen bestand darin, artesische Brunnen zu bohren, die Wasser aus großer Tiefe (über 500 m) gewannen und so weniger anfällig gegenüber bakteriellen Verunreinigungen waren.

Fünf Brunnen wurden gebohrt: Der erste war der Brunnen von Grenelle (15. Arr.) mit Auslass an der Place Georges-Mulot, die auf den Namen des Brunnenbauingenieurs verweist.

Der Brunnen von Passy, gebohrt 1866 und 587 m tief, ist heute am Square Lamartine im 16. Arrondissement zu finden.

Der Puits Hébert (Place Hébert, 18. Arr.) wurde zwischen 1863 und 1891 gebohrt und 2004 verschlossen.

Aus dem 678 m tiefen Brunnen von La Butte-aux-Cailles (Rue Bobillot, 13. Arr.) sprudelt warmes Wasser hervor. Er wurde zwischen 1863 und 1904 gebohrt und 2002 versiegelt und speist damit nicht, wie manche glauben, das Schwimmbad von La Butte-aux-Cailles.

Der Puits Blomet schließlich im 15. Arrondissement wurde 1929 fertiggestellt und ist 587 m tief. Auf private Initiative wurden weitere Brunnen gebohrt: in der Raffinerie Say (1869) und in der Maison de la Radio (1956). Heute ist als einziger noch der Brunnen von Passy in Betrieb. Das Grundwasser ist bei allen Brunnen dasselbe. Die Öffnung eines neuen Brunnens würde bei den bereits bestehenden Brunnen direkt zu einer Verringerung des Wasserdrucks führen.

DER TURM IN DER RUE DE LA TOUR

⑩

Ein namensgebendes Relikt

88, rue de la Tour
Métro: Rue de la Pompe

Die Rue de la Tour (Turmstraße) verdankt ihren Namen einem Turm, der noch heute existiert. Er befindet sich in der 88, rue de la Tour, und ist von der Ecke Rue Desbordes-Valmore/Rue de la Tour aus zu sehen.

Einigen Quellen zufolge soll der Turm einst Teil des alten Château de la Tour gewesen sein, das 1305 dem Mundschenk von Philippe le Bel gehörte. Anschließend soll der Turm als Gefängnis und später als Mühle genutzt worden sein: Der ursprüngliche Name der Straße lautete Rue du Moulin-de-la-Tour. Der Turm wurde im Ersten Kaiserreich und 1897 saniert. Heute ist er Teil eines Mädcheninstituts der Schwestern von Sainte-Clotilde.

Aufgabe des Mundschenks war es, dem Herrscher oder anderen hochrangigen Personen Getränke zu servieren. Da diese stets in der Furcht vor Vergiftung lebten, musste der Mundschenk eine Vertrauensperson sein und nicht selten den servierten Wein zuvor selbst kosten.

IN DER UMGEBUNG

70, rue de la Tour ⑪

Hübsche kleine Sackgasse mit Einfamilienhäusern mit Garten.

RUE MALLET-STEVENS

⑫

Ein modernistisches Manifest

Métro: Ranelagh

Die von Robert Mallet-Stevens ab 1926 erbauten fünf vornehmen Privathäuser sind ein wahres Manifest der modernen Architektur. Die Nummer 12 war das Zuhause und Atelier des Architekten, die Nummer 10 das Zuhause/Atelier der Bildhauer Joël und Jan Martel, das Privathaus der Pianistin Reifenberg war in der Nummer 8, das von Daniel Dreyfus in der Nummer 7 und das von Madame Allatini in den Nummern 3 und 5. Am Ende der Straße, im Haus mit der Nummer 1, wohnte der Pförtner. Alle Gebäude zeichnen sich frei nach dem Motto von Mallet-Stevens – „Der Architekt bearbeitet als Bildhauer einen riesigen Block: das Haus" – durch einen glattweißen Aufbau mit versetzten und verschachtelten Kuben, Öffnungen, Vordächern und Terrassen aus. Der Komplex wurde 1975 unter Denkmalschutz gestellt. Die von dem Architekten selbst entworfenen Möbel waren zu diesem Zeitpunkt leider bereits verschwunden.

IN DER UMGEBUNG

Villa La Roche (13)

8 und 10, square du Docteur-Blanche – +33 1 42 88 75 72
info@fondationlecorbusier.fr – reservation@fondationlecorbusier.fr
Montag von 13:30–18 Uhr – Dienstag bis Donnerstag von 10–18 Uhr – Freitag und Samstag von 10–17 Uhr

Eine Besichtigung der Villa La Roche, Sitz der Fondation Le Corbusier, ist für Ästheten ein reiner Genuss. Die Wegführung durch die Räume, die klug gesetzten Trennwände, die Plattformen, Übergänge und geneigten Flächen ermöglichen Architektur-Neulingen ein besseres Verständnis dessen, was das Renommee des Architekten trotz aller zum Teil berechtigter Kritik ausmachte.

Moderne Architektur im 16. Arrondissement

Neben den Art-nouveau-Bauten von Guimard tummelten sich im 16. Arrondissement und besonders in Auteuil zu Beginn des 20. Jahrhunderts zahlreiche innovative Architekten. Als die Vororte Passy und Auteuil in Paris eingemeindet wurden, war Passy bereits stark bebaut. Auteuil hingegen bestand aus gerade einmal drei Straßen: den heutigen Rue d'Auteuil, Rue Molière und Rue La Fontaine. Es gab Platz und Geld und Guimard, Le Corbusier, Mallet-Stevens, aber auch Henri Sauvage (Studiobuilding in der 65, rue La Fontaine), Ginsberg (42, avenue de Versailles) oder die Brüder Perret (25 bis, rue Franklin und 51–55, rue Raynouard, wo die beiden Brüder lebten) drückten der Gegend mit ihren Bauten einen einmaligen Stempel auf. Architekturliebhaber können sich deshalb glücklich schätzen, denn die meisten Gebäude dieses kleinen Architekturparadieses konzentrieren sich auf ein überschaubares Gebiet.

DER EINGANG ZUR MÉTRO-STATION PORTE DAUPHINE

⑭

Ein modernistisches Manifest

Eingang über 90, avenue Foch
Métro: Porte Dauphine

Der Zugangsbau der Métro-Station Porte Dauphine (Linie 2) ist ein wahres Meisterwerk des herausragenden Art-nouveau-Künstlers Hector Guimard. Prachtvoll erhebt sich die von zwei Säulen getragene gläserne Überdachung mit ihren trichterförmig zulaufenden, oben abgerundeten Elementen oberhalb der Treppe und ihren orangefarbenen Seitentafeln aus emailliertem Lavastein in den Himmel. Die leichte und luftige Konstruktion brachte ihr den poetischen Spitznamen „Libelle“ ein.

IN DER UMGEBUNG

Square des Poètes (15)

Avenue du Général-Sarrail
Métro: Porte d'Auteuil

Etwas unglücklich eingeklemmt zwischen dem Stadtring und dessen Zufahrtsstraßen kommen Liebhaber der Dichtkunst hier auf ihre Kosten: Auf 48 kleinen steinernen oder bronzenen Stelen finden sich Verse aus Werken französischer Dichter. Nicht weit von hier befindet sich der Jardin des Serres d'Auteuil („Garten der Gewächshäuser von Auteuil“). Warm und trocken und damit perfekt für den Winter. Und für Kinder.

Ein Bunker im Bois de Boulogne (16)

Ganz in der Nähe der Porte Dauphine steht in der 45, avenue du Maréchal-Fayolle ein Bunker aus dem Zweiten Weltkrieg. Er beherbergt heute ein Pfadfinderhaus, was nur wenigen Einheimischen bekannt ist.

DIE ZWEI EINGÄNGE DES WOHNHAUSES VON BALZAC

⑰

„Ich bringe Spitze aus Belgien“

47, rue Raynouard
+33 1 55 74 41 80
Täglich von 10–18 Uhr, montags und an Feiertagen geschlossen
Eintritt zur Dauerausstellung frei
Métro: Passy

Das Haus, in dem Honoré de Balzac von 1840 bis 1847 lebte, beherbergt heute ein Museum. Mit seinen zwei Eingängen, einer in der Rue Raynouard, ein zweiter weiter unten in der Rue Berton, bot es dem Dichter seinerzeit Schutz vor Gläubigern. Die Tür öffnete er nur Besuchern, die das jeweilige Passwort kannten, dessen berühmtestes lautete: „Ich bringe Spitze aus Belgien." Heute lebt der Ort vor allem von dieser Anekdote und seinem hübschen Garten. Das Museum zeigt Manuskripte, Erstausgaben und verschiedene Darstellungen des Schriftstellers von zeitgenössischen Künstlern, jedoch leider nur wenige persönliche Gegenstände; der persönliche Besitz wurde von Balzacs Witwe nach dem Tod ihres Mannes aufgelöst. Was einen Besuch unbedingt lohnt, ist, mehr noch als die Sammlung selbst, die leicht angestaubte Stimmung, die in dem Haus herrscht. Besondere Beachtung verdient die große genealogische Darstellung der Charaktere aus *Die menschliche Komödie*, die Balzac an diesem Ort schrieb.

IN DER UMGEBUNG

Ein Weinmuseum in der Wasserstraße (18)

Rue des Eaux und 5, square Charles-Dickens
+33 1 45 25 63 26
museeduvinparis.com
info@museeduvinparis.com
Täglich von 10–18 Uhr, Montag geschlossen
Eintritt 11,90 € (inkl. eines Glases Wein)
Restaurant Dienstag bis Samstag von 12–15 Uhr
Métro: Passy

Das 1984 von der Bacchus-Bruderschaft Échansons de France eröffnete Weinmuseum hat sich vom Straßennamen her einen eher unpassenden Standort ausgesucht: Es befindet sich in der Rue des Eaux – der Wasserstraße! Seine Existenz verdankt das Museum einem Labyrinth von Galerien, die im 16. und 17. Jahrhundert von den Mönchen des Klosters Minimes de Passy betrieben wurden, die dort bereits damals einen eigenen Weißwein kelterten.

Nachdem die Mönche während der Revolution vertrieben wurden, blieb der Ort seinem Schicksal überlassen, bis sich vor rund zwanzig Jahren ein Investor fand. Heute zeigt das Museum Werkzeuge, die bei der Arbeit im Weinberg, aber auch beim Keltern und bei der Verkostung zum Einsatz kommen. (Zu sehen sind auch einige amüsante Exponate wie die Weinkrüge für Linkshänder oder Gläser, die nicht umkippen können.) Der Besuch endet mit einem Gläschen Wein, das im Eintrittspreis inbegriffen ist. Wer danach Lust auf mehr hat, kann (außer montags) auch zum Mittagessen bleiben.

VILLA BEAUSÉJOUR

⑲

Eine russische Isba in Paris

7, boulevard de Beauséjour
Der Eingang ist mit einem Gitter verschlossen. Bitten Sie über die Gegensprechanlage einen der Anwohner um die Erlaubnis, einen Blick in die Anlage werfen zu dürfen
Métro: La Muette

Die Villa Beauséjour ist trotz ihres sehr französischen Namens in Wahrheit eine kleine Ansiedlung russischer Blockhütten – sogenannter Isbas (darunter eine typische Poststation). Die Pariser Isbas wurden nach der Weltausstellung von 1867 im Zentrum des 16. Arrondissements wieder aufgebaut. Nur eine der vier Isbas stammt tatsächlich aus Russland. Die übrigen wurden in Paris nach Plänen der russischen Ausstellungskommission gebaut. Diese heute noch bewohnten Häuser sind in die Liste der historischen Baudenkmäler aufgenommen worden.

IN DER UMGEBUNG

Hameau de Passy (20)

48, rue de Passy
Métro: Passy

Kleine, ländliche Passage, durch die man von der Rue de Passy hinter den Häusern entlang direkt zur Rue Vital gelangt.

Überreste des Rathauses und des Tuilerien-Palastes in den Jardins du Trocadéro

Teile des Hôtel de Ville und des Palais des Tuileries wurden in den unteren Teil des Jardins du Trocadéro in Richtung Passy verlagert, nachdem beide Gebäude 1871 von den Kommunarden in Brand gesetzt worden waren. Das Hôtel de Ville wurde erbaut von Domenico da Cortona unter Franz I., der Palais des Tuileries von Philibert Delorme für Katharina de' Medici.

IN DER UMGEBUNG

Der Obelisk von Benjamin Franklin (21)

66, rue Raynouard, Ecke Rue Singer

An der Hauswand der 66, rue Raynouard, Ecke Rue Singer, ist ein imposantes und doch kaum bekanntes Flachrelief in Form eines Obelisken zu bewundern. Es erinnert an den Ort, an dem Benjamin Franklin das erste Modell des von ihm 1756 erfundenen Blitzableiters in ganz Frankreich aufstellen ließ: in den Gärten des (heute zerstörten) Hôtel de Valentinois, in dem er während seiner ersten Paris-Aufenthalte weilte. Benjamin Franklin war amerikanischer Kongressbotschafter in Frankreich und einer der Verfasser und Unterzeichner der amerikanischen Unabhängigkeitserklärung. Im Viertel ist das Collège Saint-Louis-de-Gonzague besser bekannt unter dem Namen Collège Franklin und in der Rue Franklin, an der Ecke zur Avenue Paul-Doumer, begegnet man einer Statue des Staatsmannes.

Mona Bismarck American Center (22)

34, avenue de New-York
Métro: Iéna – americancenterparis.org

Das 1986 gegründete Mona Bismarck American Center ist in einem schönen Hôtel particulier untergebracht, das für Besucher im Rahmen der zahlreichen Ausstellungen, die hier stattfinden, seine Türen öffnet. Die Ausstellungen bieten die Möglichkeit, einen Blick auf das schöne Interieur zu werfen, den chinesischen Salon mit seinen fantastischen Fresken oder einen schönen, rot lackierten Paravent. Ganz nach dem Willen seiner amerikanischen Gründerin widmet sich das Zentrum der französisch-amerikanischen Freundschaft und dem Austausch zwischen den beiden Ländern.

Der Garten des buddhistischen Pantheons (23)

Anbau des Musée Guimet – 19, avenue d'Iéna – guimet.fr
Täglich von 9:45–17:45 Uhr, Dienstag geschlossen
Termine für Teezeremonien unter resa@guimet.fr oder 01 56 52 53 45

Seit 1991 belebt ein kleiner japanischer Garten den Platz hinter dem buddhistischen Pantheon. In einem hölzernen Tee-Pavillon finden regelmäßig japanische Teezeremonien statt. Eine schöne Übung in Sachen Weltkenntnis mit einem Hauch Spiritualität.

Einmal gedreht – die Pariser Freiheitsstatue

Die Pariser Freiheitsstatue auf der Île aux Cygnes wurde am 4. Juli 1889 anlässlich der Weltausstellung eingeweiht. Sie ist ein Geschenk der Vereinigten Staaten von Amerika an Frankreich. Bei ihrer Einweihung war die Statue gen Osten gewandt: Die Zeremonie gestaltete sich deutlich einfacher vom festen Boden der Île aux Cygnes aus. Seit 1937 blickt sie gen Westen, hin zu ihrer großen Schwester in New York.

ICI
S'ELEVAIT
UN
PAVILLON
DEPENDANT
DE
L'HOTEL DE
VALANTINOIS
DE
1777-1785
B. FRANKLIN
L'HABITA
ET Y FIT PLACER
LE PREMIER
PARATONNERRE
CONSTRUIT
EN FRANCE

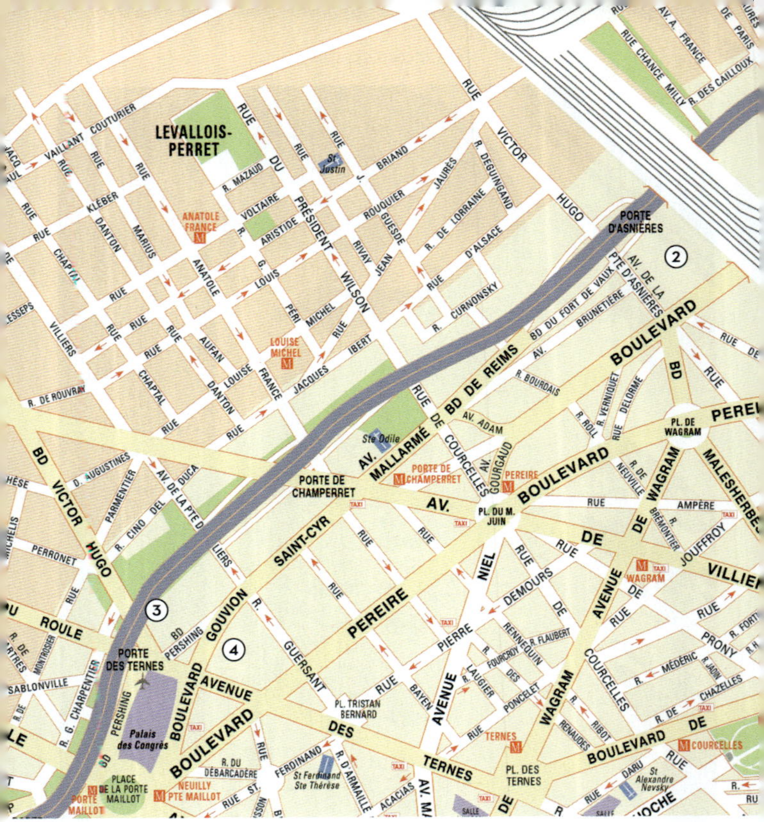

17. Arrondissement

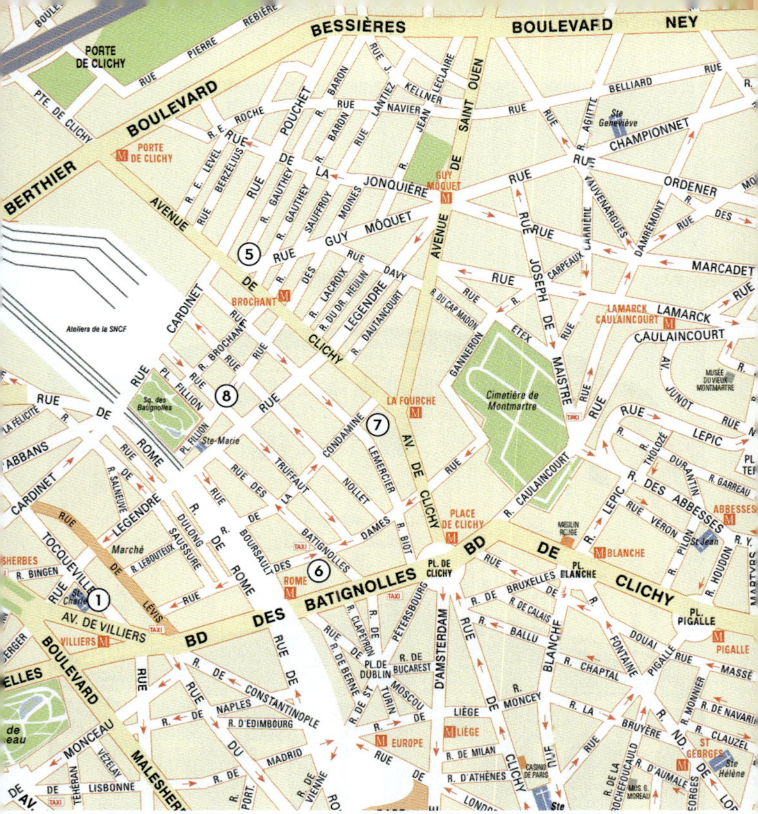
BOULEVARD BESSIÈRES
BOULEVARD NEY
PORTE DE CLICHY
RUE PIERRE REBIÈRE
PTE. DE CLICHY
BOULEVARD BERTHIER
AVENUE DE CLICHY
BROCHANT
GUY MÔQUET
RUE DE LA JONQUIÈRE
RUE GUY MÔQUET
AVENUE DE SAINT OUEN
RUE BELLIARD
RUE CHAMPIONNET
Ste Geneviève
RUE ORDENER
RUE MARCADET
LAMARCK CAULAINCOURT
RUE LAMARCK
RUE CAULAINCOURT
RUE JOSEPH DE MAISTRE
Cimetière de Montmartre
MUSÉE DU VIEUX MONTMARTRE
AV. JUNOT
RUE LEPIC
RUE DES ABBESSES
ABBESSES
St Jean
LA FOURCHE
RUE LEGENDRE
RUE CARDINET
Ateliers de la SNCF
Sq. des Batignolles
Ste-Marie
RUE DE ROME
RUE DES DAMES
AV. DE CLICHY
PLACE DE CLICHY
PL. DE CLICHY
BD DE CLICHY
BD DES BATIGNOLLES
ROME
PL. BLANCHE
BLANCHE
MOULIN ROUGE
PL. PIGALLE
PIGALLE
RUE TOCQUEVILLE
AV. DE VILLIERS
VILLIERS
BOULEVARD MALESHERBES
Marché
RUE DE LÉVIS
RUE D'AMSTERDAM
RUE DE CONSTANTINOPLE
EUROPE
LIÈGE
RUE DE CLICHY
CASINO DE PARIS
ST GEORGES
Ste Hélène
RUE DE LONDRES
RUE DE MOSCOU
PL. DE DUBLIN
RUE DE LISBONNE
RUE DE MADRID
1
5
6
7
8

La Villette Rotunda

Die oberirdische Métro: auf den Spuren der Mauer der Generalpächter

Der Verlauf der Mauer der Generalpächter (Mur des Fermiers généraux) kann heute nahezu vollständig entlang der Métrolinien 2 und 4 nachvollzogen werden. Besonders erkennbar wird dies in den oberirdischen Passagen der Métro zwischen Barbès und Belleville (Linie 2) und zwischen Pasteur und Passy (Linie 6).

Die Rotonden von Ledoux, Zeugnisse der alten Mauer der Generalpächter (1785–1790)

Im 18. Jahrhundert wurden in Paris für Verbrauchsgüter wie Getränke, Wein, Fleisch, Stroh oder Holz Zölle („Octroi“) eingeführt, während Güter auf dem Land der „Taille“ unterworfen waren. Angesichts des schnellen Wachstums der Stadt und ihrer Vororte waren die steuerlichen Grenzen unklar und Betrug an der Tagesordnung. Auf Vorschlag der zur Erhebung von Steuerpachten gegründeten „Ferme générale“ beschloss Ludwig XVI. 1785, eine Mauer um Paris und einige Vororte (Chaillot, Villiers, Charonne ...) zu bauen, um dem Schmuggel Einhalt zu gebieten. Mit der Durchführung wurde sein Architekt Nicolas Ledoux beauftragt.

Die neue, 24 km lange Mauer umschloss 3400 ha und 600.000 Einwohner und war die sechste Pariser Stadtmauer. Sie bestand aus einer 3 m hohen und 1 m starken Mauer und einem innenliegenden, 12 m breiten Wehrgang. Außerhalb der Mauer durfte auf einem 100 m breiten Streifen, der eine 30 m breite Baumallee umfasste, nicht gebaut werden.

Eingezogen wurde die Steuer in 55 Zollhäusern, wovon 24 auch gleichzeitig als Wohnungen für die Zöllner und Kontrolleure dienten. Der altertümliche Baustil von Claude-Nicolas Ledoux wies keinerlei Bezug zum Zweck der errichteten Gebäude auf. Aufgrund des vielen Prunks und der hohen Kosten der erforderlichen Enteignungen wurde das Budget ab 1787 deutlich überschritten. Nichtsdestoweniger wurde die Mauer trotz der Revolution und der damit verbundenen Verwerfungen fertiggestellt und 1790 in Betrieb genommen.

Angesichts großen Widerstands gegen die Mauer (auch namhafter Gegner wie Victor Hugo) – unter anderem soll die verringerte Luftzirkulation eine Gefahr für die Gesundheit der Stadtbewohner dargestellt haben –, die auch steuerlich nicht den erhofften Nutzen brachte, beschloss die Assemblée Nationale schließlich zum 1. Mai 1791 die Aufhebung der Grenzfunktion der Mauer. 1789 wurde der octroi jedoch in Anbetracht finanzieller Engpässe wieder eingeführt.

Ab 1860 wurden die Zölle an den Toren der neuen Mauern von 1840 eingezogen. Die antikisierenden Bauten von Ledoux wurden abgerissen, mit Ausnahme der vier noch heute vorhandenen Gebäude: Barrières de Chartres (im Parc Monceau), de la Villette, du Trône (Nation) und d’Enfer (Place Denfert-Rochereau). Endgültig abgeschafft wurde der octroi erst 1943.

POLONIA

①

Eine vergessene Bibliothek

20, rue Legendre
+33 1 43 80 10 06
restaurantpolonia@hotmail.com
Dienstag bis Samstag mittags und abends
Métro: Malesherbes, Villiers oder Monceau

Das ehemalige Restaurant Polonia beherbergt ein kleines Juwel, das auf Nachfrage besichtigt werden kann: Im vierten Stock des Hôtel particulier hat der für das Gebäude zuständige polnische Verein Concorde im Mai 2003 eine Bibliothek eröffnet, die ihre Gastgeber Ihnen gerne zeigen werden. Der Aufzug ist kaputt und die Treppe steil. Doch die Mühe lohnt. Der aufwendig sanierte Raum, der früher als Kapelle gedient haben muss, soll einst auch Sitz einer Freimaurerloge gewesen sein. Bücher gibt es heute indes keine mehr. Was bleibt, ist jedoch ein prachtvolles neogotisches Interieur mit Holzvertäfelungen, Gemälden, Kassettendecken und einem schönen Kamin. In einer Ecke wartet ein Klavier auf seinen Einsatz. Der Raum kann für 500 Euro angemietet werden.

DER TOWER FLOWER DES GARTENS LES HAUTS-DE-MALESHERBES

②

Flower-Power

8, rue Stéphane Grappelli und 23, rue Albert Roussel
Métro: Wagram (10 Minuten Fußweg)

Die im März 2005 eröffneten Gärten von Les Hauts-de-Malesherbes weisen eine interessante zeitgenössische Gestaltung auf, die auf den ersten Blick überraschen mag. Hauptelement des unter Leitung des berühmten Architekten Christian de Portzamparc angelegten Parks ist sicher das berühmte Wohnhaus namens Tower Flower (Blumenturm), das in einer Kooperation des Architekten Edouard François und des Botanikers Patrick Blanc entstand. In die Fassade sind große weiße Pflanzentöpfe integriert, in denen Pflanzen und Büsche wachsen, die natürlichen Schatten spenden.

In Paris zeichnet der Botaniker Patrick Blanc auch für die Pflanzenwände des Musée du quai Branly und des Hotels Pershing Hall verantwortlich. Gegenüber dem Flower Tower öffnet sich der Park hin zu einem Teil der Thiers'schen Stadtbefestigung.

Zur Lage der Pariser Theater

Viele der heutigen Pariser Theater liegen auf der Nordseite der Grands Boulevards: Théâtre des Bouffes-du-Nord, Théâtre de l'Atelier, Théâtre Hébertot, l'Européen ...
Dass sich die Schauspielhäuser auf dieser Seite des Boulevards niedergelassen haben, hängt mit dem Verlauf der Mauer der Generalpächter (Mur des Fermiers généraux) zusammen, der heute in etwa von den oberirdischen Abschnitten der Métrolinien 2 und 6 (s. S. 321) nachgezeichnet wird. Theater, die außerhalb dieser Stadtmauer lagen, galten als Provinztheater. Der Nachteil: Sie durften die Stücke der anderen Theater erst vierzig Tage nach ihrer dortigen Erstaufführung spielen. Mit ihrer Lage nahe den Toren von Paris konnten die innerstädtischen Schauspielhäuser zudem auf zahlreiche Besucher hoffen und sich die besten Darsteller sichern, die in den Provinztheatern oft einen letzten Zwischenstopp auf ihrem Weg an die Pariser Bühnen einlegten. Am anderen Ende der Stadt zeigt sich mit dem Théâtre du Ranelagh oder der Gaîté-Montparnasse das gleiche Bild.

DIE KÖNIGLICHE KAPELLE SAINT-FERDINAND

③

Eine Kapelle auf Reisen

2, boulevard Aurelle-de-Paladines
+33 1 45 74 83 31 – paroisse.n.d.compassion@wanadoo.fr
Montag bis Freitag von 8–20 Uhr, Samstag und Sonntag von 9–20 Uhr
Métro oder RER: Porte Maillot

Eingequetscht zwischen der Ringautobahn und dem Hotel Concorde Lafayette liegt die königliche Kapelle Saint-Ferdinand (oder Kapelle Notre-Dame-de-la-Compassion) an einem für eine Kirche eher ungewöhnlichen Ort. Und das hat auch einen Grund: Das 1843 geweihte Mausoleum befindet sich schlicht nicht mehr dort, wo es ursprünglich errichtet wurde. Ursprünglich war es auf dem Grundstück des heutigen Kongresszentrums im Gedenken an den Herzog von Orléans Ferdinand Philippe (den Erstgeborenen von Louis-Philippe) erbaut worden, der hier 1842 im Alter von gerade einmal 32 Jahren starb, als die Pferde seiner Kutsche durchgingen und er hinausgeschleudert wurde.

Für den Bau des Palais des Congrès 1968 wurde die Kapelle Stein für Stein abgetragen und innerhalb von zwei Jahren an ihrem heutigen Standort wieder aufgebaut. Ein wenig verloren steht sie hier in der Landschaft, hat durch den Umzug jedoch eine Krypta mit schönem Grundriss in Form eines griechischen Kreuzes und eklektischem Stil hinzugewonnen. Die Glasfenster der Architekten Fontaine und Lefranc sind inspiriert von Kartons von Jean August Dominique Ingres.

IN DER UMGEBUNG

Villa des Ternes ④

96, avenue des Ternes
39, rue de Guersant
Métro: Porte Maillot

Das Besondere an dieser schönen Anlage ist, dass sie gleich mehrere Straßenzüge umfasst, die zu den herrschaftlichen Wohnhäusern mit ihren Gärten führen: Avenue de la Chapelle, des Arts, Yves-du-Manoir, des Pavillons und Avenue de Verzy. In der 11 bis, avenue de Verzy sowie in der 13, avenue Yves-du-Manoir befinden sich auch Sozialwohnungen (HLM), deren Bau von den Anwohnern nicht verhindert werden konnte. Diese Luxus-HLM sind durch einen gestalterischen Kniff der Architekten (B. Bourgade und M. Londinsky) gleichwohl von gepflegtem Äußeren: Durch offene Treppenaufgänge und Satteldächer wirken sie wie Einfamilienhäuser. In dem Haus mit der Nummer 10 in derselben Straße wollte der Architekt den Palast von Dareios I. in Susa (im heutigen Iran) kopieren. Ein Hochrelief ist noch erhalten ...

CITÉ DES FLEURS

5

Drei Bäume als Auflage

154, avenue de Clichy
59, rue de la Jonquière
Métro: Brochant oder RER Porte-de-Clichy

Die (öffentlich zugängliche) Privatstraße ist eine herrliche grüne Oase inmitten der Hauptstadt. Jeder Eigentümer erhielt bei ihrem Bau 1847 die Auflage, drei blühende Bäume in seinem Garten zu pflanzen. Diese sind seitdem hoch gewachsen, sodass der Aufenthalt eine angenehme Abwechslung bietet. Die Anlage mit ihrer heterogenen Architektur und ihrem ländlichen Ambiente befindet sich nur ein paar Schritte vom belebten und beliebten Viertel um die Avenue de Clichy entfernt.

IN DER UMGEBUNG

Freimaurermuseum ⑥

8, rue de Puteaux
01 53 42 41 41 – gldf.org
Geöffnet täglich von 10–13 Uhr und von 14–17 Uhr
Führungen auf Anfrage – Eintritt frei
Métro: Rome

Einführung in die Freimaurerei. Besichtigungsmöglichkeit zweier Tempel und der Bibliothek mit mehr als 100.000 Titeln über Freimaurer, Esoterik und übernatürliche Phänomene.

Cour Saint-Pierre und Cité Lemercier ⑦

47, avenue de Clichy und 28, rue Lemercier
Métro: La Fourche

Die beiden für Fußgänger geöffneten Privatstraßen zeichnen sich durch ein wie aus der Zeit gefallenes ländliches Ambiente aus. Die gepflasterte Cour Saint-Pierre säumen auf beiden Seiten hübsche, zweistöckige, von den Anwohnern malerisch mit Blumen geschmückte Gebäude. Die Einfamilienhäuser der Cité Lemercier verfügen über eigene Gärten. Auch Jacques Brel erlag dem Charme der hübschen Anlage. Er wohnte einige Zeit im Hôtel du Chalet.

Square Nicolay ⑧

77 bis, rue Legendre

Privatgrundstück mit schönem Garten, der durch das Gitter zu sehen ist und auf der anderen Seite auf die Rue des Moines weist.

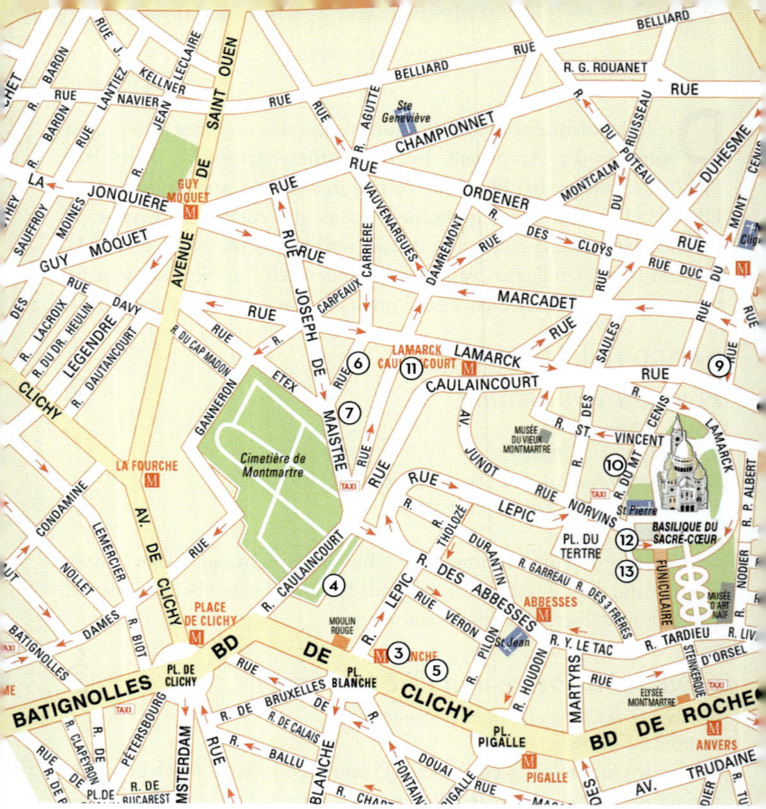

18. Arrondissement

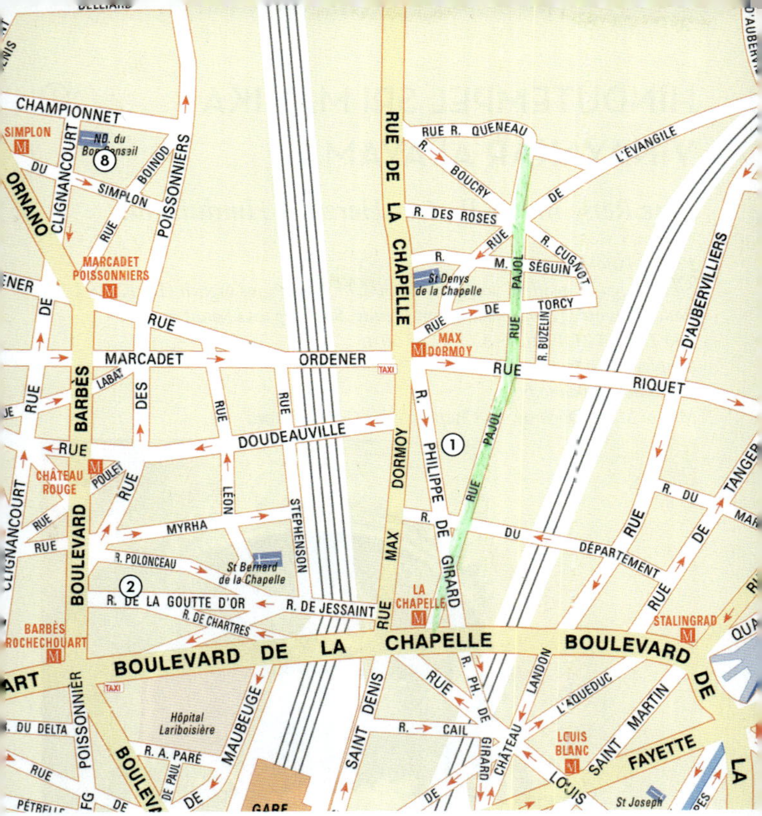
CHAMPIONNET
SIMPLON
N.D. du Bon Conseil
DU SIMPLON
ORNANO
CLIGNANCOURT
RUE BOINOD
POISSONNIERS
MARCADET POISSONNIERS
RUE MARCADET
RUE ORDENER
RUE DE LA CHAPELLE
RUE R. QUENEAU
R. BOUCRY
R. DES ROSES
RUE DE L'ÉVANGILE
R. CUGNOT
R. M. SÉGUIN
St Denys de la Chapelle
RUE DE TORCY
RUE PAJOL
R. BUZELIN
MAX DORMOY
RUE RIQUET
RUE D'AUBERVILLIERS
TAXI
BARBÈS
LABAT
RUE DES
RUE DOUDEAUVILLE
RUE LÉON
RUE STEPHENSON
RUE MAX DORMOY
R. PHILIPPE DE GIRARD
RUE POULET
CHÂTEAU ROUGE
RUE MYRHA
R. POLONCEAU
St Bernard de la Chapelle
BOULEVARD BARBÈS
R. DE LA GOUTTE D'OR
R. DE JESSAINT
R. DE CHARTRES
LA CHAPELLE
R. DU DÉPARTEMENT
RUE DE TANGER
R. DU
BARBÈS ROCHECHOUART
STALINGRAD
BOULEVARD DE LA CHAPELLE
R. DU DELTA
FG POISSONNIÈRE
RUE PÉTRELLE
Hôpital Lariboisière
R. A. PARÉ
DE PAUL
RUE DE MAUBEUGE
RUE SAINT DENIS
R. CAIL
RUE LANDON
R. PH. DE GIRARD
RUE DE L'AQUEDUC
RUE SAINT MARTIN
LOUIS BLANC
RUE LA FAYETTE
St Joseph
GARE

HINDUTEMPEL SRI MANIKA VINAYAKAR ALAYAM

①

Eine Reise in das Pariser Herz des Hinduismus

17, rue Pajol
Freier Zugang, geöffnet von 9:30–20:30 Uhr. Drei Pujas täglich (10, 12, 19 Uhr)
Badezeremonie (Abhishekam) am Freitag, Samstag und Sonntag
+33 1 40 34 21 89 und +33 1 42 09 50 45
templeganesh.fr
srimanicka@yahoo.fr
Métro: Marx-Dormoy, La Chapelle oder Gare du Nord

Wer reisen möchte, braucht kein Flugzeug: In Paris reicht ein einfaches Métro-Ticket, um in die unglaublich vielfältigen und komplexen Rituale des Hinduismus einzutauchen. Der Ganesha (Gott in Elefantengestalt, Sohn von Shiva) geweihte Tempel Sri Manika Vinayakar Alayam ist der einzige hinduistische Tempel der Stadt. Gegründet wurde er 1985 auf Initiative von Herrn Sanderasekaram. Bei seiner Ankunft in Paris bemerkte er, wie sehr seine entwurzelte Gemeinschaft (etwas über 100.000 Mitglieder in Frankreich) darunter litt, ihren Glauben nicht mehr in traditioneller Weise praktizieren zu können. Wie andere Mitglieder seiner Familie auch (s. unten), gründete Herr Sanderasekaram daraufhin den Tempel Sri Manika Vinayakar Alayam, der schnell zu einem Treffpunkt der sri-lankisch-tamilischen Gemeinschaft von Paris wurde.

Heute ist der Tempel eigentlich schon zu eng für alle Gläubigen. Besucher werden dennoch mit großer Gastfreundschaft und offenen Armen empfangen. Teilnehmer der Zeremonien am Samstag und Sonntag sind im Anschluss zu einem vegetarischen Mittagessen eingeladen.

Die Mitglieder der Familie Sanderasekaram sind echte Tempelbauer: Der Vater ließ in Jaffna (im Norden Sri Lankas) eine Statue und einen Tempel zu Ehren von Ganesha errichten, der Bruder in London und die Nichte im australischen Melbourne!

Die *Puja* ist ein hinduistisches Ritual, das morgens nüchtern nach der Körperreinigung und dem Ankleiden durchgeführt wird. Jeder Gläubige geht dabei etwas anders vor, allen gemein ist jedoch das Aufsagen eines Mantras sowie das Darbieten von Opfergaben (Essen und Trinken). Bei der rituellen Reinigungszeremonie *Abhishekam* wird die Statue der Gottheit entkleidet und mit Wasser sowie Milch, Honig, Rosenwasser und Reismilch besprengt. Nach dem Ankleiden wird sie unter fortwährenden Mantra-Gesängen der Priester (*Pujaris*) mit einer Blumengirlande geschmückt.

IN DER UMGEBUNG

Villa Poissonnière ②

41, rue Polonceau und 42, rue de la Goutte-d'Or
Métro: Château Rouge oder Barbès-Rochechouart

Mitten im Viertel La Goutte-d'Or liegt die 1840 erbaute Villa Poissonnière, eine nette kleine Pflasterstraße mit viel Grün und schönen Häusern und Gärten. Der Zugang erfolgt über eine unauffällige Toreinfahrt zur Rue de la Goutte-d'Or. Der andere Eingang über die Rue Polonceau ist meist verschlossen. In dieser Siedlung verbrachte der Sänger und Schauspieler Alain Bashung seinen Lebensabend.

VILLA DES PLATANES

③

Im Schatten blühender Platanen ...

58, boulevard de Clichy
Métro: Blanche oder Pigalle

Zwischen Peepshows und Sex-Shops hält der Boulevard de Clichy die ein oder andere Überraschung bereit, zum Beispiel die Villa des Platanes, konkret die Nummer 58. Ein traumhaft schöner Ort, dessen Zugang jedoch leider durch ein schmiedeeisernes Gitter versperrt ist. Wer möchte, kann jedoch einen Blick durch die Stäbe werfen oder darauf hoffen, dass ein freundlicher Anwohner für einen Moment den Zutritt gewährt. Die 1896 von dem Architekten Deloeuvre erbaute Wohnsiedlung besteht aus zwei hintereinander liegenden Innenhöfen. Der Eingang erfolgt über einen prachtvollen doppelbogigen Durchgang. Im ersten Hof führt eine schöne spiralförmige Treppe zu einem zweiten Hof mit weiteren Altbauten sowie einem kleinen abgeschiedenen Garten.

IN DER UMGEBUNG

7, Impasse Marie-Blanche ④

Zwischen Rue Cauchois (Nr. 19) und Rue Constance (Nr. 9) liegt die charmante Impasse Marie-Blanche (Sackgasse). Das Haus mit der Nummer 7 aus dem Jahr 1835 ziert eine schöne rosafarbene Fassade, die mit Türmchen und Fachwerk mittelalterlich anmutet.

Cité du Midi ⑤

48, boulevard de Clichy

Ein paar Schritte von der Villa des Platanes entfernt, gerät der lärmende Boulevard mit seinem geschäftigen Treiben ein weiteres Mal in Vergessenheit. Sehenswert: die schöne Fassade aus weißer Keramik der ehemaligen öffentlichen Pigalle-Duschbäder.

Die Jesuitenstiftung von Montmartre

Am 15. August 1534 begab sich Ignatius von Loyola in Begleitung von Francis Xavier und fünf weiteren Gefährten in die Kapelle des Martyriums, den Ort, an dem der heilige Dionysius (St. Denis) sein Martyrium erlitten haben soll. Nach der Messfeier in der Krypta leisteten sie während der Kommunion einen Eid der Armut, der Keuschheit und der gegenseitigen Weihe für das Heil der Seelen. Dies war die Geburtsstunde der Gesellschaft Jesu, die unter der Bezeichnung Jesuiten berühmt wurde. Die Kapelle wurde während der Revolution zerstört und später dort, wo ihr einstiger Standort vermutet wurde, wieder aufgebaut (11, rue Yvonne-le-Tac).

Kronleuchter von Cocteau

Das 1928 eröffnete Cinéma Studio 28 in der 10, rue Tholozé ist das älteste noch betriebene Kino von Paris. Die Kronleuchter im Hauptsaal gehen auf Entwürfe von Jean Cocteau zurück.

IN DER UMGEBUNG

Keramikdekor in der 43 bis, rue Damrémont ⑥

Gebäude geöffnet Montag bis Freitag von 9–18:30 Uhr
Am Wochenende sowie an Feiertagen geschlossen (Digitalcode)

Im Eingang zu dem 1910 von Coinchon errichteten Gebäude zeigen zwölf schöne, durch Marmorsäulen voneinander getrennte Fayence-Tafeln spielende Kinder mit Springseil, Schneebällen oder Drachen vor dem Hintergrund der Butte Montmartre. Die meisten dieser Mosaiken stammen von Francisque Poulbot (1910) und stehen heute unter Denkmalschutz.

Künstlerkolonie Les Fusains ⑦

22, rue de Tourlaque

Die Künstlerkolonie Les Fusains, deren Eingang nach dem Diebstahl einiger Statuen aus dem Garten leider seit einigen Jahren durch einen Digitalcode geschützt ist, ist eine der schönsten ihrer Art in ganz Paris. Die Ateliers stammen von der Weltausstellung von 1889. Zu den Bewohnern zählten Künstler wie Renoir und Derain.

Der heilige Dionysius in Montmartre

Mitten in der Rue Girardon erinnert eine Tafel an das Martyrium des heiligen Dionysius (Saint Denis) auf dem „Berg der Märtyrer" (Montmartre). Dieser soll nach seiner Enthauptung seinen Kopf in die Hand genommen haben und acht Kilometer bis zu seinem Grab gegangen sein, wo ihm zu Ehren später die berühmte Kathedrale von Saint-Denis errichtet wurde. Nahe der Place du Tertre erinnern die Rues Rustique und Saint-Éleuthère an zwei Diakone, die an der Seite des heiligen Dionysius das Christentum gepredigt haben sollen.

Über den Ursprung des Wortes „Bistro"

Auf einer Tafel an der Fassade des Restaurants La Mère Catherine an der Place du Tertre in Montmartre kann man die gängige Legende über den Ursprung des Wortes „Bistro" lesen: „Am 30. März 1814 riefen die Kosaken hier erstmals ihr berühmtes ‚bistro', woraufhin auf dem Hügel der würdige Vorfahre unserer Bistros entstand. 180. Jahrestag. Fremdenverkehrsverein des Alten Montmartre". In der Tat bedeutet das russische „быстро" zu Deutsch „schnell". Dennoch sind sich Sprachwissenschaftler heute einig, dass der Begriff schlicht aus der französischen Umgangssprache stammt.

PISCINE DES AMIRAUX

8

Ein Schwimmbad in einem pyramidenförmigen Sozialbau

6, rue Hermann-Lachapelle und 13, rue des Amiraux
Montag von 17–20 Uhr – Dienstag von 7–8:30 Uhr, von 11:30–13:30 Uhr und von 16:30–18:30 Uhr – Mittwoch von 7:30–8:30 Uhr und von 11:30–18 Uhr – Donnerstag von 7–8:30 Uhr und von 11:30–13:30 Uhr – Freitag von 7–8:30 Uhr, von 11:30–13:30 Uhr und von 16:30–19 Uhr – Samstag von 7–18 Uhr – Sonntag von 8–18 Uhr – In den Schulferien: täglich von 7–17 Uhr (Montag 13–17 Uhr/Sonntag 8–18 Uhr) – letzter Einlass 45 Minuten vor Schließung
Métro: Simplon oder Marcadet-Poissonniers

Piscine des Amiraux nimmt Bezug auf einen ganzen Themenkomplex, der die Architektur zu Beginn des 20. Jahrhunderts prägte: Hygiene im sozialen Wohnungsbau. Das Admiralsgebäude und sein Schwimmbecken entstanden innerhalb eines vom HBM (Pariser Amt für sozialen Wohnungsbau) ins Leben gerufenen Bauprogrammes für Arbeiterwohnungen, die Entwürfe stammten von dem Architekten Henri Sauvage. Mit seiner Idee eines in Terrassen gegliederten, pyramidenförmigen Gebäudes ermöglichte er nicht nur eigene Balkone, sondern schuf für alle sieben Stockwerke auch optimale Lichtverhältnisse. Das Zentrum der Pyramide sollte zunächst ein Kino bilden. Die Stadtverwaltung zog jedoch ein Schwimmbad vor. Die Bauarbeiten begannen 1922. Die ersten Bewohner zogen 1925 ein, das Schwimmbad wurde 1930 eingeweiht. Inzwischen wurde es mehrmals renoviert und steht unter Denkmalschutz. Es ist 33 m lang und 10 m breit. Die inneren und äußeren Mauern sind mit quadratischen weißen Keramikkacheln verkleidet, wie man sie auch in der Pariser Métro findet. Sie versetzen einen zurück in das „alte Paris" und tragen zum einladenden Ambiente bei. Auch der Regisseur Jean-Pierre Jeunet erlag dem Retro-Charme der Piscine des Amiraux und drehte hier eine Szene seines Films *Die fabelhafte Welt der Amélie*. In der Rue Vavin (6. Arrondissement) steht ein weiterer Terrassenbau von Henri Sauvage.

Eine Messe auf Aramäisch, der Sprache Jesu

Die chaldäische Mission von Paris (13–15, rue Pajol) feiert immer sonntags um 11 Uhr eine eindrucksvolle Messe auf Aramäisch, der Sprache Jesu. Der chaldäisch-katholische Ritus entstand im 16. Jahrhundert in der Türkei. Informationen unter +33 1 42 09 55 07.

Die größte Künstlerkolonie Europas

Montmartre aux Artistes – 187–189, rue Ordener

Montmartre aux artistes ist mit seinen 184 Ateliers die größte Künstlerkolonie Europas. Anfang des 20. Jahrhunderts von Louis Lejeune (1884–1969) entworfen und 1911 mit dem Grand Prix de Rome im Bereich Skulptur ausgezeichnet, bezogen die ersten Künstler 1933, lange vor der Fertigstellung, hier Quartier. Der Raum zwischen den Ateliers ist recht offen gestaltet und eignet sich für einen Architekturrundgang. Die Ateliers selbst können hingegen nicht besichtigt werden.

IN DER UMGEBUNG

Das Mosaik der alten Fischhandlung in der Rue Ramey ⑨

Die Fischhandlung (poissonnerie) an der Ecke Rue Ramey/Rue du Baigneur ziert ein schönes Mosaik, das eine Fischereiszene zeigt.

Jardin Sauvage Saint-Vincent ⑩

17, rue Saint-Vincent
+33 1 71 28 50 56
Geöffnet in der schönen Jahreszeit im Rahmen von (etwa 1-stündigen) Führungen; Gruppenführungen nach Vereinbarung
Nähere Informationen unterparis.fr/equipements jardin-sauvage-saint-vincent-1784

Das 1.500 m² große Gelände lag lange Zeit brach. Nach und nach eroberte es sich die Natur mit allerlei wild wachsenden Pflanzen und Büschen zurück. Es folgten kleine Tiere verschiedenster Arten. Die Stadt Paris sah darin eine einzigartige Chance, mitten in Montmartre seltene Flora und Fauna dauerhaft anzusiedeln und die Biodiversität zu schützen. Die einzigen Eingriffe bestanden in der Befestigung des abschüssigen Geländes, dem Ausheben eines kleinen Beckens und der Anlage eines Besucherpfades. Fantastisch!

Keramikdekor in der 59, rue Caulaincourt ⑪

Die Eingangshalle dieses privat bewohnten Altbaus zieren schöne Keramiken, die junge Frauen am Meer, im Weinberg, mit Regenschirm oder Gießkanne zeigen. Im Innenhof liegt ein schöner kleiner Garten.

CIMETIÈRE DU CALVAIRE

⑫

Ein Friedhof, der an einem Tag im Jahr geöffnet ist

2, rue Mont-Cenis
Geöffnet an Allerheiligen
(1. November) sowie im Rahmen der Journées du Patrimoine und der Fête des Jardins
Informationen bei der Friedhofsverwaltung von Montmartre (+33 1 53 42 36 30)
Métro: Abbesses

Der an die Kirche Saint-Pierre de Montmartre angrenzende Cimetière du Calvaire ist der außergewöhnlichste Friedhof der Stadt: Er ist nur an einem Tag im Jahr, an Allerheiligen, geöffnet. Seinen Namen verdankt der Friedhof dem 1833 um die Kirche Saint-Pierre de Montmartre angelegten Kreuzweg (s. oben). Angelegt wurde er 1801 als Ersatz für einen früheren Friedhof von 1688, der während der Revolution zerstört wurde (das Gründungsdatum stimmt mit der Existenz erster privater Grabstätten überein und nicht mit der möglichen Existenz von Massengräbern). So wurde er zwar drei Jahre vor dem Père-Lachaise angelegt, ist jedoch entgegen einer weit verbreiteten Ansicht nicht der älteste Pariser Friedhof. Diese Ehre wird dem jüdisch-portugiesischen Friedhof im 19. Arrondissement aus dem Jahr 1780 zuteil (s. S. 348). Der Friedhof wurde 1823 bzw. 1831 (trotz der ersten Schließung waren 1828, 1830 und 1831 noch einige Bestattungen erfolgt) infolge der Einrichtung des Cimetière Saint-Vincent endgültig geschlossen. Der Cimetière du Calvaire umfasst 85 schlichte Grabstellen, in denen aristokratische Familien aus dem heutigen 9. Arrondissement (Bas-Montmartre) und Familien aus einfachen Verhältnissen vom Haut-Montmartre vor dem Tode gleichgestellt sind. Neben anderen berühmten Persönlichkeiten ruht hier der Seefahrer Bougainville. D'Artagnan hingegen wurde entgegen einer hartnäckigen Legende nicht hier bestattet. Und auch das in den Revolutionswirren verschwundene Grab von Pigalle sucht man auf dem Friedhof vergebens.

IN DER UMGEBUNG

Der Kreuzweg am Montmartre: einer der geheimsten Orte von Paris ⑬

2, rue Mont-Cenis
Geöffnet zum Hochfest der Gemeinde im Juni
+33 1 46 06 57 63

Der 1833 von Abbé Ottin angelegte Kreuzweg am Montmartre erinnert an die Passion Christi. Es handelt sich um einen der geheimsten, außergewöhnlichsten Orte von Paris. Der Kreuzweg umfasst neun Stationen sowie einen als künstliche Grotte angelegten Felsen, der auf das Heilige Grab – Ort des Todes und der Auferstehung Jesu – verweist. Trotz aller Ablassangebote des Papstes zog der Kreuzweg nicht die erhofften Pilgerscharen an, sodass der Abt letztlich abtreten musste. Mit dem Bau von Sacré-Cœur wurde das Gelände verkleinert: Zwei Stationen des Kreuzwegs mussten weichen und versetzt werden.

Rundgang über die Butte Montmartre abseits der Menschenmassen

Nicht versiegen wollende Touristenströme können einem den Besuch am Montmartre schnell vergällen. Zum Glück bleiben die malerischsten Orte bislang von den Menschenmassen verschont. Wir beginnen unseren Rundgang an der Métro-Station Lamarck-Caulaincourt und steigen die Stufen hinauf zur Avenue Junot, einer der schönsten Straßen von Paris.

Das Haus Nummer 15 ist die Maison Tzara, die der österreichische Architekt Adolf Loos (1870–1933) im Jahr 1926 für den Dadaisten Tristan Tzara gebaut hat. Das Haus spiegelt die Abneigung des Architekten gegenüber jeglicher Ornamentik in der Baukunst wider. Die Villa Léandre in der Nummer 23 ter trägt den Namen eines Kabarettisten vom Montmartre und verzückt den Betrachter mit ihren hübschen, wild bewachsenen Steinhäusern im anglonormannischen Stil. An der Tür der Hausnummer 4 sind in Erinnerung an die Geschichte der Butte die Flügel einer Windmühle dargestellt.

Die Passage Lepic-Junot in der Nummer 21, gerne auch bezeichnet als Passage de la Sorcière (Hexenpassage), führt mitten durch den alten „Maquis de Montmartre". Auf dem Mittelstreifen liegen ein großer Stein und ein Mitgliedern vorbehaltenes Pétanque-Feld mit einem Kiosk, der auf freundliche Nachfrage auch externen Besuchern offensteht. Genießen Sie hier ein kühles Getränk und sehen Sie den Einheimischen beim Boulespielen zu. Folgen Sie der Passage anschließend nach unten und biegen Sie links in die Rue Lepic ein. Schon bald sehen Sie auf der linken Seite die Moulin de la Galette, mit der Moulin Radet (die heute indes nicht mehr an ihrem ursprünglichen Standort steht) eine der beiden letzten Pariser Mühlen.

Geht man von dort links die Rue Girardon hinauf, gelangt man zurück zur Avenue Junot, wo sich gleich in der Nummer 1 eines der schönsten Privatanwesen von Paris befindet. Noch vor wenigen Jahren konnte man das weinberankte Grundstück mit seinen hoppelnden Kaninchen am Fuße der Moulin de la Galette zur Besichtigung der Mire du Nord betreten. In dem kleinen Theater am Eingang können Pärchen die Vorstellungen gemütlich vom Sofa aus verfolgen.

Wir machen einen kleinen Umweg über die 11, avenue Junot, um einen Blick auf den zwischen Avenue Junot und Rue Lepic (Nr. 75) gelegenen und meist mit Code verschlossenen Hameau des Artistes zu werfen. Dann setzen wir unseren Rundgang gegenüber der Avenue Junot an der Place Marcel-Aymé fort und begegnen hier dem „Passe-Muraille", dem Mann, der – eine Hommage an den gleichnamigen

Roman des Autors – durch die Wand gehen konnte. Folgt man der Rue de l'Abreuvoir hinab, bildet rechts ein großer wilder Park den passenden Rahmen für einige Künstlerhäuser und -ateliers. Eine Art Pariser Villa Medici, denn hier können ausländische Künstler für ein Jahr Ateliers von 60 bis 100 m^2 zu günstigen Preisen anmieten. Die unterhalb gelegene Place Dalida bietet einen Blick auf Sacré-Cœur und damit vermutlich die malerischste Aussicht von Paris. Wenn Sie sich etwas Glück wünschen, dann tun Sie es Tausenden vor Ihnen gleich und streichen Sie im Vorbeigehen über die mittlerweile schon glänzenden Partien der berühmten Sängerin. Gehen Sie dann nach rechts zu den Weinreben, die Métro befindet sich ganz in der Nähe. Hinter der Tür zur 45, rue Lepic erstreckt sich überraschenderweise eine kleine, von Künstlerateliers gesäumte Gasse.

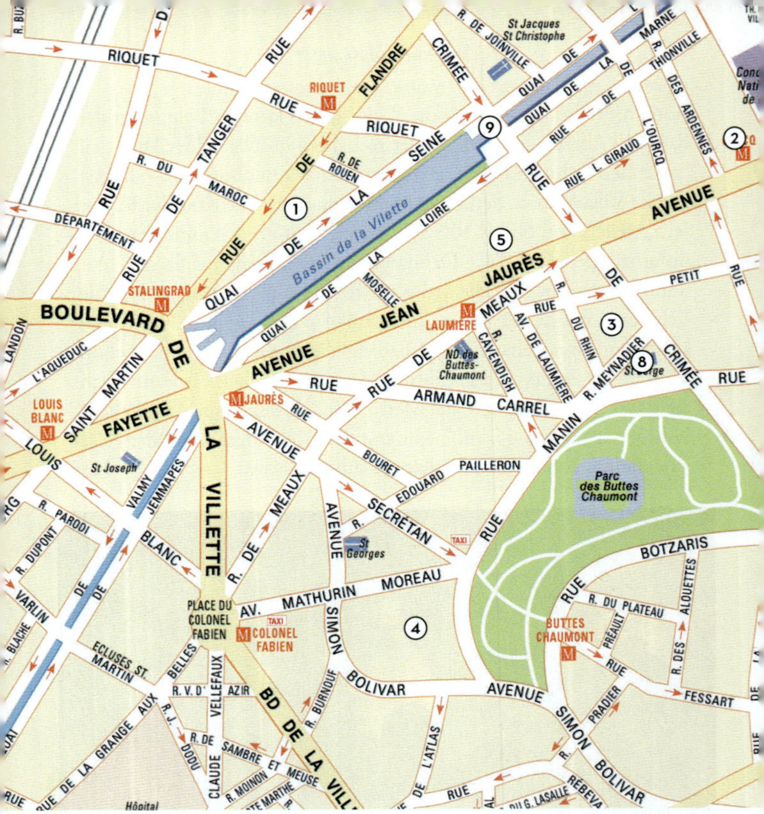

19. Arrondissement

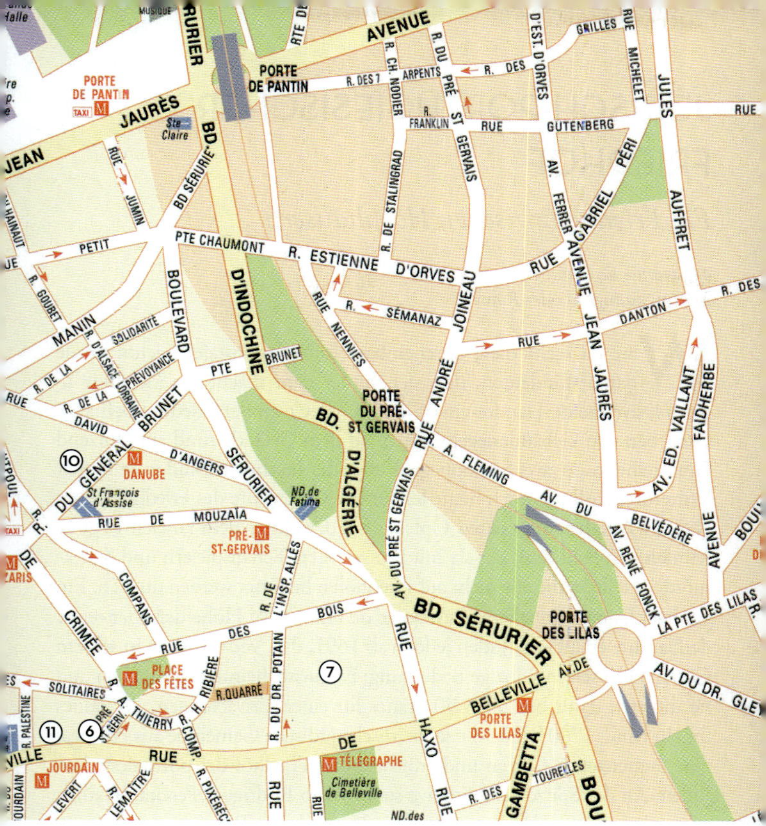
PORTE DE PANTIN
AVENUE JEAN JAURÈS
BD SÉRURIER
PORTE DU PRÉ-ST GERVAIS
BD D'INDOCHINE
BD D'ALGÉRIE
R. ESTIENNE D'ORVES
RUE DANTON
AV. DU BELVÉDÈRE
PORTE DES LILAS
RUE DE BELLEVILLE
RUE DE MOUZAÏA
RUE DES BOIS
PLACE DES FÊTES
DANUBE
PRÉ-ST-GERVAIS
TÉLÉGRAPHE
JOURDAIN
RUE HAXO
AV. GAMBETTA
RUE DE CRIMÉE
RUE COMPANS
Cimetière de Belleville
7
6
10
11

JÜDISCH-PORTUGIESISCHER FRIEDHOF ①

Ein Friedhof zwischen Hochhäusern

44, avenue de Flandre
Métro: Stalingrad oder Riquet

Wäre da nicht diese unscheinbare Informationstafel, nichts würde darauf hindeuten, dass sich hinter dem mächtigen Gebäude in der 44, avenue de Flandre ein 35 auf 10 Meter großer Friedhof befindet. Umgeben von Gebäuderiegeln ruhen auf dem Gelände rund ein Dutzend Grabsteine sowie zwei Sarkophage. Einige der Inschriften sind trotz starker Witterungseinflüsse noch heute lesbar. Die Geschichte des Friedhofs zeugt von der Ausgrenzung, deren Opfer die Juden unter dem Ancien Régime wurden, ein Schicksal, das sie mit Protestanten, Schauspielern und Selbstmördern teilten, die alle nicht auf Friedhöfen bestattet werden durften. Ein gewisser Camot, Inhaber der Auberge de l'Étoile auf Höhe der 46, avenue de Flandre, erlaubte es Juden jedoch ab 1691, ihre Verstorbenen in seinem Garten beizusetzen. Einzige Bedingung: Es musste heimlich geschehen und sie mussten dafür bezahlen. 50 Francs für einen Erwachsenen, 20 Francs für ein Kind. 1780 kaufte die sephardische jüdische Gemeinde aus Portugal zwei angrenzende Gärten und eröffnete den Friedhof der portugiesischen Juden. An der Spitze der Initiative stand Jacob Rodrigues Pereira, staatlich entsandter Fürsprecher der portugiesischen Juden in Paris, der von Ludwig XV. für seine pädagogische Arbeit mit Taubstummen eine Pension erhalten hatte. Schließlich genehmigte der König die Bestattungen, sofern diese „nächtens, ohne Skandal oder Apparat" erfolgten.

Der Friedhof wurde 1810 aufgelassen, nachdem Napoleon alle Friedhöfe auch für Juden öffnete. Heute steht die denkmalgeschützte Anlage unter Verwaltung des israelitischen Konsistoriums von Frankreich. Über das Konsistorium oder die Bestattungsgesellschaft Hévra Kadicha erhalten Sie die Schlüssel, die Sie nach Ihrem Besuch einfach wieder zurückbringen.

Die 1790 fertiggestellte Rotonde de la Villette ist eines von vier noch vorhandenen Bauwerken der alten Mauer der Generalpächter (Mur des Fermiers généraux). Daneben existieren noch die Barrières de Chartres (im Parc Monceau), du Trône (Nation) und d'Enfer (Place Denfert-Rochereau) (s. S. 321).

MUSÉE DES COMPAGNONS CHARPENTIERS DES DEVOIRS DU TOUR DE FRANCE

②

Meisterhafte Gesellenstücke

Eingang über das Restaurant Aux arts et sciences réunis
161, avenue Jean-Jaurès – +33 1 42 40 53 18
Geöffnet auf Anfrage
Métro: Ourcq

Das Musée des Compagnons ist in dem ältesten Gebäude der Compagnons in ganz Europa hinter dem Restaurant Aux arts et sciences réunis untergebracht. Die Sammlung umfasst vor allem Gesellenstücke, die auf der Weltausstellung von 1900 gezeigt wurden. Die Gesellen, die die Tour de France machen, werden immer noch in dem Restaurant beherbergt, das ursprünglich ihre Kantine war.

Compagnonnage und Freimaurerei

Die Wurzeln der Compagnons du Devoir als Handwerksbruderschaft reichen bis vor das Mittelalter in die Zeit der Handwerker des antiken Roms unter Kaiser Numa Pompilius (715 v. Chr. bis 673 v. Chr.) zurück. Unter seiner Herrschaft bildeten und verbreiteten sich im Römischen Reich 31 collegia fabrorum, antiken Religionen und Philosophien zugewandte Zusammenschlüsse verschiedener Berufsgruppen wie Architekten oder Handwerker. Vom 6. bis 7. Jahrhundert beeinflussten die collegia fabrorum die monastischen Orden Europas und die byzantinischen Kollegien mit ihrem Wissen über Hermetik und Neopythagorismus. Zu jener Zeit traten zahlreiche Compagnons zum christlichen Glauben über (insbesondere benediktinischer Tradition), um der Inquisition zu entkommen. Viele von ihnen legten die Ordenstracht schließlich wieder ab, und diese Mönche, die den Boden für die bedeutendsten europäischen Meisterwerke bereiteten (Kathedralen, Paläste und Schlösser), verschwanden nach und nach, bevor sie im 15. Jahrhundert als Baumeister ohne Religionszugehörigkeit wieder auf den Plan traten. Sie überlebten bis in die Mitte des 17. Jahrhunderts hinein, verschwanden wieder und erstarkten im 18. Jahrhundert (1717) erneut, wenngleich nur auf symbolischer Ebene durch die spekulative Freimaurerei, die sich als traditionelle Erbin der früheren operativen Freimaurerei sah. Symbole und Rituale der Compagnonnage und der Freimaurerei weisen daher trotz ihres unterschiedlichen Ursprungs viele Gemeinsamkeiten auf. Die Legenden der Compagnons nehmen Bezug auf drei mythische Gründer der Compagnons du Devoir: König Salomon, Maître Jacques und Père Soubise. Der salomonischen Legende kommt in den Mythen der Compagnons du devoir de liberté besondere Bedeutung zu. Sie ist jedoch jüngeren Ursprungs als die anderen und scheint Ende des 18., Anfang des 19. Jahrhunderts in die Werkstätten der Compagnons Einzug gehalten zu haben. Sie geht zurück auf den Mythos um den im Dienste von König Salomon stehenden phönizischen Baumeister Hiram Abif und verbreitete sich später in den Ritualen der verschiedenen Gesellschaften der Compagnons. Die Männer, die Gottes Werk vollbringen, werden dem Alten Testament zufolge als Söhne des Köchers bezeichnet (Psalm 127:5).

Der zentralen Legende nach hatte Maître Jacques schon als Kind das Handwerk des Steinmetzes erlernt, bevor er im Alter von 15 Jahren auf Wanderschaft ging und mit 36 Jahren an der Baustelle des salomonischen Tempels in Jerusalem ankam. Er avancierte zum

Baumeister der Steinmetze und Zimmerleute. Diese Aufgabe teilte er sich mit seinem Reisegefährten Soubise, der in Frankreich unter dem Namen Père Soubise Berühmtheit erlangen sollte.
In den biblischen Erzählungen über den Tempelbau in Jerusalem ist jedoch weder von Jacques noch von Soubise die Rede, wenngleich mittelalterliche Aufzeichnungen über den Bau der Kathedrale Sainte-Croix d'Orléans von der Anwesenheit zweier Baumeister, Jacques Moler und des Benediktiners Soubise, berichten. Infolge eines Arbeiterstreiks kam es zu brutalen Kämpfen, die letztlich in einer Spaltung mündeten. Diese Legende scheint durch historische Tatsachen gestützt, die Spaltung der katholischen und protestantischen Compagnons ist ebenso belegt wie die weitgehende Zerstörung der Kathedrale 1568 durch die Hugenotten.

IN DER UMGEBUNG

Die Arbeiter der Rue de Crimée

③

An der Eckfassade des Gebäudes in der 97 bis, rue de Crimée haben die gewohnten klassischen Atlanten Bauarbeitern Platz gemacht, die sich mit ihren Werkzeugen an dem über ihnen liegenden Balkon zu schaffen machen.

Butte Bergeyre: eine Insel inmitten der Stadt

80, rue Georges-Lardennois
Normalerweise geöffnet Mittwoch und Sonntag von 14:30–17:30 Uhr
Métro: Colonel Fabien

Die Butte Bergeyre, erbaut um 1927 auf dem Gelände eines früheren Freizeitparks („Les Folles Buttes"), ist wie eine Insel inmitten der Stadt: Nahezu unsichtbar von der Straße liegt sie gut verborgen auf einem Hügel zwischen Avenue Simon Bolivar, Rue Manin und Avenue Mathurin-Moreau. Die nahen Steinbrüche machten eine dichte urbane Entwicklung unmöglich. So finden sich in dem Gebiet heute hübsche Häuschen, Weinberge und ein kleiner Gemeinschaftsgarten für Anwohner, die sich ihres großen Privilegs bewusst und bemüht sind, diese Oase der Ruhe 90 m über dem Chaos zu bewahren ...

Gymnase Jean Jaurès ⑤

87, avenue Jean-Jaurès – 01 42 08 57 11
Reserviert für Clubs und Vereine

Nehmen Sie sich die Zeit und fragen Sie am Empfang um Erlaubnis (die meist gewährt wird), sich diese wirklich sehr schöne Sporthalle ansehen zu dürfen. Für den Bau wurden Eisenkonstruktionen der Galerie des Machines (Maschinenhalle) der Weltausstellung von 1878 verwendet, zum Beispiel aus dem berühmten Hangar Y von Meudon. Nach seiner Erweiterung 1913 durch den Architekten Gautier erhielt der Bau den Namen Gymnase d'Allemagne. Wie die Rue d'Allemagne (die heutige Avenue Jean-Jaurès) wurde die Sporthalle nach dem Ersten Weltkrieg umbenannt.

13, rue des Fêtes ⑥

Meist mit Code verschlossen

In der Nähe der zubetonierten Place des Fêtes befindet sich in der 13, rue des Fêtes eine paradiesische Gartenstadt, die Anfang des 20. Jahrhunderts auf dem Grundstück des Hôtel particulier in der Nummer 11 errichtet wurde. Der Zugang erfolgt über eine schmale Passage, an deren Ende eine Reihe reizender Gebäude liegt. Am besten plant man seinen Besuch während der Journées ateliers ouverts von Belleville. Dann öffnet die normalerweise verschlossene Anlage, die einst viele Künstler anzog, ihre Türen und bietet auch Besuchern die Möglichkeit, die Laube, die Blütenpracht auf den Terrassen, die Bäume und das ganz ländliche Ambiente dieser friedvollen Oase zu genießen.

Rues Émile-Desvaux und Paul-de-Kock ⑦

Die Rue Paul-de-Kock ist eng mit der Rue Émile-Desvaux verbunden, denn sie beginnt in deren Nummer 4 und endet als Sackgasse an einer Treppe in der Nummer 30 derselben Straße ... Beide Straßen bilden einen reizvollen Straßenblock aus bunt gemischten Gebäuden aus den 1920er-Jahren.

KIRCHE SAINT-SERGE-DE-RADOGÈNE

8

Eine außergewöhnliche orthodoxe Kirche, die auf einem Hügel versteckt ist

93, rue de Crimée
09 51 32 01 66
Vesper am Samstag von 18 bis 20 Uhr, Liturgie am Sonntag von 10 bis 12 Uhr
Metro: Laumière or Ourcq

Gut verborgen hinter einem Vorhang aus Bäumen schmiegt sich in der 93, rue de Crimée mit der Kirche Saint-Serge-de-Radogène wohl eine der bezauberndsten Kirchen von ganz Paris an den Hügel.

Der unerwartet exotische Bau blickt auf zwei Geschichten und zwei Religionen zurück. 1861 im südlichen Teil von Les Buttes-Chaumont auf Initiative des lutherischen Pastors der nach Frankreich emigrierten deutschen Arbeitergemeinde erbaut, blieb die Kirche fest in protestantischer Hand, bis die Kriegserklärung 1914 die deutschen Arbeiter zwang, in ihre Heimat zurückzukehren. Nach ihrer Konfiszierung durch die französische Regierung blieb sie ungenutzt, bis die russisch-orthodoxe Kirche sie 1924 für Flüchtlinge der bolschewistischen Revolution kaufte. Diese veränderte Widmung machte angesichts der eher nüchternen protestantischen Ausgestaltung einige Umbauten und Anpassungen erforderlich. So gelangt man heute über eine seinerzeit ergänzte außenliegende Holztreppe in den Kirchenraum. Fresken von Dmitri Semjonowitsch Stellezki zeigen die orthodoxen Kirchenväter. Die Türen im Erdgeschoss und im Obergeschoss sind mit prachtvollen religiösen Szenen dekoriert; die nördliche Seite des Gebäudes weist den typisch russischen Kokóschnik-Fassadenschmuck auf.

Die größte Überraschung wartet jedoch im Inneren der Kirche: Eingehüllt in den gewohnten Geruch von Wachs und Weihrauch befindet sich hier, im Schatten der über und über mit Fresken dekorierten Wände, eine bemerkenswerte Ikonostase der Moskauer Schule (16. Jahrhundert) mit über einhundert Ikonen und den Königspforten. Magisch.

IN DER UMGEBUNG

Der Pont de Crimée: die letzte Pariser Hubbrücke ⑨

An der Mündung des Canal de l'Ourcq in das Bassin de la Villette
Rund um die Uhr in Betrieb (24/7)

Der Pont de Crimée (Pont de Flandre), 1885 von dem Unternehmen Fives-Lille erbaut, das auch die Aufzüge im Eiffelturm eingebaut hat, ist die letzte Hubbrücke von Paris: Bei der Durchfahrt von Schiffen hebt sich die Fahrbahn über große, an griechischen Säulen befestigte Rollen. Von dem benachbarten Steg aus können Fußgänger diesem wie aus der Zeit gefallenen Spektakel noch heute beiwohnen.

LA MOUZAÏA

⑩

Amerikanische Steinbrüche

Viertel innerhalb der Schleife der Métrolinie 7bis
Métro: Danube

Nicht immer herrscht unter den Liebespaaren von La Mouzaïa Konsens über die genauen Grenzen dieses besonderen Teils des 19. Arrondissements. Worin sich jedoch alle einig sind, ist der außergewöhnliche Charme, der von ihm ausgeht. Grob umrissen verlaufen die Grenzen von den Métrostationen Botzaris, Danube und Saint-Gervais bis zur Place des Fêtes. Der exotische Name des Viertels klingt algerisch, die Gerüche und Ansichten sind jedoch unverkennbar jene der tiefsten französischen Provinz.

Der absolut verführerische und wie ein Schweizer Käse gelöcherte Aussichtspunkt ist seit 1860 Teil von Paris. Bis 1872 wurde hier in Steinbrüchen Gips abgebaut. Gerne erzählt man sich, der Gips für das Weiße Haus in Washington und die Freiheitsstatue stamme aus den hiesigen Steinbrüchen (weshalb das Viertel einst den Beinamen „Carrières d'Amérique" – Amerikanische Steinbrüche – erhielt). Eine romantische Geschichte, die jedoch wohl ins Reich der Legenden gehört.

Wahr ist hingegen, dass das Gelände äußerst fragil ist, sodass größere Bauvorhaben nicht realisiert werden konnten. Nachdem ein Projekt zur Einrichtung eines Pferdemarktes verworfen wurde, entstanden schließlich nur schlichte, einstöckige Einfamilienhäuser. Die meisten dieser kleinen, auf rund zwanzig Straßenzüge verteilten Häuschen verfügen über einen kleinen Vorgarten und einen Hinterhof. Der Bau zog sich über fast vier Jahrzehnte hin, sodass sich die Häuser, die ursprünglich für Arbeiterfamilien gedacht waren und heute das kleine (oder große) Glück weniger Privilegierter sind, im Stil ein wenig voneinander unterscheiden.

IN DER UMGEBUNG

Cité du Palais-Royal-de-Belleville ⑪

151, rue de Belleville

Die hinter zwei Höfen verborgene Cité du Palais-Royal-de-Belleville ist ein wahres Kleinod, bestehend aus hübschen Einfamilienhäuschen, die sich an einer ruhigen, baumbewachsenen Allee aufreihen, wie sie für die beliebte Gegend um Belleville typisch sind. Der prunkvolle Name der Anlage geht wohl auf die Bühnenbilder des Théâtre du Palais-Royal zurück, die hier einige Zeit gelagert worden sein sollen.

Nicht weit von hier, in der 13, rue de la Villette, lohnt auch die 1817 unter dem Namen Villa Barthélemy eröffnete Villa de l'Adour einen Abstecher.

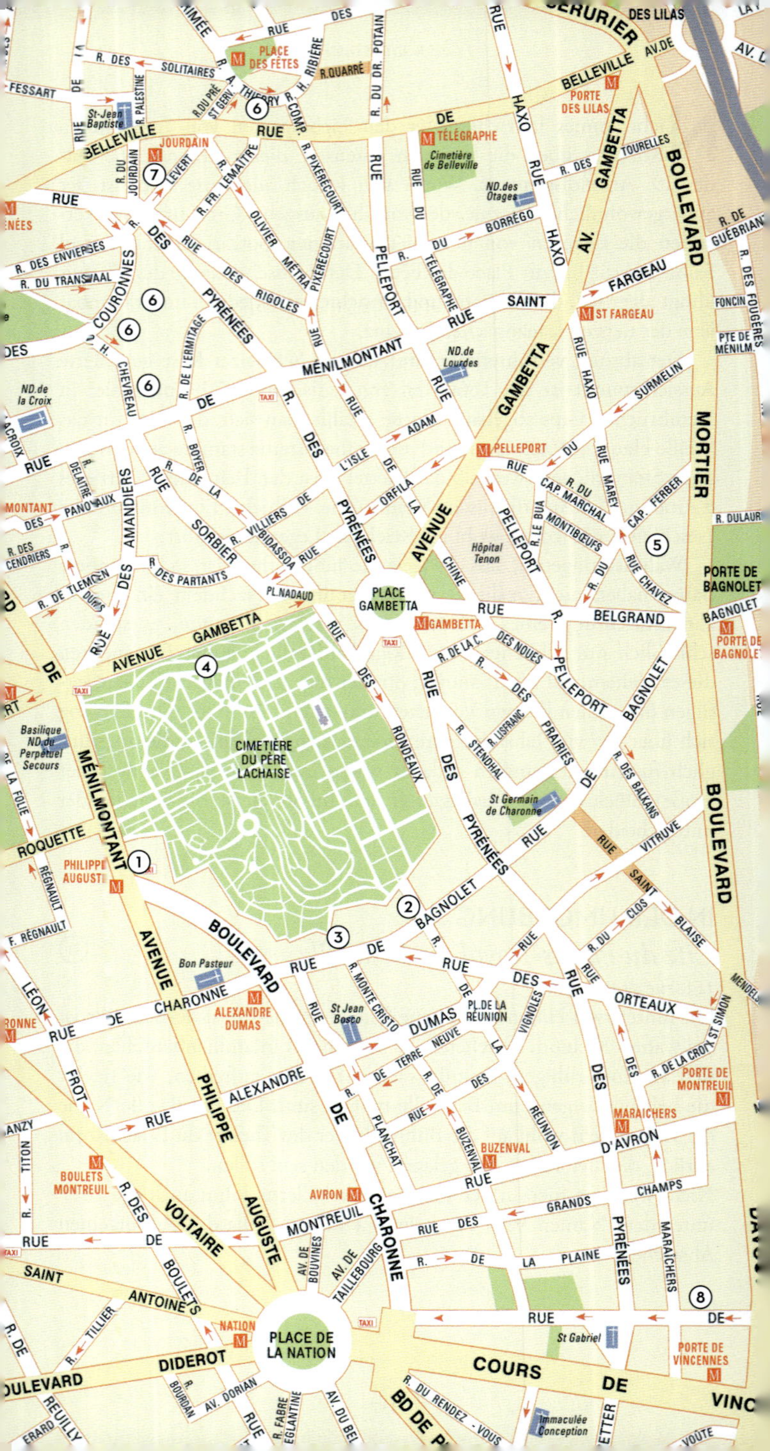

PLACE DES FÊTES
R. QUARRÉ
R. DU DR. POTAIN
R. H. RIBIÈRE
R. DES SOLITAIRES
FESSART
St-Jean Baptiste
R. PALESTINE
R. DU PRÉ ST-GERV.
R. A. THIERRY
R. COMP.
RUE DE BELLEVILLE
AV. DE BELLEVILLE
PORTE DES LILAS
DES LILAS
TÉLÉGRAPHE
Cimetière de Belleville
JOURDAIN
R. DU JOURDAIN
LEVERT
R. FR. LEMAÎTRE
R. PIXÉRÉCOURT
RUE PELLEPORT
RUE DU TÉLÉGRAPHE
RUE HAXO
ND.des Otages
R. DES TOURELLES
AV. GAMBETTA
BOULEVARD MORTIER
R. DE GUÉBRIANT
R. DES FOUGÈRES
FONCIN
PTE DE MÉNILM.
RUE DES PYRÉNÉES
RUE DES RIGOLES
OLIVIER MÉTRA
RUE DU BORRÉGO
RUE SAINT FARGEAU
ST FARGEAU
R. DES ENVIERGES
R. DU TRANSVAAL
RUE DES COURONNES
H. CHEVREAU
R. DE L'ERMITAGE
RUE DE MÉNILMONTANT
ND.de Lourdes
ND.de la Croix
R. SURMELIN
RUE ADAM
R. DE L'ISLE
PELLEPORT
R. DU CAP. MARCHAL
RUE MAREY
R. BOYER
R. DELAITRE
PANOYAUX
RUE DES AMANDIERS
R. DES CENDRIERS
R. DE TLEMCEN
RUE SORBIER
R. DE LA BIDASSOA
R. VILLIERS DE L'ORFILA
RUE DE LA CHINE
R. LE BUA
MONTIBŒUFS
R. DU CAP. FERBER
R. DULAURE
Hôpital Tenon
RUE CHAVEZ
PORTE DE BAGNOLET
R. DES PARTANTS
R. DUPUIS
PL. NADAUD
PLACE GAMBETTA
GAMBETTA
RUE BELGRAND
AVENUE GAMBETTA
R. DE LA C.
DES NOUES
R. PELLEPORT
RUE DE BAGNOLET
BASILIQUE ND.du Perpétuel Secours
R. DE LA FOLIE
CIMETIÈRE DU PÈRE LACHAISE
RUE DES RONDEAUX
R. STENDHAL
R. LISFRANC
R. DES PRAIRIES
St Germain de Charonne
R. DES BALKANS
RUE VITRUVE
RUE SAINT BLAISE
RUE DE LA ROQUETTE
PHILIPPE AUGUSTE
BOULEVARD DE MÉNILMONTANT
R. REGNAULT
BOULEVARD DE CHARONNE
R. DU CLOS
R. MONTE CRISTO
Bon Pasteur
RUE DE CHARONNE
ALEXANDRE DUMAS
St Jean Bosco
PL.DE LA RÉUNION
RUE DES VIGNOLES
RUE DES ORTEAUX
R. ST SIMON
R. LÉON FROT
RUE NEUVE DES BOULETS
R. DE LA CROIX ST SIMON
PORTE DE MONTREUIL
RUE ALEXANDRE DUMAS
R. DE TERRE NEUVE
RUE DE LA RÉUNION
R. PLANCHAT
R. BUZENVAL
BUZENVAL
MARAICHERS
RUE D'AVRON
R. TITON
BOULETS MONTREUIL
R. DES BOULETS
AVENUE PHILIPPE AUGUSTE
BOULEVARD VOLTAIRE
AVRON
RUE DE MONTREUIL
RUE DES GRANDS CHAMPS
R. DE LA PLAINE
RUE DES MARAÎCHERS
AV. DE BOUVINES
AV. DE TAILLEBOURG
RUE SAINT ANTOINE
R. TILLIER
NATION
PLACE DE LA NATION
St Gabriel
PORTE DE VINCENNES
BOULEVARD DIDEROT
R. DE REUILLY
R. BOURDAN
AV. DORIAN
R. FABRE D'EGLANTINE
AV. DU BEL
R. DU RENDEZ - VOUS
Immaculée Conception
COURS DE VINC
BD DE P

20. Arrondissement

STÄDTISCHER LANDBAU

1

Krafttanken im Gemüsegarten

8, rue du Repos
Métro: Philippe Auguste

Die Bewohner der 8, rue du Repos haben das große Glück, eine der außergewöhnlichsten Grünflächen der Stadt ihr Eigen nennen zu dürfen. Hinter einem ersten Innenhof folgt eine zweite Tür, die zu einem Gang führt, der am Fuße der Friedhofsmauern des Père-Lachaise in einen kleinen Nutzgarten mit einem Dutzend einzelner Parzellen mündet. Es gibt alles, was man braucht: Gießkannen, Harken und sogar eine Vogelscheuche, um die Krähen, die auf dem angrenzenden Friedhof leben, von der Ernte fernzuhalten.

Leider ist der Garten privat und somit nicht öffentlich zugänglich. Mit ein wenig Glück lässt einen einer der Anwohner einen Blick hineinwerfen. Einen Versuch ist es allemal wert.

Die Weinberge von Paris

Die Region Paris blickt auf eine lange Weinbaugeschichte zurück, die sich gleichwohl weitgehend dem demografischen Wachstum, der Urbanisierung, der Reblaus und der starken Konkurrenz anderer Regionen beugen musste.

Nichtsdestoweniger finden sich in einigen Straßen Spuren dieser Vergangenheit: Rue du Pressoir, Rue des Vignes, Rue des Vignoles, Rue Vineuse ... Das Viertel La Goutte d'or verdankt seinen Namen ebenfalls einem Wein aus dem Mittelalter und der „Guinguet" von Belleville diente den berühmten Weinschänken (Guinguettes) von Bords de Marne im Südosten von Paris als Namensgeber. Neben dem berühmten Clos Montmartre finden sich heute überall in der Hauptstadt noch weitere Weinberge:

- Square Félix-Desruelles, 168 bis, boulevard Saint-Germain (Kirche Saint-Germain-des-Prés); zwölf Rebstöcke, gepflanzt 1993
- Garten des Presbyteriums der Kirche Saint-Francois-Xavier (s. S. 147)
- Feuerwache in der Rue Blanche (9. Arr.) (s. S. 184)
- Keller der Weinbar Jacques Mélac (11. Arr.)
- Parc de Bercy (12. Arr.)
- Parc Georges-Brassens (15. Arr.)
- Rathaus des 16. Arrondissements
- Jardins du Trocadéro, unter dem Musée de l'Homme (16. Arr.)
- Parc de Bagatelle (16. Arr.)
- Rue Georges-Lardennois (19. Arr.) (200 Rebstöcke)
- Jardin de Belleville (20. Arr.) (200 Rebstöcke)

DER JARDIN NATUREL PIERRE-EMMANUEL

②

Wilde Natur im Herzen von Paris

120, rue de la Réunion
Geöffnet wochentags ab 8 Uhr, Schließung je nach Jahreszeit
Informationen und Anmeldung unter +33 1 43 28 47 63
Métro: Alexandre Dumas

Ganz am Ende der Rue de la Réunion, unterhalb des Friedhofs Père-Lachaise, liegt ein kleiner, ungewöhnlicher öffentlicher Park.

Dieser besticht nicht etwa durch planvoll angelegte Blumenrabatten

oder gepflegte Rasenflächen, sondern ist – nach Vorbild des Jardin Saint-Vincent in Montmartre – einfach eine Grünanlage, in der sich Flora und Fauna nach Lust und Laune ausbreiten können und weder gegossen noch gemäht wird.

Die zuständigen Gärtner beobachten das Treiben der Natur im Jardin naturel denn auch mehr, als künstlich einzugreifen. Der Teich ist voller Molche und Kaulquappen, die entspannt zwischen Wasserlilien und Wasserminze umherschwimmen. Gehölze, Spaliere und Rasenflächen sind mit Tafeln gesäumt, denen Informationen zu den Tier- und Pflanzenarten des Parks zu entnehmen sind.

IN DER UMGEBUNG

Villa Riberolle, Villa Godin und Cité Aubry ③

Ein paar Schritte vom Jardin naturel entfernt, bieten weitere Anlagen Inspiration für diejenigen, die sich nach ländlichem Ambiente sehnen: Die Cité Aubry, ein nettes kreisbogenförmiges Sträßchen, beherbergt das alternative Kulturprojekt Goumen Bis. Etwas weiter, in der 35, rue de Bagnolet, liegt der Eingang zu der bezaubernden Villa Riberolle (wochentags geöffnet, am Wochenende ist das Gitter verschlossen). Die malerische Rue de Lesseps ganz in der Nähe lohnt ebenso einen kleinen Umweg wie die hübsche, von kleinen Häusern und schönen Gärten gesäumte Villa Godin.

Pariser Anhöhen

Montmartre: 130 m. Höchster Punkt von Paris
Belleville: 128,5 m. Höchster Punkt im Pariser Osten in der 40, rue du Télégraphe*
Ménilmontant: 108 m
Buttes-Chaumont: 80 m – Passy: 71 m
Chaillot: 67 m – Montparnasse: 66 m – Butte-aux-Cailles: 62 m
Montagne Sainte-Geneviève: 61 m

** Bei der Entwicklung des von ihm erfundenen Telegrafensystems in den Jahren 1792/93 machte sich Claude Chappe – eine Gedenktafel rechts des Friedhofseingangs erinnert daran – den Hügel von Belleville zunutze. Anfangs dachten die Bewohner des Viertels, er versuche, geheime Botschaften an die seinerzeit im Temple inhaftierte französische Königsfamilie zu übermitteln. Nachdem Chappe in einem Wutanfall all seine Aufbauten zerstört hatte, kam er nur durch eine schnelle Flucht mit dem Leben davon. Die Namen der Straße und die nahe gelegene Métro-Station erweisen Chappe und seinen Errungenschaften die Ehre.*

DIE MAUER DER FANTÔMES DES FÉDÉRÉS

4

Eine geisterhafte Mauer

Square Samuel-Champlain
Métro: Gambetta

Entlang des Friedhofs Père-Lachaise erstreckt sich am Square Champlain eine ungewöhnliche Mauer, aus deren Steinen sich geisterhaft realistische Gesichter und Figuren – ein Arbeiter, ein Pfarrer, ein Uniformierter oder eine Mutter, die ihr Kind auf dem Arm trägt – zu befreien versuchen. Die Silhouetten sind von Einschusslöchern gesäumt.

Die Mauer wurde 1909 von Paul Moreau-Vautier (1871–1936) als Denkmal für die Opfer der Revolutionen mit Originalsteinen aus der Mauer (auf dem Gelände des Père-Lachaise) errichtet, an der die letzten Kommunarden erschossen wurden. Eine Gedenktafel erinnert an das blutige Ereignis, bei dem rund 2.000 Kommunarden den Tod fanden.

Als Pariser Kommune wird der revolutionäre Stadtrat bezeichnet, der zwischen März und Mai 1871 zweiundsiebzig Tage lang regierte. Wie in vielen anderen französischen Städten (Marseille, Lyon, Saint-Étienne, Toulouse, Narbonne, Grenoble und Limoges) erhoben sich nach der Niederlage gegen Preußen Aufständische gegen die Thiers-Regierung in Versailles in der Absicht, Arbeiterkommunen und proletarische Regierungen zu gründen.

Gedenktafel in der Rue Stendhal

Die Tafel in der Rue Stendhal in Charonne bezeichnet den berühmten Schriftsteller interessanterweise als littérateur (Schreiberling). Eine bloße Frage des Geschmacks der damaligen Stadtverordneten?

IN DER UMGEBUNG

La Campagne à Paris

5

Rues Irénée-Blanc, Jules-Siegfried, Paul-Strauss und Umgebung
Métro: Porte de Bagnolet

Auf einer Höhe von 100 Metern liegt, nicht weit von der Pariser Ringautobahn (périphérique) entfernt, das kleine Viertel La Campagne à Paris – Auf dem Land in Paris. Es macht diesem Namen alle Ehre. Ähnlich wie das Mouzaïa-Viertel im 19. Arrondissement (s. S. 357) wurde auch dieser Stadtteil auf zugeschütteten Gipssteinbrüchen erbaut. Der infolgedessen instabile Untergrund verhindert das Errichten schwerer Gebäude. Die Straßen tragen die Namen der Initiatoren der Anlage: Zu Beginn des 20. Jahrhunderts gründeten Jules Siegfried, Paul Strauss und Irénée Blanc (Vorsitzender) eine Wohnungsbaugenossenschaft, die sich den Bau kleiner Reihenhäuser für Familien mit bescheidenem Einkommen zum Ziel setzte. Insgesamt entstanden so 85 Häuser mit kleinen Gärten. 1926 wurde das Bauensemble offiziell eingeweiht.

Wasser. Ursprung zahlreicher Straßennamen

Die Geschichte des Wassers im Pariser Osten hat auch in der Toponymie zahlreiche Spuren hinterlassen. So verdanken die Rues des Cascades, des Rigoles, de la Mare, de la Duée (eine alte Quelle), de Savies (ebenfalls eine Quelle) ihre Namen direkt der Wassernutzung.

Warum schmeckt das Leitungswasser in Paris in jedem Viertel anders?

Noch heute stammt etwa die Hälfte des Trinkwassers aus Quellen. Der Kalkgehalt dieser Quellen variiert je nach geografischem Ursprung, was dazu führt, dass das Wasser überall in Paris einen etwas anderen Geschmack hat.

Die Geschichte der „Regards“

Um die Reinheit des Trinkwassers von der Quelle bis zum Entnahmepunkt zu gewährleisten, wurden einst unterirdische Trockenschächte angelegt, die in Reservoirs mündeten. Die darüber befindlichen Gebäude wurden schon bald „Regards“ (Blicke) genannt, da man durch sie den Zustand der Wasserleitungen im Blick behalten konnte.

Belleville: eine praktisch einzigartige geografische Besonderheit

Im Zuge der großen städtebaulichen Maßnahmen des 19. Jahrhunderts teilte Baron Haussmann Belleville in zwei Teile. Aus diesem Grund berühren sich das 10., 11., 19. und 20. Arrondissement (wie die US-Bundesstaaten New Mexico, Arizona, Colorado und Utah) und die französischen Départements Alpes-de-Haute-Provence, Vaucluse, Bouches-du-Rhône und Var an einem Punkt.

REGARDS IM PARISER OSTEN ⑥

Anachronistische Regards

17, rue des Cascades (Regard des Messiers)
42, rue des Cascades (Regard Saint-Martin)
36–38, rue de la Mare (Regard de la Roquette)
213, rue de Belleville (Regard de la Lanterne – 16. Jh.)

Ab dem 12. Jahrhundert wurde damit begonnen, für die Stadt Wasser aus den Quellen auf dem Plateau de Belleville zu entnehmen. Heute sind diese Quellen versiegt. Vier der sogenannten Regards (s. vorige Seite) trotzen jedoch als Relikte aus der Vergangenheit der Zeit und wecken stets aufs Neue die Neugier der Pariser. Manche von ihnen tragen die Namen der Kongregationen, die sie einst bauten: Der Regard Saint-Martin diente der Versorgung der Abtei Saint-Martin-des-Champs, der Regard de la Roquette der Nonnenklöster von La Roquette und Saint-Antoine-des-Champs. Der Regard de la Lanterne verdankt seinen Namen seiner Kuppel mit kunstvoller Dachlaterne, der Regard des Messiers den Wachen, die vor der Ernte über die Felder wachten (s. Karte). Ein weiterer Regard desselben Typs findet sich im Pré-Saint-Gervais.

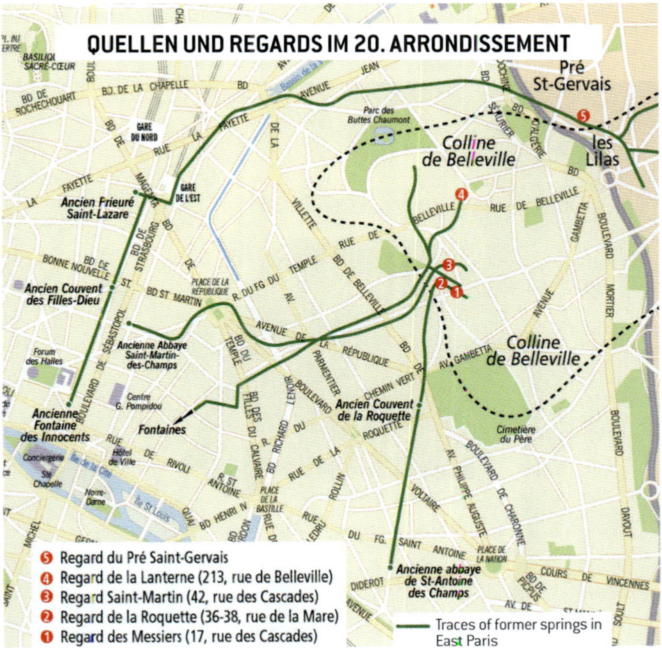

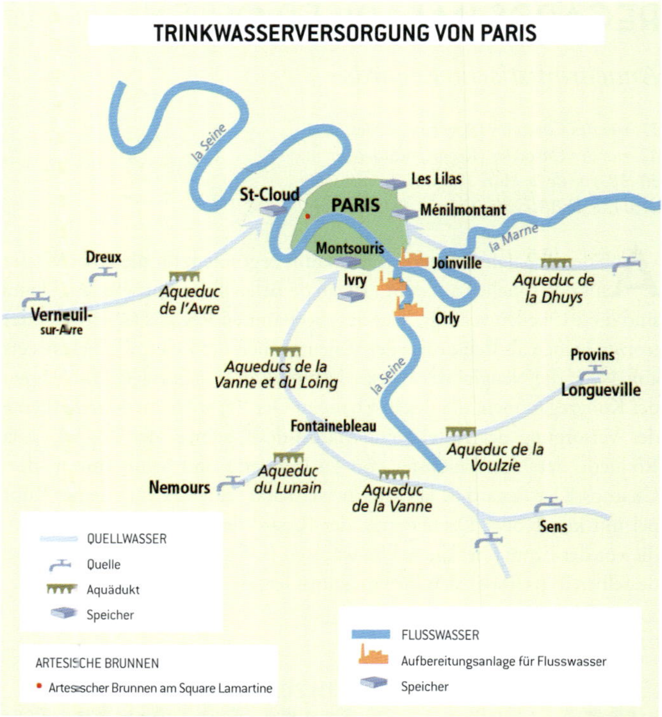
TRINKWASSERVERSORGUNG VON PARIS
la Seine
Les Lilas
St-Cloud
PARIS
Ménilmontant
la Marne
Dreux
Montsouris
Joinville
Aqueduc de la Dhuys
Ivry
Aqueduc de l'Avre
Verneuil-sur-Avre
Orly
Provins
Aqueducs de la Vanne et du Loing
la Seine
Longueville
Fontainebleau
Aqueduc de la Voulzie
Aqueduc du Lunain
Nemours
Aqueduc de la Vanne
Sens
QUELLWASSER
Quelle
Aquädukt
Speicher
FLUSSWASSER
Aufbereitungsanlage für Flusswasser
Speicher
ARTESISCHE BRUNNEN
Artesischer Brunnen am Square Lamartine

Die Pariser Wasserversorgung: ein komplexes Netz

Die Trinkwasserversorgung der Stadt Paris ruht heute auf drei Säulen: Flusswasser, Grundwasser und Quellwasser.

– Vor der Erfindung moderner Filteranlagen waren die Seine und die Marne für die Pariser Stadtbevölkerung der einfachste Weg, an Trinkwasser zu gelangen. Aufgrund der von den Gerbern, Fleischern und Färbern eingeleiteten Abwässer wies dieses Wasser jedoch keine gute Qualität auf. Das Wasser wird heute in drei Wasserwerken in Orly, Ivry und Joinville aufbereitet. Unter Napoleon I. wurde durch den Bau des Canal de l'Ourcq und des Bassin de la Villette für den Norden der Stadt eine neue Wasserquelle erschlossen. Über ein Aquädukt von La Villette bis Monceau wurde das Wasser nach Westen geführt.

– Brunnen boten da über die Entnahme von Grundwasser eine bessere Trinkwasserqualität. Zunächst wurde nur bis in 4 oder 5 m Tiefe gebohrt. Aufgrund von unbefestigten Straßen konnten Abwässer einsickern und auch dieses Wasser verunreinigen. Im 19. Jahrhundert wurde mit den artesischen Brunnen (s. S. 305) Trinkwasser aus einer Tiefe von rund 600 m gefördert. Das Problem mit dem verunreinigten Oberflächenwasser war damit gelöst. Aufgrund von fehlendem Druck ist heute nur noch der Brunnen des Square Lamartine in Betrieb.

– Die dritte Säule war, über gigantische Aquädukte Quellwasser nach Paris zu leiten. Die ersten Aquädukte stammen aus galloromanischer Zeit: Über eines floss Wasser aus der Umgebung von Rungis (s. S. 265), ein zweites führte Wasser aus der Gegend um Belleville. Zwischen dem 12. und 14. Jahrhundert entnahmen die religiösen Orden der Rive Droite Wasser aus den Quellen im Osten der Stadt (s. Karte) und bauten unterirdische Aquädukte sowie die berühmten Regards, von denen einige noch heute zu sehen sind (s. S. 367). Etwas später ließ Maria de' Médici im Pariser Süden das berühmte Aqueduc Médicis bauen (s. S. 265). So anachronistisch es scheinen mag, die Aquädukte werden auch im 21. Jahrhundert noch genutzt. Heute wird über fünf von ihnen mit einer Gesamtlänge von rund 600 km Quellwasser nach Paris befördert: über das Aqueduc de la Vanne, die Aqueducs du Loing, du Lunain und de la Voulzie im Süden sowie de l'Avre im Westen. Im Nordosten von Paris befindet sich mit dem Aqueduc de la Dhuis ein sechstes Aquädukt, das über eine Länge von 131 km täglich etwa 20.000 m2 Wasser befördert (ca. 5 % der Gesamtversorgung). Heute handelt es sich bei mehr als der Hälfte des Pariser Wassers um Quellwasser. Das Trinkwasser der Stadt wird, egal welchen Ursprungs, in den Reservoirs von Les Lilas, Ménilmontant, Montsouris, Ivry und Saint-Cloud gespeichert.

Rundgang im Norden des 20. Arrondissements

Der nördliche Teil des 20. Arrondissements hat sich seinen ursprünglichen Charakter weitgehend bewahrt. Das zeigt sich in vielen ländlichen Winkeln und pittoresken Innenhöfen, deren Existenz von der Straße aus meist nicht zu erahnen ist.

18, rue de Belleville: ein Innenhof, ein Gang und dahinter eine Reihe von üppig begrünten Ateliers.

23, rue Ramponeau: die Schmiede von Belleville. Frühere Schlüsselfabrik, die zunächst illegal von der Künstlerorganisation Arclefs besetzt und später von dem Verein La Bellevilleuse saniert wurde und heute Künstlern offensteht.

38, rue de Belleville: wunderschöne Anlage mit vier Hinterhöfen. Versuchen Sie, mit einem Anwohner hineinzugelangen. Es lohnt sich.

Villa Castel – 16, rue du Transvaal: Das ländliche Ambiente diente als Kulisse für mehrere Szenen des Filmklassikers *Jules und Jim* von François Truffaut.

Cité Leroy, Villa de l'Ermitage und Cité de l'Ermitage: charmante Gassen mit hübschen Häusern.

17, rue du Retrait: Verlassen Sie die Cité de l'Ermitage über den gewölbten Durchgang in Richtung 113, rue de Ménilmontant, und gehen Sie diese ein Stück hinauf bis zur Kreuzung an der Rue du Retrait.

Cité du Palais-Royal-de-Belleville – 151, rue de Belleville: offiziell im 19. Arrondissement gelegen (s. S. 357). Ein Muss!

Villa Olivier-Métra – 28, rue Olivier-Métra: nette private Sackgasse, die auch (diskreten) Besuchern offensteht und am Ende durch ein rätselhaftes Eisenportal verschlossen ist.

Villa Georgina (benannt nach der Tochter eines Eigentümers): charmanter Block mit alten Gebäuden und kleinen Gärten.

Villa du Borrégo – 33, rue du Borrégo: außergewöhnlich schöne, von üppigem Grün umgebene Gebäude entlang des Wasserspeichers von Belleville.

IN DER UMGEBUNG

Afrikanische Pflanzen in der 10, rue du Jourdain ⑦

An den Gebäuden aus dem Jahr 1885 zieht sich ein grünes Band entlang, dessen Bepflanzung durchweg aus afrikanischen Pflanzen und Kräutern besteht. Diese wurden einst von den senegalesischen Tirailleuren nach Belleville gebracht, die sich hier nach Ende des Ersten Weltkrieges niederließen.

Der einzige Pariser Bahnübergang ⑧

In der Rue de Lagny, einer etwas trübseligen Straße im 20. Arrondissement, befindet sich der einzige Bahnübergang der Stadt, über den Züge der Métrolinie 2 zur Reparatur in die Werkstatt oder ins Depot fahren.

NOTIZEN

NOTIZEN

DANKSAGUNG:

Florence Amiel, Dan Assayag, Mathilde Bargibant, Émilie de Beaumont, Kees et Aude van Beek, Emmanuel Bérard, Florent Billioud, Antoine Blachez, Philippe Bonfils, Christine Bonneton, Ludovic Bonneton, Ghislaine Bouchet, Jean-Claude Boulliard, Louis-Marie Bourgeois, Jean-Baptiste Bourgeois, Marie et Brandino Brandolini, Geneviève Brasc-Bautier, Roger Wemyss Brooks, Jane Brooks, Elodie Buch, Catherine Buyse, Claude Carrau, Jean-Laurent Cassely, Dominique Charneau, Marie-Christine Chenet, Christian Chevalier, Jeannine Christophe, Marie-Véronique Clin, Céline Colombani, Philippe Darmayan, Jacques Dumay, Françoise Durand, Charles Eon, Agnès und Mikael Eon, Anne Esambert, Baptiste Essevaz-Roulet, Guillaume Fonkenell, Marguerite-Marie Formery, Vincent Formery, Servane und Giovanni Giol, Philippe Gloaguen, Amaël Gohier, Azmina Goulamaly, Romaine Guérin, Patrick Haas, Elvire Haberman, Eric Henry, Fabrice Hertel, Jean-Marc Héry, Aliette Jalenques, Antoine Jonglez, Aurélie Jonglez, Stéphanie et Guillaume Jonglez, Timothée Jonglez, Yann Josse, Stéphanie Kergall, Suzanne de Lacotte, Ghislain de La Hitte, Gilles Lajotte, Benoît de Larouzière, Hervé du Laurent, Julien Le Bigot, Jean-Michel Le Cléac'h, Olivier Lefranc, Xavier Lefranc, Odile Le Fur, Professeur Henry de Lumley, Bruno Marguerite, Jean-René Martin, Claire Merveilleux du Vignaux, Sophie Mestchersky, Karine Mourot, JG Nizet, Francis Oger, Adriana Panepinto, Pascal Payen-Appenzeller, Georges Peberel, Marianne und Fabrice Perreau-Saussine, Francois und Sally Picard, Régine Pierre-Chollet, Patricia de Pimodan, Nicole Priollaud, Michel Ravassard, Clarabelle Rebelle, Valérie Renaud, Stéphanie Rivoal, Dominique Roger, Béatrice und Pierre Rosenberg, Stéphane Samuel Rubin, Ewa Rutkowski, Bertrand Saint Guilhem, Dimitri Salmon, Guido Salsili, Pierre Santoul, Bernard Sevestre, Damien Seyrieix, André Silba-Loebnitz, Vadim Smith, Corinne Stampfli, Micheline Terquem, Ambroise Tézenas, Marie-Christine Valla, Delphine Valluet, Chantal Vanderavert, Amelie Vialet, Henri Villeroy, Raphaëlle und Matthieu Vincent, Karine Zacharias. Unser Dank gilt auch der Association Paris historique, dem Inhaber des Dodo Manège im Jardin des Plantes und allen, die uns für diese Mammutaufgabe ihre Türen geöffnet haben (!).

BILDNACHWEIS

Fotos © Stéphanie Rivoal, außer:

Ludovic Bourgeois: p. 28, 32, 62, 70, 170, 168, 166, 190, 250, 274, 288, 289, 308 Jean-Laurent Cassely: p. 82, 349, 362; Anne Esambert: p. 87; Vincent Formery: p. 300, 302, 311; Thomas Jonglez: p. 17, 19, 20-21, 24, 40-41, 44, 46, 48-49, 50, 56, 86, 94-95, 96, 100-101, 102, 106, 108-109, 111, 112, 116-117, 119, 120, 126-127, 128, 130, 132, 134, 138, 140-141, 142, 143, 148-149, 150, 152, 160, 172-173, 167, 180-181, 182, 186, 261, 262, 270, 272, 280, 298, 301, 303, 304, 310, 312, 317, 320, 322-323, 324, 340-341, 342, 352, 360; Azmina Goulamaly: p. 110; Antoine Jonglez: p. 175; Oriane du Laurent: p. 92, 131, 194, 216, 259, 278, 290; Julien Le Bigot: p. 273 (below); Clément Moulet: p. 350; Alice d'Orgeval: p. 244; Valentina Sapienza: p. 146; Bertrand Saint Guilhem: p. 154, 162, 208, 263, 314, 328, 356, 370; Delphine Valluet: p. 206 © Banque de France: p. 26-27; © BnF/Philippe Couette: p. 37; © CCIP: p. 52; © Centre culturel suédois: p. 30; © RATP/Marguerite Bruno: p. 58; © Alexandre Thery: p. 64; © Chevaliers du Saint-Sépulcre: p. 68; © Musée Adam Mickiewicz SHLP/BPP: p. 72; ; Maison des Compagnons des Devoirs et du Tour de France : Florent Pottier: p. 82 © Collection de Minéraux de Jussieu/ J.-P. Boisseau: p. 99; © Sénat/G. Butet: p. 124; © Photo Sénat/L. Poyet: p. 125; © Musée d'Histoire de la Médecine: p. 126; © UNESCO/Dominique Roger: p. 144; © Maison de l'Amérique latine: p. 151; © Deyrolle: p. 156; Pagoda-Paris: p. 169; © Marion Barat: p. 190, 282; © Jean-Jacques Le-Roux: p. 203; © A.P.-H.P. - ARCHIVES: p. 206-207; © Atelier Hoguet - Musée de l'Éventail: p. 210; © Petit Hôtel Bourrienne: p. 212; © Maurice Seymour with the kind permission of the Amis d'Édith Piaf: p. 220; © Stéphane Dabrowski: p. 230; © Paris historique: p. 264; Institut Pasteur © Jean Destrade: p. 280.

Umschlag: Bertrand Saint Guilhem.

Karten: J.-B. Nény - **Maquetación:** Emmanuelle Willard Toulemonde - **Übersetzung:** Tanja Felder - **Lektorat:** Sabine Hatzfeld und Katja Burau - **Konzeption:** Clémence Mathé

Pflichtexemplar: Juni 2021 – 1. Auflage

ISBN: 978-2-36-195-480-2

Gedruckt in Bulgarien bei Multiprint

Im September 1995 hielt sich Thomas Jonglez in der Stadt Peshawar auf. Sie liegt im Norden Pakistans, zwanzig Kilometer von der Stammeszone entfernt, die er ein paar Tage später besuchen wollte. Dort kam ihm der Gedanke, alle verborgenen Winkel seiner Heimatstadt Paris, die er wie seine Westentasche kannte, schriftlich festzuhalten. Auf seiner Heimreise von Beijing, die 7 Monate dauerte, durchquerte er Tibet (wo er heimlich, unter Decken in einem Nachtbus versteckt, einreiste), Iran und Kurdistan. Er reiste dabei nie im Flugzeug, sondern per Boot, Zug oder Bus, per Anhalter, mit dem Rad, dem Pferd oder zu Fuß und erreichte Paris gerade rechtzeitig, um mit seiner Familie Weihnachten feiern zu können.

Nach seiner Rückkehr verbrachte er zwei großartige Jahre damit, durch die Straßen von Paris zu streifen, um gemeinsam mit einem Freund seinen ersten Reiseführer über die verborgenen Orte seiner Stadt zu schreiben. Während der nächsten sieben Jahre arbeitete er im Stahlsektor, bis ihn seine Entdeckerleidenschaft wieder überfiel. 2003 gründete er Jonglez Verlag und zog drei Jahre später nach Venedig.

2013 verließ er mit seiner Familie Venedig auf der Suche nach neuen Abenteuern und unternahm eine sechsmonatige Reise nach Brasilien mit Zwischenstopps in Nordkorea, Mikronesien, auf den Salomon-Inseln, der Osterinsel, in Peru und Bolivien.

Nach sieben Jahren in Rio de Janeiro lebt er heute mit seiner Frau und seinen drei Kindern in Berlin.

Jonglez Verlag publiziert Titel in neun Sprachen und 40 Ländern.